本书获得教育部人文社会科学研究青年基金项目
《环境公共决策中“非组织公众”参与权保障机制研究》
（项目批准号：15YJC820062）资助

全民环保之路

环境公共决策中“非组织公众”参与权保障机制研究

吴梅 著

Environmental Protection by the People:

Research on Mechanisms guaranteeing the Participation Rights of the "Non-Organized Public" in Environmental Public Decision-making

法律出版社 LAW PRESS · CHINA

前 言

这是一个研究环境法治最好的时代,可能也是研究环境法治最苦的时代。人类生存环境的恶化程度在现代化的信息传播条件下无所遁形,环境治理成为全球高度关注的热点。国民经济和社会发展第十三个五年规划强调要加大环境治理力度,以提高环境质量为核心,实行最严格的环境保护制度,形成政府、企业、公众共治的环境治理体系。本书酝酿之初,正值 2014 年修订的《环境保护法》正式实施,公众参与作为环境法的一项基本原则,从原则性宣示,向健全制度体系过渡。研究过程中,经历了《环境影响评价法》《政府信息公开条例》《重大行政决策程序暂行条例》等 40 余部涉及公众参与制度的法律法规的修正、修订和实施。立法改革的积极实践为制度研究提供了充分的规范性文件依据,随之丰富起来的司法案例成为课题实证研究的基础。

良好而有效的公众参与,是监督和促进环境公共决策效率的一种重要的社会资源。"非组织公众"既是环境公共决策所需信息的最大数据库,也是决策将带来的环境影响的最终承担者。无论是基于理论研究对于"非组织公众"参与环境公共决策的功能和价值的注释，还是基于实证研究中所体现出的缺少普遍性公众参与对决策带来的负面影响，环境公共决策中“非组织公众”参与权保障问题都是公众参与制度构建中的核心问题。

本书立足实证研究，从保障公众个体参与权的各项具体制度和政策之间相互作用和影响的角度解析现有公众参与程序规则的适用困境，以利益平衡为视角，对比不同类型公众与其地位及功能相适应的参与权限，结合国际法及域外环境法中公众参与程序的发展趋势，以期为构建生态文明建设中“非组织公众”参与环境事务的权利保障机制提供理论支持，为环境公共决策中“非组织公众”参与模式选择及创新提供参考。

吴　梅

凡 例

一、中外法律法规[①]

1.《中华人民共和国环境保护法》(1982 年 8 月 23 日发布,1983 年 3 月 1 日起施行,1999 年 12 月 25 日修订,2013 年 12 月 28 日第一次修正,2016 年 11 月 7 日第二次修正,2017 年 11 月 4 日第三次修正),以下简称《环境保护法》

2.《中华人民共和国环境保护法(试行)》(1979 年 9 月 13 日发布,1979 年 9 月 13 日起施行,已失效),以下简称《环境保护法(试行)》

3.《中华人民共和国民事诉讼法》(1991 年 4 月 9 日发布,1991 年 4 月 9 日起施行,2007 年 10 月 28 日第一次修正,2012 年 8 月 31 日第二次修正,2017 年 6 月 27 日第三次修正),以下简称《民事诉讼法》

4.《中华人民共和国行政诉讼法》(1989 年 4 月 4 日发布,1990 年 1 月 1 日起施行,2014 年 11 月 1 日第一次修正,2017 年 6 月 27 日第二次修正),以下简称《行政诉讼法》

---

① 凡例中依出现顺序列出了本书引用的部分法律法规、司法解释、地方性文件。未注明国别或地区的法律法规均为中华人民共和国法律法规。

5.《中华人民共和国宪法》(1982 年 12 月 4 日发布 ,1982 年 12 月 4 日起施行,根据 1988 年 4 月 12 日第七届全国人民代表大会第一次会议通过的《中华人民共和国宪法修正案》、1993 年 3 月 29 日第八届全国人民代表大会第一次会议通过的《中华人民共和国宪法修正案》、1999 年 3 月 15 日第九届全国人民代表大会第二次会议通过的《中华人民共和国宪法修正案》、2004 年 3 月 14 日第十届全国人民代表大会第二次会议通过的《中华人民共和国宪法修正案》和 2018 年 3 月 11 日第十三届全国人民代表大会第一次会议通过的《中华人民共和国宪法修正案》修正),以下简称《宪法》

6.《中华人民共和国环境影响评价法》(2002 年 10 月 28 日发布,2003 年 9 月 1 日起施行,2016 年 7 月 2 日第一次修正,2018 年 12 月 29 日第二次修正),以下简称《环境影响评价法》

7.《中华人民共和国海洋环境保护法》(1982 年 8 月 23 日发布,1983 年 3 月 1 日起施行,1999 年 12 月 25 日修订,2013 年 12 月 28 日第一次修正,2016 年 11 月 7 日第二次修正,2017 年 11 月 4 日第三次修正),以下简称《海洋环境保护法》

8.《中华人民共和国水污染防治法》(1984 年 5 月 11 日发布,1984 年 11 月 1 日起施行,1996 年 5 月 15 日第一次修正,2008 年 2 月 28 日修订,2017 年 6 月 27 日第二次修正),以下简称《水污染防治法》

9.《中华人民共和国大气污染防治法》(1987 年 9 月 5 日发布,1988 年 6 月 1 日起施行,1995 年 8 月 29 日第一次修正,2000 年 4 月 29 日第一次修订,2015 年 8 月 29 日第二次修订,2018 年 10 月 26 日第二次修正),以下简称《大气污染防治法》

10.《中华人民共和国野生动物保护法》(1988 年 11 月 8 日发布,1989 年 3 月 1 日起施行,2004 年 8 月 28 日第一次修正,2009 年 8 月 27 日第二次修正,2016 年 7 月 2 日修订,2018 年 10 月 26 日第三次修正),以下简称《野生动物保护法》

11.《中华人民共和国环境噪声污染防治条例》(1989 年 9 月 26

日发布,1989 年 12 月 1 日起施行,已失效),以下简称《环境噪声污染防治条例》

12. 国务院《关于环境保护若干问题的决定》(1996 年 8 月 3 日发布,1996 年 8 月 3 日起施行),以下简称《关于环境保护若干问题的决定》

13.《中华人民共和国水土保持法》(1991 年 6 月 29 日发布,1991 年 6 月 29 日起施行,2010 年 12 月 25 日修订),以下简称《水土保持法》

14.《中华人民共和国水土保持法实施条例》(1993 年 8 月 1 日发布,1993 年 8 月 1 日起施行,2011 年 1 月 8 日修订),以下简称《水土保持法实施条例》

15.《中华人民共和国固体废物污染环境防治法》(1995 年 10 月 30 日发布,1996 年 4 月 1 日起施行,2004 年 12 月 29 日修订,2013 年 6 月 29 日第一次修正,2015 年 4 月 24 日第二次修正,2016 年 11 月 7 日第三次修正),以下简称《固体废物污染环境防治法》

16.《中华人民共和国自然保护区条例》(1994 年 10 月 9 日发布,1994 年 12 月 1 日起施行,2011 年 1 月 8 日修订,2017 年 10 月 7 日第二次修订),以下简称《自然保护区条例》

17.《中华人民共和国矿产资源法》(1986 年 3 月 19 日发布,1986 年 10 月 1 日起施行,1996 年 8 月 29 日第一次修正,2009 年 8 月 27 日第二次修正),以下简称《矿产资源法》

18.《中华人民共和国森林法》(1984 年 9 月 20 日发布,1985 年 1 月 1 日起施行,1998 年 4 月 29 日第一次修正,2009 年 8 月 27 日第二次修正),以下简称《森林法》

19.《中华人民共和国土地管理法》(1986 年 6 月 25 日发布,1987 年 1 月 1 日起施行,1988 年 12 月 29 日第一次修正,1998 年 8 月 29 日修订,2004 年 8 月 28 日第二次修正,2019 年 8 月 26 日第三次修正),以下简称《土地管理法》

20.《中华人民共和国节约能源法》(1997 年 11 月 1 日发布,1998

年1月1日起施行,2007年10月28日修订,2016年7月2日第一次修正,2018年10月26日第二次修正),以下简称《节约能源法》

21.《中华人民共和国森林法实施条例》(2000年1月29日发布,2000年1月29日起施行,2011年1月8日第一次修正,2016年2月6日第二次修正,2018年3月19日第三次修正),以下简称《森林法实施条例》

22.《中华人民共和国水污染防治法实施细则》(2000年3月20日发布,2000年3月20日起施行,已失效),以下简称《水污染防治法实施细则》

23.《中华人民共和国土地管理法实施条例》(1998年12月27日发布,1999年1月1日起施行,2011年1月8日第一次修订,2014年7月29日第二次修订),以下简称《土地管理法实施条例》

24.《中华人民共和国野生植物保护条例》(1996年9月30日发布,1997年1月1日起施行,2017年10月7日修正),以下简称《野生植物保护条例》

25.《中华人民共和国立法法》(2000年3月15日发布,2000年7月1日起施行,2015年3月15日修正),以下简称《立法法》

26.《中华人民共和国行政许可法》(2003年8月27日发布,2004年7月1日起施行,2019年4月23日修正),以下简称《行政许可法》

27.《中华人民共和国政府信息公开条例》(2007年1月17日发布,2008年5月1日起施行, 2019年4月3日修订),以下简称《政府信息公开条例》

28.《中华人民共和国防沙治沙法》(2001年8月31日发布,2002年1月1日起施行,2018年10月26日修正),以下简称《防沙治沙法》

29.《中华人民共和国放射性污染防治法》(2003年6月28日发布,2003年10月1日起施行),以下简称《放射性污染防治法》

30.《中华人民共和国海域使用管理法》(2001年10月27日发布,2002年1月1日起施行),以下简称《海域使用管理法》

31.《中华人民共和国可再生能源法》(2005 年 2 月 28 日发布,2006 年 1 月 1 日起施行,2009 年 12 月 26 日修正),以下简称《可再生能源法》

32.《中华人民共和国清洁生产促进法》(2002 年 6 月 29 日发布,2003 年 1 月 1 日起施行,2012 年 2 月 29 日修正),以下简称《清洁生产促进法》

33.《中华人民共和国畜牧法》(2005 年 12 月 29 日发布,2006 年 7 月 1 日起施行,2015 年 4 月 24 日修正),以下简称《畜牧法》

34.《中华人民共和国城乡规划法》(2007 年 10 月 28 日发布,2008 年 1 月 1 日起施行,2015 年 4 月 24 日第一次修正,2019 年 4 月 23 日第二次修正),以下简称《城乡规划法》

35.《中华人民共和国突发事件应对法》(2007 年 8 月 30 日发布,2007 年 11 月 1 日起施行),以下简称《突发事件应对法》

36.《中华人民共和国循环经济促进法》(2008 年 8 月 29 日发布,2009 年 1 月 1 日起施行,2018 年 10 月 26 日修正),以下简称《循环经济促进法》

37.《中华人民共和国海岛保护法》(2009 年 12 月 26 日发布,2010 年 3 月 1 日起施行),以下简称《海岛保护法》

38.《中华人民共和国渔业法》(1986 年 1 月 20 日发布,1986 年 7 月 1 日起施行,2000 年 10 月 31 日第一次修正,2004 年 8 月 28 日第二次修正,2009 年 8 月 27 日第三次修正,2013 年 12 月 28 日第四次修正),以下简称《渔业法》

39.《中华人民共和国水法》(1988 年 1 月 21 日公布,1988 年 7 月 1 日起施行,2002 年 8 月 29 日修订,2009 年 8 月 27 日第一次修正,2016 年 7 月 2 日第二次修正),以下简称《水法》

40.《中华人民共和国核安全法》(2017 年 9 月 1 日发布,2018 年 1 月 1 日起施行),以下简称《核安全法》

41.《中华人民共和国土壤污染防治法》(2018 年 8 月 31 日发布,2019 年 1 月 1 日起施行),以下简称《土壤污染防治法》

42.《中华人民共和国环境保护税法》(2016 年 12 月 25 日发布，2018 年 1 月 1 日起施行，2018 年 10 月 26 日修正)，以下简称《环境保护税法》

43.《中华人民共和国行政复议法》(1999 年 4 月 29 日发布，1999 年 10 月 1 日起施行，2009 年 8 月 27 日第一次修正，2017 年 9 月 1 日第二次修正)，以下简称《行政复议法》

44.《中华人民共和国侵权责任法》(2009 年 12 月 26 日发布，2010 年 7 月 1 日起施行)，以下简称《侵权责任法》

45.《德国改善规划审批程序公众参与和标准化法》(2013 年 5 月 31 日)，以下简称《德国改善规划审批标准化法》

46.《德国关于在环境事项中信息获取、公众参与和诉诸法律的协定法》(2006 年 12 月 9 日)，以下简称《德国关于奥胡斯协定法》

二、国际公约①

1. 联合国《关于环境与发展的里约热内卢宣言》(1992 年 6 月 14 日)，以下简称《里约宣言》

2. 联合国《21 世纪议程：可持续发展行动计划》(1992 年 6 月 14 日)，以下简称《21 世纪议程》

3. 美洲国家组织大会《美洲人权公约经济、社会和文化权利附加议定书暨圣萨尔瓦多议定书》(1988 年 11 月 7 日通过，1999 年 9 月 29 日生效)，以下简称《美洲人权公约经济、社会和文化权利附加议定书》

4. 联合国欧洲经济委员会《在环境问题上获取信息、公众参与决策和诉诸法律的公约》(1998 年 6 月 25 日通过，2001 年 10 月 31 日生效)，以下简称《奥胡斯公约》

5. 联合国欧洲经济委员会《跨境环境影响评估公约》(1991 年 2

---

① 凡例中未列出的国际公约，在正文中均使用官方中文版本全称；没有官方中文版全称的国际公约，其名称以联合国官方文件中译版为准。

月25日通过,1997年9月10日生效),以下简称《埃斯波公约》

6.欧洲经济委员会《跨境水道和国际湖泊保护与利用公约》(1992年3月17日通过,1996年10月6日生效),以下简称《水公约》

7.联合国《关于在发生严重干旱和或荒漠化的国家特别是在非洲防治荒漠化的公约》(1994年6月7日通过,1996年12月26日生效),以下简称《防治荒漠化公约》

8.联合国《人类环境会议的宣言》(1972年6月16日),以下简称《斯德哥尔摩宣言》

9.联合国教科文组织《保护世界文化和自然遗产公约》(1972年11月16日),以下简称《世界遗产公约》

三、国内司法解释及司法文件简称

1.最高人民法院《关于审理环境民事公益诉讼案件适用法律若干问题的解释》(法释〔2015〕1号,2015年1月6日发布,2015年1月7日起施行),以下简称《环境民事公益诉讼司法解释》

2.最高人民法院《关于审理生态环境损害赔偿案件的若干规定(试行)》(法释〔2019〕8号,2019年6月5日发布,2019年6月5日起施行),以下简称《生态环境损害赔偿解释》

3.最高人民法院、最高人民检察院《关于检察公益诉讼案件适用法律若干问题的解释》(法释〔2018〕6号,2018年3月1日发布,2018年3月2日起施行),以下简称《检察公益诉讼解释》

4.最高人民法院《关于审理政府信息公开行政案件若干问题的规定》(法释〔2011〕17号,2011年7月29日发布,2011年8月13日起施行),以下简称《政府信息公开司法解释》

5.最高人民法院《关于适用〈中华人民共和国民事诉讼法〉的解释》(法释〔2015〕5号,2015年1月30日发布,2015年2月4日起施行),以下简称《民事诉讼法司法解释》

目 录

导 论

1962 年,蕾切尔·卡森在《寂静的春天》中忧心忡忡地对人类企图"控制自然"的行为发出警告时,公共政策中还未曾出现过"环境"这个议题。[1]半个多世纪以来,随着科学技术的进步,人类对环境问题的认识不断升级,由人类健康延伸为经济、社会和人类生存与发展的课题。1972 年斯德哥尔摩会议以来,保护环境与实现可持续发展成为国际社会的普遍共识,公众参与环境保护作为促进环境民主和可持续发展的重要原则,被不断强调。[2]

面对气候变化、生物多样性大量减少和自然资

① 参见[美]蕾切尔·卡森:《寂静的春天》,张白桦译,北京大学出版社 2015 年版,再版序第 9 页。

② 参见 1992 年《关于环境与发展的里约热内卢宣言》,即《里约宣言》原则十,文本见《联合国环境与发展会议的报告》,文件号:A/CONF. 151/26/Rev. 1, Vol. I,第 3 ~ 7 页。其他如:1994 年《中国 21 世纪议程》第 20 章、1982 年《世界自然宪章》第 23 条。《世界自然宪章》为联合国大会联大会议第 37/7 号决议正式通过的全球自然保护的纲领性文件,所审议联合国秘书长报告见联合国文件 A/36/539。

源枯竭等全球性挑战,[①]中国做出了大力推进生态文明建设,以及全面深化改革和全面推进依法治国的战略性决定。[②] 公众参与作为环境法的一项基本原则,也从原则性宣示,逐渐向规则程序化过渡。相关制度渠道日益拓宽以适应社会发展的新形势。基于"绿色发展"的能源转型所需的基础设施的扩展,引发了规划和审批程序讨论的范式转变。[③] 社会越来越关注如何将优化决策程序与提高决策质量相结合,更重要的是同时令公众广泛而良好地接受既定决策。合法而有效的公众参与制度,可以使决策变得易于理解和透明,引导多元利益进入公共决策程序,为决策提供更为环境友好型的方案,并因此成为解决这些问题的关键。

2014 年,中国通过修订《环境保护法》建立了公众参与环境保护制度,从环境信息公开、公众参与、监督等方面赋予了公民、法人和其他组织平等参与权。但相应的公众参与环境公共决策的具体制度仍不完善,在一些如环境影响评价等公众参与环境公共决策的具体程序中,对"非组织公众",特别是普遍性公众的参与地位和参与作用的重视不够,导致实践中仍存在以专家参与或社会组织参与替代公众参与的情况。公众对环境保护公共事务"认同度高、知晓度低、践行度不够"的境况,则折射出环境宣传教育为主的参与模式遇到的"瓶颈"。[④] 良好而有效的公众参与,不仅是提高公民理性参与政策议题讨论的积极性与自我治理能力的最佳途径,而且也是监督和促进公

---

① 世界各国环境退化情况总表参见联合国开发计划署(UNDP):《人类发展指数与指标 2018 年统计更新》,联合国开发计划署 2018 年版,第 96 ~ 100 页。

② 参见胡锦涛:《坚定不移沿着中国特色社会主义道路前进 为全面建成小康社会而奋斗》,载《人民日报》2012 年 11 月 18 日,第 8 版。

③ "十三五"规划中的五大发展理念包括:创新发展、协调发展、绿色发展、开放发展、共享发展,参见《国民经济和社会发展第十三个五年规划纲要(2016 - 2020)》第一篇。

④ 数据和结论来自:《全国生态文明意识调查研究报告》,载《中国环境报》2014 年 3 月 24 日,第 2 版。环境保护部 2014 年发布的这一调查报告显示,公众对生态文明建设的认同度、知晓度、践行度分别为 74.8%、48.2% 和 60.1%。

共决策效率的一种重要的社会资源。[①] "非组织公众"既是环境公共决策所需信息的最大数据库,也是决策将带来的环境影响的最终承担者。无论是基于理论研究对于"非组织公众"参与环境公共决策的功能和价值的注释,还是基于实证研究中所体现出的缺少普遍性公众参与对决策带来的负面影响,环境公共决策中"非组织公众"参与权保障问题都是公众参与制度构建中的核心问题。

中国公众参与权的理论研究与公众参与制度的发展始终相辅相成。1982 年《宪法》在确定代表制民主的同时,第一次在宪法中明确确立了参与制民主,[②]为公众参与提供了合法性依据。有关公众参与权的研究最早可以追溯到这一时期。[③] 1997 年确立"依法治国"基本方略,提出要扩大基层民主,保证人民群众直接行使民主权利,依法自治。[④] 公众参与逐渐成为环境法学研究中的一个热门议题。[⑤] 对环境权、公众参与行政决策、公众参与环境立法、环境信息公开、环境影响评价及公益诉讼的研究产生了丰硕成果。[⑥] 国内对环境法框架下的公众参与研究虽然起步较晚,但视野开阔,成果所涉及的范围逐步拓宽,初步建立了自己的术语体系,环境保护公众参与的基本共识

---

① 参见李汉林编:《中国社会发展年度报告》,中国社会科学出版社 2012 年版,第 261 页。

② 参见姜明安:《公众参与与行政法治》,载《中国法学》2004 年第 2 期。

③ 根据中国知网"期刊数据库"统计显示,中国从 20 世纪 80 年代开始进行公众参与问题的研究,并逐年递增。1981 年至 2018 年,以"公众参与"为关键词的论文数量为 12,514 篇。资料来自中国知网:http://kns.cnki.net/kns/brief/result.aspx? dbprefix = CJFQ,2019 年 7 月 27 日最后访问。

④ 参见江泽民:《高举邓小平理论伟大旗帜,把建设有中国特色社会主义事业全面推向二十一世纪》,载《人民日报》1997 年 9 月 22 日,第 1 版。

⑤ 根据中国知网"期刊数据库"统计,1998 年至 2018 年以"环境"为主题并且以"公众参与"为关键词的论文共发表 4271 篇。其中《环境保护法》修订后实施的 2015 年一年就贡献了 430 篇论文。

⑥ 截至 2018 年 12 月 31 日,在中国知网"博士论文数据库"中,以"环境公众参与"为主题的博士论文共 50 篇;"期刊数据库"中,以"环境"为主题并且以"公众参与"为关键词进行检索共 4322 篇论文。其中讨论最多的四个内容是"环境影响评价"(957 篇)、"信息公开"(277 篇)、"环保组织"或含"非政府组织"(111 篇)、"环境权"(95 篇)。

与不同观点的学术碰撞，为中国公众环境权的法治进程奠定了理论基础，也为进一步对环境公共决策中“非组织公众”参与权的制度分析提供了丰富的参考。

公众参与的研究西方比我们早了近30年，论文和专著更可谓汗牛充栋。对公众参与环境相关事务的法律制度构建研究，国外学者的观察角度与中国学者有所不同，特别是早期研究，主要集中在公众的概念、参与的模式和环境民主等价值研究方面，最具代表性的如1962年哈贝马斯提出社会结构转型中公众的概念；[①]1969年谢莉·阿恩斯坦提出公众参与公众事务的梯状结构；[②]1995年罗伊·莫里森将生态民主视为社会复杂动态的表现，是生态文明的本质；[③]2002年安德烈亚斯·费萨恩研究环境民主和公众参与之间的关系。[④] 在美国，环境影响评价的范围已经扩大到与人类环境质量有关的人类发展活动，其限制主要在判定阶段。[⑤] 在德国，2009年至2013年可以称得上是公众参与制度的大发展时期，各环境相关单行法和行政法的相关条款都有了很大变化，研究更多地集中在公众参与的实施及保障方面；[⑥]并提出非环境影响评价机制下的公众参与环境公共决

① Vgl. Jürgen Habermas, *Strukturwandel der Öffentlichkeit. Untersuchungen zu einer Kategorie der bürgerlichen Gesellschaft*, Frankfurt am Main, Suhrkamp, 1991, S. 11 ff.

② See Sherry R. Arnstein, “A Ladder of Citizen Participation”, *Journal of the American Planning Association* 35, 1969, pp. 216 – 224.

③ 参见［美］罗伊·莫里森：《生态民主》，刘仁胜等译，中国环境出版社2016年版，第6~8页。

④ Vgl. Andreas Fisahn, *Demokratie und Öffentlichkeitsbeteiligung*, Tübingen, Mohr Siebeck, 2002, S. 1ff.

⑤ See Sarah Langberg, “A ‘Full and Fair’ Discussion of Environmental Impacts in NEPA EISs”, *The Yale Law Journal* 124, 2014, pp. 718 – 756.

⑥ Vgl. Stefanie Almeling, Die Aarhus – Onvention – Auswirkungen auf das deutsche Recht, Berlin, Köster, 2008, S. 1ff.

策;[①]"斯图加特21"事件颠覆了依法参与环境保护的规则,并由此引发了对公众参与和公共决策关系的新一轮大讨论。[②] 在欧盟,对公众参与环境决策程序的主要贡献是参与主体及参与范围的持续扩大;1998年后,几乎每一部欧盟指令出台,都意味着欧盟公众参与权的进一步扩大。[③]

随着环境问题全球化的发展,国际环境法的公众参与原则已由1972年《斯德哥尔摩宣言》的"软法"阶段,历经"跨境参与"环境影响评估阶段,步入了后《奥胡斯公约》时代,即程序化地保障环境权及公民权的全新阶段,其意义早已超越了环境保护,成为公民权实现和保障的程序规则范本。[④] 与国外对国际法层面公众参与制度丰富的研究相比,[⑤]国内研究受限于中国签署并批准适用的国际公约进程,明显不如针对域外法的研究充实。[⑥]

环境公共决策中"非组织公众"参与是公法领域一个具体的理论问题和实践问题。综观国内外研究,不足之处有三:其一,公众参与环境保护原则性和重要性研究丰富,对"非组织公众"获取环境信息、参与环境公共决策以及相应司法救济的具体程序及其相互之间关系的研究,尚未真正展开,研究滞后于实践需求,难以发挥出指引实践

① Vgl. Hands - Joachim Koch und Reinhard Hendler, *Baurecht*, *Raumordnungs - und Landesplanungsrecht*, Stuttgart, Boorberg, 2009, S. 224ff. Ferdinand O. Kopp und Ulrich Ramsauer, *Verwaltungsverfahrensgesetz*: *VwVfG Kommentar*, Müchen, C. H. Beck Verlag, 2011, § 72, Rn. 6 ff.

② Vgl. Malanie Liebnitzky, *Stuttgart* 21 *Pro und Contra*: *Fakten zu einem besonders umstrittenen Bauprojekt*, Norderstedt, Books on Demand, 2010, S. 1 ff.

③ Vgl. Alexander Schink, "Verstärkung der Öffentlichkeitsbeteiligung und neue UVP - Anforderungen für Unternehmen", *DVBl* 2013, S. 1347ff. 但2015年欧盟法院的新判例却突然向环保组织释放出相反的信息,判例见 EJC T - 338/08,13.01.2015。

④ Vgl. Stec, et al., *The Aarhus Convention*: *An Implementation Guide*, New York and Geneva, United Nations, 2000, p. v.

⑤ 截至2019年7月30日,英国图书馆(British Library)收藏的直接以《奥胡斯公约》为主题的图书共计207册,德国国家图书馆(Deutsche National Bibliothek)这个数字为78册。

⑥ 中国知网(www.cnki.net)收录的期刊中,截至2019年7月30日前对国际法中公众参与领域的研究共103篇,而针对美国相关制度的研究超过其8倍。

的先导功能；其二，结合国外最新研究成果的比较研究内容零散，所选法域较为集中，法律文本研究多，缺乏问题导向，研究深度有待增加；其三，公众参与形式、渠道、途径多为模块状研究，逻辑化、系统化研究相对薄弱，特别是对“非组织公众参与”理论研究体系尚未被集中构建起来。①

本书立足实证，研究公众参与制度在立法、行政执法和司法实践中存在的问题，从保障公众个体参与权的各项具体制度和政策之间的相互作用和影响的角度解析中国现有公众参与程序规则的适用困境，在现有公众参与原则性和重要性研究的基础上，明确在生态文明法制化的背景下“非组织公众”参与原则具体化及程序化的立法方向。

在基础理论研究层面，从“公众”和“参与”的概念和法律价值起源入手，分析“公众参与”在法律和其他语境下的不同内涵，厘清“非组织公众”与“环保组织”“利益相关公众”“普遍性公众”在参与环境公共决策程序中的概念。明确“非组织公众”参与环境公共决策在生态文明法制建设中的意义，远远超过了环境保护法的范畴，它是《宪法》中人民主权、尊重和保障人权以及公共利益保护等原则在行政程序中的具体体现，使环境行政决策获得合法性和正当性，在保障程序正义的同时，扩大环境决策的受益范围，避免或减少诉讼成本。基于“非组织公众”在环境公共决策中与政府、企业、环保组织公众不同的参与地位与利益诉求，阐明与其地位及功能相适应的参与理论模型，初步提出确立“非组织公众”参与环境公共决策的法律保障机制问题。

域外研究将基于国内外成果，在深入分析社会及法律环境背景的前提下，对比考察欧盟与德国公众参与程序的立法及实践经验，结

① 许多研究认为不宜以个体公众为重，而应以组织化参与为主导，参见朱谦：《环境公共决策中个体参与之缺陷及其克服——以近年来环境影响评价公众参与个案为参照》，载《法学》2009年第2期。

合国际法中公众参与程序化的发展趋势和中国民主集中制的组织化经验，探讨构建符合生态文明建设要求的“非组织公众”参与环境公共决策权利保障机制。选取欧盟与德国作为域外考察的焦点，一方面是为了添补现有文献中对美国、日本以外国家和地区研究的不足；[①]另一方面则是考虑在公众参与的领域，欧盟法一直保持着不断创新的领先姿态，不仅包括德国、法国、瑞典在内的很多国家有关公众参与的法律结构主要受到欧盟法的影响，而且公众参与环境事务的国际公约也与其有着深厚的渊源。

在实证研究部分，梳理中国现有公众参与制度及其在“非组织公众”参与环境公共决策适用中存在的各类问题，结合实际比较分析公众参与和“非组织公众”参与的关系、公众参与环境保护原则与环境公共决策的关系。通过司法实证的案例样本研究“非组织公众”获取环境信息、参与环境公共决策以及获得相关司法救济中遇到的困境，在现有制度框架的基础上构建“非组织公众”参与权保障机制。借鉴环境公共决策中公众个体参与的评估模型，在保障机制的构想中逻辑化、程序化、系统化地整合现有模式，使每种模式的公众参与不再是“单兵作战”，以充分实现公众参与在环境公共决策中的程序法律价值。

① 中国知网（www. cnki. net）收录的期刊中，截至 2019 年 7 月 30 日前对美国公众参与环境领域的研究共 892 篇，对日本相关领域的研究有 426 篇，对欧盟相关领域的研究有 224 篇；其中以美国法为主题的共 89 篇，以日本法为主题的仅 10 篇，以欧盟法为主题的仅 11 篇。参见李艳芳：《美国的环境影响评价公众参与制度》，载《环境保护》2001 年第 10 期；马绍峰：《美中环境影响评价制度比较研究——兼评我国〈环境影响评价法〉》，载《科技与法律》2004 年第 3 期；张学超：《环境影响评价制度研究》，载《法学杂志》2003 年第 1 期；徐宁：《中美环境影响评价的公众参与程序比较研究》，载《法制博览》2018 年第 27 期。

第一章　“非组织公众”参与环境公共决策基础理论

第一节　公共决策中的“非组织公众”参与权理论

一、“非组织公众”参与和公民参与

现代意义上的公众参与公共事务决策的理论，是现代国家建立之后随着行政参与制度的逐步确立，逐渐完善起来的。孟德斯鸠在《论法的精神》中提出建立在道德基础之上、由非极端的平等所调解的民主共和政体的设想。在这种制度中，国民应该尊重自己的代表和管理者，应该避免无节制地滥用平等，并且热爱劳动与秩序。[①] 根据康德的“积极公民”理论，公民与其说是一个法律概念，不如说是一种政治资格，个人只有积极参与公共事务决策，才能通过公共资格体现自身的公民资格。[②] 20

---

① 参见[法]孟德斯鸠：《论法的精神》，严复译，上海三联书店2009年版，第105～106页。

② 参见[德]康德：《道德形而上学原理》，苗力田译，上海人民出版社1982年版，第72页。转引自王建军、王建荣、唐娟：《中国公共政策制定中的公民参与研究》，中国社会科学出版社2018年版，第3页。

世纪后半叶，西方法哲学的论著中，更多地将民主评价为一种对公民来说“较少危险”的政治制度。[①] 以这一制度为基础的社会中，人们文明地共同生活，公民通过参与公共决策与政治家建立起某种新型的社会关系。[②] 马斯泰罗内认为“政治家”是与“公民”对等的个体概念，其实质为作出决策的政府责任人，是个中性词。在这种社会关系中人们拥有平等的权利与义务，其行为准则既不是服从，也不止步于对秩序的遵守，而是积极参与。

20世纪六七十年代，针对“精英主义民主”和普遍制度化的“自由主义民主”的批评，考夫曼提出了“参与政治”，并将其设想为公民最大限度地参与对其有影响的公共事项的自治。[③] 考夫曼提出的这一概念后来被阐述为“参与式民主”，被广泛运用于公共决策领域，并从微观的单位政策（如学校、社区等）拓展到政治参与领域。[④] “参与式民主”一词早期被用来描述古希腊的民主政治制度，但雅典人的公民参政范式并非现代代议制民主语境下的参与式民主理论。[⑤] 最早对参与式民主理论进行系统阐述的是卡罗尔·佩特曼，她认为：讨论参与式民主不应受限于微观的物理场所，或者传统的政治形式，可以延伸至其他社会领域。同精英主义民主、多元主义民主理论相比，参与式民主更能使公民自我发展，并在心理上产生实实在在的利益，包

---

① 参见［意］萨尔沃·马斯泰罗内：《欧洲民主史——从孟德斯鸠到凯尔森》，黄华光译，社会科学文献出版社1998年版，第2页。

② 参见［意］萨尔沃·马斯泰罗内：《欧洲民主史——从孟德斯鸠到凯尔森》，黄华光译，社会科学文献出版社1998年版，第1~2页。

③ 参见董石桃：《当代西方参与式民主理论的研究视域》，载《湖北社会科学》2010年第5期。

④ “‘参与式民主’或‘参与型民主’（Participatory Democracy）的理论源流与发展”，参见王锡锌：《公众参与与行政过程——一个理念和制度分析的框架》，中国民主法制出版社2007年版，前言第3页。

⑤ 参见［美］罗伯特·达尔：《论民主》，李柏光、林猛译，商务印书馆1999年版，第14~15页。

括政治效能感,因此具有潜在的社会、政治和经济价值。① 进入20世纪90年代以来,随着新社会运动和环境保护运动,参与式民主理论在全球范围内得到前所未有的传播、贯彻和实施,一个典型的例子就是1992年联合国《里约宣言》中的公众参与原则。②

参与式民主在20世纪后期发展为以哈贝马斯为代表的协商民主理论。其将平等利害相关者自由的、具有公共性的说理视为民主的本质,主张由此实现民主、人权和法治三大价值之间的合理平衡。③协商民主希望将理性的协商引入民主过程之中,通过参与者之间真诚、理性的讨论,提升参与的质量,使决策不仅仅是程序规范的意见聚合,而是有质量的、理性的决定。它既强调个人拥有某些必须受到尊重的利益、知识和权利,同时也关注个人在公共生活中的进步性解放,通过公众参与提升认识和交流能力,重视社会政治实践中不同利益的妥协与平衡。④ 这种有效参与和讨论,以平等自由的参与权为前提。根据哈贝马斯的描述,真正的参与权绝不是原则性的宣誓,而是要通过获悉、集会、结社、信仰等自由以及参与政治选举、其他投票与加入政党等法权的形式来具体化。⑤ 协商民主强调直接参与与间接参与的统一,在参与性与协商性之间谋求平衡,并秉持"辅助性原则",集体或政府仅有必要在正义的要求超出个人或地方的情形下,采取辅助行动。公共权力在这里表现为弥合公民个人自我利益和公

---

① See Carole Pateman, Participation and Democratic Theory, Cambridge, Cambridge University Press, 1970, pp. 104 – 105. 转引自杰弗里·希尔墨、毛兴贵:《参与式民主理论的现状(上)》,载《国外理论动态》2011年第3期。

② 《里约宣言》文本见《联合国环境与发展会议的报告》(文件号:A/CONF. 151/26/Rev. 1, Vol. Ⅰ),第3~7页。《里约宣言》公众参与原则的内涵及意义将在下面第三章重点阐述。

③ 参见陈家刚:《协商民主:民主范式的复兴与超越》,载陈家刚编:《协商民主》,上海三联书店2004年版,第8~10页。

④ 参见王锡锌:《公众参与:参与式民主的理论想象及制度实践》,载《政治与法律》2008年第6期。

⑤ Vgl. Jürgen Habermas, *Strukturwandel der Öffentlichkeit. Untersuchungen zu einer Kategorie der bürgerlichen Gesellschaft*, Frankfurt am Main, Suhrkamp, 1991, S. 11 ff.

众公共利益之间差距的沟通能力。[①] 协商民主所强调的参与，是一种理性的对话方式的参与，公众是对话的“网络”，在公共对话中，一切论证都应受到尊重，所有意见都应被讨论、收集、交换和处理。公共意志也将在无偏私的信息交换和说理过程中形成，成为政治决策合法性的基础。[②]

在中国，公众参与被赋予善治的目标。俞可平认为，“善治”意味着官民对社会事务的合作共治，是国家与社会关系的最佳状态。[③] 善治需要良法，而公众参与是“善治”的前提。[④] 推进科学立法、民主立法、依法立法，是实现“以良法促进发展、保障善治”的前提。[⑤] 全体人民平等地、无差别地参与国家决策合乎民主最原始的含义。[⑥] 在这个语境下，公民参与更多地被用以讨论民主政治。因而，在公共决策领域，理论和实践中更倾向于使用“公众参与”这个概念。姜明安将公众参与式民主，视为代议制民主的一个重要补充，指出公众参与行政法治的战略价值：对于保障行政机关依法、公正行使职权，防止滥权和腐败，对于维护行政相对人的合法权益，防止侵权和歧视，对于推进公民自治，培育公民社会都有着特殊重要的意义。[⑦] 中国现行行政决策基本上还是行政主体内部主控的管理主义模式，公众参与能实现行政决策合法、正当、科学与可行的综合要求。王锡锌认为公众

---

① Vgl. Jürgen Habermas, *Strukturwandel der Öffentlichkeit. Untersuchungen zu einer Kategorie der bürgerlichen Gesellschaft*, Frankfurt am Main, Suhrkamp, 1991, S. 40.

② Vgl. Habermas, Jürgen, *Faktizität und Geltung*: *Beiträge zur Diskurstheorie des Rechts und des demokratischen Rechtsstaats*, Frankfurt am Main, Suhrkamp, 1994, S. 436. *Friedhelm Neidhardt*, “Öffentlichkeit, öffentliche Meinung, soziale Bewegungen”, in: Friedhelm Neidhardt (Hrsg.), *Öffentlichkeit*, *öffentliche Meinung*, *soziale Bewegungen*, Opladen, Westdeutscher Verlag, 1994, S. 7 ff.

③ 参见俞可平：《治理与善治》，社会科学文献出版社 2000 年版，第 1 ~ 15 页。

④ 参见新华社：《中共中央关于全面推进依法治国若干重大问题的决定》，载《人民日报》2014 年 10 月 29 日，第 1 版。

⑤ 习近平：《决胜全面建成小康社会，夺取新时代中国特色社会主义伟大胜利——在中国共产党第十九次全国代表大会上的报告》，载《人民日报》2017 年 10 月 28 日，第 1 版。

⑥ 参见王绍光：《民主四讲》，三联书店 2008 年版，第 2 页。

⑦ 参见姜明安：《公众参与与行政法治》，载《中国法学》2004 年第 2 期。

参与行政决策作为一种参与式治理模式，其在理念上强调公共利益和行政机关的转型，对中国而言，一种协商与合作式的公众参与更具有工具性、教育、心理和文化等多方面的意义。[①] 针对完善公众参与行政决策制度的讨论多集中在通过增加决策的透明度，加强政府与公众的沟通与互动，完善公开、告知、听证、回应等程序制度，保障公众参与的实效等措施层面。[②]

与公众参与理论在其他领域的实践相比，学者对于公众参与在环境保护领域的研究是有明显的倾向性的。[③] 公众是生态环境破坏的直接承受者和治理的直接受益人，公众参与的广度和深度很大程度上决定着生态环境治理的水平。从主体来看，参与环境公共事务决策的公众，一般包含普遍意义上的个体公众、利害关系人和环境保护组织。后者以环境保护事业为宗旨，追求环境自身利益，被视为环境的代表；前两者追求个体权益。在公民意识的驱动下，个体公众的参与不必是利他主义的，但应当是利人利己的，其目的是实现适当理解的自我利益和长远利益。[④] 理想的公众参与制度是受到政策影响的社会成员都能参与决策，并在这个基础上不断拓宽参与的广度、深度和范围。[⑤]

以此为基础，“非组织公众”参与环境公共事务决策，是公共决策管理者在制定环境公共政策、决定环境公共事务或进行公共环境治理时，为了达到预定目标，以沟通与协商为基础，通过开放的途径，使

---

① 参见王锡锌、章永乐：《我国行政决策模式之转型——从管理主义模式到参与式治理模式》，载《法商研究》2010年第5期。

② 参见蔡定剑：《中国公众参与的问题与前景》，载《民主与科学》2010年第5期；方世荣：《论行政立法参与权的权能》，载《中国法学》2014年第3期；黄凤兰：《公众行政参与的法律应对及完善》，载《行政法学研究》2009年第2期。

③ 例如：截至2019年7月16日，中国知网收录以“公众参与”和“决策”（或“行政”）主题的期刊论文总数为3897篇，其中以环境相关事项为主题的有2022篇。

④ 参见王建军、王建荣、唐娟：《中国公共政策制定中的公民参与研究》，中国社会科学出版社2018年版，第6页。

⑤ 参见［美］科恩：《论民主》，聂崇信、朱秀贤译，商务印书馆1998年版，第12～29页。

每个公众个体都能有机会获取决策相关信息,听取意见与建议,并通过反馈互动对公共决策和治理行为产生影响的各种行为。[①]

二、"非组织公众"参与权与环境权

环境权是环境法的一个核心问题。[②] 国际法中的人类环境权,是指环境法律关系的主体享有适宜健康和良好生活环境,以及合理开发利用环境资源的基本权利。[③] 依环境权的内容为标准,可分为实体性环境权和程序性环境权,后者多被阐释为公众参与环境保护的具体程序,包括环境利用权、知情权、参与权和请求权。[④] 持此立场的学者将环境权视为环境事务中公众参与权的重要理论基础。[⑤] 公众参与国家环境管理的决策过程、参与开发利用的环境管理过程、参与环境保护制度实施的过程、参与环境纠纷调解的过程,是环境权理论在立法领域的应用,[⑥]对环境权的主张就是环境法中公众参与机制实施的基础。[⑦] 实体性环境权是程序性环境权的前提和依据,程序性环境

---

① 该定义参见蔡定剑:《中国公众参与的问题与前景》,载《民主与科学》2010 年第 5 期。

② 参见蔡守秋:《环境权初探》,载《中国社会科学》1982 年第 3 期。"环境权理论提倡的积极意义"参见王明远:《论环境权诉讼——通过私人诉讼维护环境公益》,载《比较法研究》2008 年第 3 期。

③ 参见陈泉生:《环境权之辨析》,载《中国法学》1997 年第 2 期。

④ 参见吕忠梅:《再论公民环境权》,载《法学研究》2000 年第 6 期;吕忠梅、张忠民:《环境公众参与制度完善的路径思考》,载《环境保护》2013 年(第 41 卷)第 23 期;王明远:《论环境权诉讼——通过私人诉讼维护环境公益》,载《比较法研究》2008 年第 3 期。认为环境权仅包含实体性权利的观点参见吴卫星:《环境权内容之辨析》,载《法学评论》2005 年第 2 期;吴卫星:《环境权研究——公法学的视角》,法律出版社 2007 年版,第 73 ~ 101 页,其认为环境权是一种对一定环境品质的享受权,不包括经济性权利和程序性权利。

⑤ 支持这一观点的还有史玉成、杨红:《论环境保护与公众参与》,载《南京财经大学学报》2003 年第 5 期;郝瑞彬、郑祥民:《试论公众参与环境决策》,载《重庆环境科学》2002 年第 4 期;蔡守秋:《从环境权到国家环境保护义务和环境公益诉讼》,载《现代法学》2013 年(第 35 卷)第 6 期;黄桂琴:《论环境保护的公众参与》,载《河北法学》2004 年第 1 期。

⑥ 参见吕忠梅:《再论公民环境权》,载《法学研究》2000 年第 6 期;吕忠梅、张忠民:《环境公众参与制度完善的路径思考》,载《环境保护》2013 年(第 41 卷)第 23 期;陈润羊、花明:《我国环境保护中的公众参与问题研究》,载《广州环境科学》2006 年第 3 期。

⑦ 参见彭峰:《中国环境法公众参与机制研究》,载《政治与法律》2009 年第 7 期。

权为实体性环境权实现的途径。[①] "非组织公众"的环境知情权、参与决策权、环境诉讼参与权以及监督权，是程序性环境权的主要内容。[②]

公众环境权理论认为，环境权是人权的一种衍生和体现。[③] 环境权作为公民基本权利，为个体公众参与环境决策和管理确立了权利来源，其衍生于包括生命权、健康权、舒适生活和工作的权利在内的生存权。[④] 人权理论是公众参与理论与制度化发展的另一重要基础。[⑤] 环境公众参与制度的推行是保障人权的一种体现，公众通过参与环境决策，有效保护自己最基本的生存权，通过行使自己的权利，维护自身在环境方面的利益。[⑥] 然而环境权的人权属性却始终存在争议。支持公众参与权作为程序性环境权的代表性观点认为，伦理上的"环境权"在环境价值和其他目标发生冲突时是必不可少的，其使人们广泛认识到环境作为基本生活条件对于保证人类尊严和福利，实现增强环境价值地位的意义，但在规范层面上的模糊与不确定，导致环境权始终无法得到法律确认，也就无法成为一项新的独立人权。[⑦] 宪法中直接规定实体性环境权受到基本权利理论前提的挑

---

① 参见那力：《论环境事务中的公众权利》，载《法制与社会发展》2002 年第 2 期。作为实体性权利的环境权的具体内容参见黄桂琴：《论环境保护的公众参与》，载《河北法学》2004 年第 1 期。

② 参见史玉成：《论环境保护公众参与的价值目标与制度构建》，载《法学家》2005 年第 1 期；郝瑞彬、郑祥民：《试论公众参与环境决策》，载《重庆环境科学》2002 年第 4 期。不同观点参见徐祥民：《对"公民环境权论"的几点疑问》，载《中国法学》2004 年第 2 期，其认为在不可分割的自然提供给人类的共同利益面前，每个人都只是客观的享受者，而不是政治意义上的创立者和法律意义上的请求者，人类整体性的环境权中并不包含个体性环境权。

③ 参见吕忠梅：《环境权入宪的理路与设想》，载《法学杂志》2018 年第 1 期；蔡守秋：《环境权实践与理论的新发展》，载《学术月刊》2018 年（第 50 卷）第 11 期。

④ 参见邓江凌：《环境保护公众参与问题研究》，载《重庆文理学院学报》（社会科学版）2018 年（第 37 卷）第 6 期。

⑤ 参见张文显：《构建社会主义和谐社会的法律机制》，载《中国法学》2006 年第 1 期。

⑥ 参见卓光俊、杨天红：《环境公众参与制度的正当性及制度价值分析》，载《吉林大学社会科学学报》2011 年（第 51 卷）第 4 期。

⑦ 参见陈海嵩：《论程序性环境权》，载《华东政法大学学报》2015 年（第 18 卷）第 1 期。

战,建立以参与为本位的程序性环境权,不能仅如传统理论般以拥有权利为内容,而应具体规定个体公众适度参与环境决策的程序权,并以此作为公众参与制度的规范基础。[①] 环境权的核心是人类的生存与发展,是人成为人或继续作为人生存与发展的权利。[②] 环境权的法律保护范围,即所有环境法律关系的主体均享有在不受一定程度污染和破坏的环境里生存和在一定程度上利用环境资源的权利。[③] 从这个意义上讲,环境权是环境资源法律制度的人性基础和人权基石。[④] 人类整体环境权理论认为,环境权是人权理论经由自然人特点的初创期、社会性人权的发展期,步入升华期的首要问题。[⑤] 这意味着国家对外的主权和对内的环境管理权意义上的国家环境权,并非享受、使用生产生活环境的民事、行政等权利和参与与环境有关的公共事务管理的公众权利。[⑥]

三、"非组织公众"参与权与公众参与权

笼统地讨论公众参与制度是值得警惕的。环境公共事务决策所涉及的公众是一个环境保护组织,还是多个无组织的公民个人,在参与目的、参与模式和参与效果上都会呈现明显的差异。

倡导环境保护的组织,由于自身的价值追求,及其所代表环境公益的本质特征,在立法和司法实践中常常被赋予比"非组织公众"更广泛的权利。许多国际环境法律文件中都强调非政府组织在公众参

---

① 参见徐祥民:《对"公民环境权论"的几点疑问》,载《中国法学》2004 年第 2 期。

② 参见李艳芳:《论环境权及其与生存权和发展权的关系》,载《中国人民大学学报》2000 年第 5 期。

③ 参见陈泉生:《环境权之辨析》,载《中国法学》1997 年第 2 期;周训芳:《环境权论》,法律出版社 2003 年版,第 169 页。

④ 参见崔令之:《环保法基本原则之公众参与原则》,载《湖南科技大学学报》(社会科学版)2004 年第 4 期。

⑤ 参见徐祥民:《环境权论——人权发展历史分期的视角》,载《中国社会科学》2004 年第 4 期。

⑥ 参见徐祥民:《环境权论——人权发展历史分期的视角》,载《中国社会科学》2004 年第 4 期。

与程序执行过程中的重要作用，鼓励政府对于民间团体给予支持，以保证社会中不同群体的利益能够得到平衡的体现。1991 年的《埃斯波公约》。[①] 与 1998 年的《奥胡斯公约》[②]都规定了“所涉公众”具有比普遍“公众”更为明确和广泛的参与权，而倡导环境保护并符合国内法律要求的非政府组织，则被赋予了特殊的地位，因其在环境决策中有自己的利益，而被视为相关决策中的“所涉公众”。[③] 在欧洲经委会地区，通常设立咨询委员会或其他的机制来推动公共决策机构与非政府组织合作，将非政府组织纳入环境决策相关部门、工作组或咨询机构。[④] 在有些国家，公共决策机构和社会经济伙伴之间的伙伴协议需要通过公共听证会，让公众对发展计划草案进行审议，并提供书面建议。[⑤] 其中参加发展计划制定委员会的环境保护非政府组织，通常具有与公共决策机构和其他社会经济伙伴相同的权利和义务。[⑥] 不可否认，环境保护非政府组织汇集了专业技能和资源，与“非组织公众”相比，能够整合公众个体利益诉求，更有效地行使在环境公共决策中的参与权利。[⑦] 能否有效地利用公众参与程序赋予环境非政府组织特殊地位，还取决于一些更为广泛的因素，如合法注册，积极

---

① 《跨境环境影响评估公约》(Convention on Environmental Impact Assessment in a Transboundary Context, Espoo Convention)，文本见联合国文件 Treaty Series, Vol. 1989, 1997, pp. 309 - 380，以下简称《埃斯波公约》。

② 《在环境问题上获取信息、公众参与决策和诉诸法律公约》(Convention on Access to Information, Public Participation in Decision - Making and Access to Justice in Environmental Matters, Aarhus Convention)，文本见联合国文件 Treaty Series, Vol. 2161, p. 447。以下简称《奥胡斯公约》。

③ 有关《埃斯波公约》《奥胡斯公约》中“所涉公众”环保组织的参与权范围，将在第三章详细论述。

④ ECE/MP/PP/2008/4 (Synthesis report on the status of implementation of the Convention), para. 39.

⑤ 2009 年在爱尔兰政府就结构基金计划，包括《欧盟 2020 增长战略》，定期向环境支柱组织以及其他社会伙伴征求建议，确保在决策中对环境问题给予考虑。爱尔兰的环境支柱(The Environmental Pillar)是一个代表全国 27 个环保团体的机构。

⑥ See Ebbesson Jonas et al., *The Aarhus Convention: An Implementation Guide*, New York and Geneva, United Nations 2014, p. 177.

⑦ ECE/MP. PP/C. 1/2005/2/Add. 5, para. 16.

活动或者财务状况等，在法律体系中的其他限制，常常也会冲抵这种效果。针对环境保护组织的支持，根据在1992年里约会议上所达成的共识，签署《21世纪议程》的国家或地区，按照议程的要求将逐渐落实相关机制。[①] 这种为某一团体或组织的活动所提供的政府支持可以是直接的财政支持或奖励，也可以是间接的税收减免；可以是针对项目的支持，也可以是一般的核心支持。例如，匈牙利环境部在20世纪90年代末建立了一个相关非政府组织电子发布清单，政府官方公布环境政策准则草案的同时也通过连接全国200多个非政府组织的电子非政府组织网络公布。[②] 在中国，环境保护领域的公众参与权可以通过环境信息公开、参与听证、举报监督等多种形式实现，但环境公益诉讼的主体资格仍被特别赋予了环境保护非政府组织。[③]

尽管如此，不能简单得出非政府组织获得信息的渠道更广或者在环境公共决策中更加重要的结论。[④] 环境公共事务决策所涉及的公众除了环境保护组织，还包括到没有组织起来的，但在某个环境问题上享有利益的“非组织公众”群体。[⑤] 卢梭在《社会契约论》中提出众意和公益的区别，其第二卷论述国家主权中表示只有公意才能够按照国家创制的目的，即公共幸福，来指导国家的各种力量。[⑥] 卢梭

---

① 《21世纪议程》文本见《联合国环境与发展会议的报告》（文件号：A/CONF. 151/26/Rev. 1，Vol. I），第8~437页。参见国务院：《中国21世纪议程——中国21世纪人口、环境与发展白皮书》，中国环境科学出版社1994年版，第20.1节。

② 此网络平台也称“绿色蜘蛛”（Green Spider）。See Sandor Fulop，“Chapter 7：Hungary”，in REC eds.，*Doors to Democracy：Current Trends and Practices in Public Participation in Environmental Decisionmaking in Central and Eastern Europe*，Szentendre，The Regional Environmental Center in Central and Eastern Europe，1998，p. 214.

③ 根据《环境保护法》第58条第1款的规定，这类环保组织要求是依法在设区的市级以上人民政府民政部门登记，且专门从事环境保护公益活动连续五年以上且无违法记录的社会组织。

④ 部分研究观点认为不宜以个体公众为重，而应以组织化参与为主导，参见朱谦：《环境公共决策中个体参与之缺陷及其克服——以近年来环境影响评价公众参与个案为参照》，载《法学》2009年第2期。

⑤ 如20世纪60年代后期，美国许多针对环境保护的群体性抗议。

⑥ 参见[法]卢梭：《社会契约论》，李平沤译，商务印书馆2011年版，第29页。

认为"众意"是个别意志的总和,通过不同公民团体所表达的不同利益之间的协议来表示,而"公意"则只着眼于公共的利益,其作为人民意志的表示只能是一致的,也必将是正确的。[①] 公民的广泛参与才是公共决策实现"公益"的必要途径。"非组织公众"在参与公共事务决策中具有比组织公众更为纯粹的参与意图。在公众参与环境事务决策程序中尤其不宜将二者混同,更不能以非政府组织或其他团体的参与,代替"非组织公众"的参与。

"非组织公众"与组织公众相比,其参与模式更为复杂,也会为公共决策程序的管理和执行机关带来更大的困难。在相关公众同属一个环境保护组织的情况下,该环保组织的定期活动场所,就可以作为公众参与的场所,该环保组织的交流渠道则可以被用作公共决策宣传的机会。当相关公众由两个或两个以上的组织构成时,定期的团体活动就是公众参与的有效场所,这类活动通常以社区圆桌会议的形式进行。[②] 对于一群"非组织公众"来说,公众参与不仅没有预先确定的场所,也没有任何成形的触及每个公众个体的沟通交流渠道。这种情形下,更需要明确的座谈会、听证会程序,及决策相关信息告知机制,以确保参与的有效性。

参与环境事务决策程序的环保组织,具有较为明确的利益诉求,决策机关甚至可以预估决策参与过程中相关组织的主要意见。在实践中,环境公共决策机关可以与一些环保组织建立并保持良好的沟通渠道,环保组织也可能对一些公共决策机关有更多种的表达平台。例如中国早年兴办的一些环境保护组织,也曾经依靠政府拨款、占有国家编制、行政政府职能、拥有行政级别,甚至和行政主管部门的相

① 参见[法]卢梭:《社会契约论》,李平沤译,商务印书馆2011年版,第32~34页。

② 社区圆桌会议在促进环境质量改善方面的作用,参见葛俊杰、毕军:《利益均衡视角下的环境保护模式创新——社区环境圆桌会议的理论与实践》,载《江海学刊》2009年第3期。

应处级部门之间实际上是“两块牌子一套人马”。[①] 考虑到参与决策程序产生的时间和资源成本，个体公众倾向于选择参与不需要投入很多的决策，除非是对某个问题有强烈的兴趣或者对一项政策可以产生直接影响力的时候，“非组织公众”才有不计成本的参与动力。[②] 而恰恰是这类非组织公众，其在相关决策的许多问题上的意见较晚进入决策过程，如果不被充分考虑，当这些公众最终意识到自己在某项问题上的利益，这项决策的执行就会遇到无法预料的阻力。[③] 正因如此，针对“非组织公众”的参与保障机制，在公共决策程序中显得尤为重要。

第二节 公共决策中“非组织公众”参与权的实现

一、阶梯理论

20 世纪六七十年代参与式民主理论的复兴，为公众参与权向程序权发展提供了新的思路。1969 年美国学者谢莉·阿恩斯坦在《公民参与的阶梯》中阐述的公民参与权的八个类型是早期公民参与模型的典型代表。[④]

在阶梯理论中，公民参与的形式被根据公众参与的程度划分为八个阶梯，[⑤]从弱到强分别为：第一阶梯：操纵公众接受并执行决策，

---

① 参见吴锦良：《政府改革与第三部门发展》，中国社会科学出版社 2001 年版，第 339 页；“中国环境保护组织的发展研究”，参见李艳芳：《公众参与环境保护的法律制度建设——以非政府组织（NGO）为中心》，载《浙江社会科学》2004 年第 2 期。

② 参见［美］约翰·克莱顿·托马斯：《公共决策中的公民参与：公共管理者的新技能与新策略》，孙柏瑛等译，中国人民大学出版社 2005 年版，第 38 页。

③ 参见［美］约翰·克莱顿·托马斯：《公共决策中的公民参与：公共管理者的新技能与新策略》，孙柏瑛等译，中国人民大学出版社 2005 年版，第 39 页。

④ See Sherry R. Arnstein, “A Ladder of Citizen Participation”, *Journal of the American Planning Association* 35, 1969, pp. 216 – 224.

⑤ 谢莉·阿恩斯坦在论文中为这个模型画了一个有八阶的梯子，逐级向上分别为：1. Manipulation；2. Therapy；3. Informing；4. Consultation；5. Placation；6. Partnership；7. Delegated Power；8. Citizen Control。See Sherry R. Arnstein, “A Ladder of Citizen Participation”, *Journal of the American Planning Association* 35, 1969, p. 217.

如公民咨询会议等形式；第二阶梯：引导或治疗，一般包括被视为宣传教育过程的团体集会等形式；第三阶梯：告知或信息获取，如信息发布、参加地区会议等形式；第四阶梯：咨询，决策管理者征询意见，一般包括公民调查等形式；第五阶梯：劝解或安抚，行政主导参与，如协议性的合作程序；第六阶梯：合作伙伴，一般包括地区组织、利益团体的政治活动；第七阶梯：授权，即对决策方案的功能控制、动议是否决策等活动；第八阶梯：公众控制或公众权利，这是最强的一种形式，可以实现对地区决策的控制。

谢莉·阿恩斯坦认为这八个公民参与形式分布在参与公共决策行为的三个阶段。第一和第二阶梯操纵、引导属于“非公民参与阶段”，这个阶段的公众完全被动，因而不存在真正意义上的参与；第三至第五阶梯告知、咨询和劝解属于象征参与阶段，第六至第八阶梯合作、授权和公众控制，属于公民主导性参与。① 这三个阶段既可以理解为决策活动的阶段，也可以理解为公民社会发展的阶段。但并非所有形式都可以在任何一项公共决策过程中体现出来。公民参与权的阶梯模型，从权力的角度对公民参与的概念进行了界定，为公众参与环境事务决策提供了一个清晰的评价依据。② 阶梯理论认为公民参与是一种在公民权的实现过程中，对公共决策权再分配的程序，建立广泛的决策联合机制，可以使公民对公共事务的意见和诉求通过参与的各种渠道被考虑，从而充分发挥公民参与的作用。③

二、有效决策理论

理性思考和把握公众有序、有效参与的途径，是现代政府和公共

---

① 原文为“Nonparticipation”“Tokenism”“Citizen Power”，参见 Sherry R. Arnstein，“A Ladder of Citizen Participation”，*Journal of the American Planning Association* 35，1969，p. 217。

② 以公民参与的“阶梯理论”为评价依据的研究，参见朱芒：《公众参与的法律定位——以城市环境制度事例为考察的对象》，载《行政法学研究》2019 年第 1 期。

③ 参见李丽红：《政府主导型公众参与生态城市规划的难点及法律解决途径》，载《现代财经》（天津财经大学学报）2009 年第 8 期。

管理者必备的技能和策略。在“新公民参与运动”蓬勃发展的背景下,约翰·克莱顿·托马斯从公共决策的效果和执行效率的角度出发,建立了一个树形决策模型,即“公民参与的有效决策模型”。①

根据托马斯的分析,公共决策管理者在决定以何种方式、在什么时间引入公众参与时,可以依据公民参与及其影响力的程度不同,选择以下五种决策参与途径:一是自主式管理决策,即决策者在没有公民参与的情况下独自解决问题或者制定决策;二是改良的自主管理决策,即决策者从不同的群体中搜寻信息,然后独自决策,公民群体的要求可能会也可能不会得到反应;三是分散式的公众协商,即决策管理者分别与不同的公共团体探讨问题,听取其观点和建议,然后制定反映这些团体要求的决策;四是整合式的公众协商,即决策机构与作为一个单一集合体的公众探讨问题,听取公众观点和建议,然后制定反映这些团体要求的决策;五是公共决策,即决策者同整合起来的公众探讨问题,管理者和公众试图在问题解决方案上取得共识。②

托马斯的模型中“决策质量”和“公民可接受性”是两个核心变量。前者构成了决策受到技术、法律和预算等客观约束的程度影响;后者涉及公民对公共决策的态度和配合程度等主观因素。决策质量要求越高,公民参与决策的约束性越大,这时即使有公民参与,也可能局限在信息获取等低强度参与形式上。与之相对地,如果公民对决策的接受性要求越高,其参与的强度就会越大。决策程序的重点是二者之间的平衡。

树形模型的分支点是七个用以明确公民参与范围、程度和频率的问题:分别是:(1)决策者是否明确决策的质量要求?(2)是否具

① “公民参与的有效决策模型”最早的系统化阐释,参见 John Clayton Thomas, Public Participation in Public Decisions: New Skills and Strategies for Public Managers, John Wiley & Sons, 1995。中文译本参见[美]约翰·克莱顿·托马斯:《公共决策中的公民参与:公共管理者的新技能与新策略》,孙柏瑛等译,中国人民大学出版社 2005 年版。

② 参见[美]约翰·克莱顿·托马斯:《公共决策中的公民参与:公共管理者的新技能与新策略》,孙柏瑛等译,中国人民大学出版社 2005 年版,第 27 页。

备做出高质量决策的信息?(3)政策问题是否被结构化了,以致不再需要人们重新界定其他替代方案?(4)公众对决策的接受程度是否对决策的有效执行至关重要?如果没有公众参与,决策执行会否受阻?(5)谁是相关公众?(6)在解决决策问题时,相关的公众与公共决策机构目标是否一致?(7)在选择优先解决问题的方案时,公众之间会否产生争议?① 公共决策者可以借助树形模型,根据公共决策的性质,选择不同梯度的公民参与类型。

公众参与的实现依赖于具体而有效的参与程序。"公民参与的有效决策模型"为公共事实决策中公众参与程序的选择和设计提供了依据。决策机关或部门审慎思考、理性选择的参与途径,精心设计、准备充分的参与方案,不仅有助于提高公众参与的实质效果,而且可以预防由公民参与不完善性带来的不良后果。②

三、"非组织公众"参与环境公共决策模型

1992 年《里约宣言》后的近 30 年,公众参与环境事务决策在国际和国内立法实践中的发展,主导了理论研究进程。传统的公民参与理论,在环境事务决策公众参与领域逐渐演变成一种清新的,可持续发展的范式。法学和社会学也受到了"生态中心主义"和全球环境共治趋势的影响。2013 年,环境法学者以公众参与的强度为基础参数,提出一个特别适用于环境公共事务公众参与的模型,即"直接公众参与模型"(或称"公众参与度模型")。③ 该模型中,包括阶梯模型中第一阶段的非公众参与和代议制决策等间接的公众参与形式,都

① "公众参与的不完善性",参见[美]约翰·克莱顿·托马斯:《公共决策中的公民参与:公共管理者的新技能与新策略》,孙柏瑛等译,中国人民大学出版社 2005 年版,第 17 页。

② 参见[美]约翰·克莱顿·托马斯:《公共决策中的公民参与:公共管理者的新技能与新策略》,孙柏瑛等译,中国人民大学出版社 2005 年版,第 49 页。

③ "直接公众参与模型"(Struktur aktiver und unmittelbarer Öffentlichkeitsbeteiligung),参见 Mei Wu, *Öffentlichkeitsbeteiligung an umweltrechtlichen Fachplanungen*, Baden – Baden, Nomos Verlag, 2013, S. 84。

被排除在了公众参与环境事务决策的基本形式之外。阶梯模型中的非参与阶段,无论是公共决策机关“操纵”要求公众执行,还是通过宣传公共政策后教育公众执行,都不符合环境公共决策中公众参与的目标。在环境公共决策中,公众参与的最终目的是推动实现社会可持续、环境友好型发展。为实现这一目的,一方面要保障公民的基本环境权,这就要求在环境公共事务中,公众个体必须能够获得环境信息,参与决策;另一方面公共决策机关也有义务保证通过公众参与程序获取各方环境知识与信息,平衡各方利益,考虑包括环境因素在内的公众意见,作出高质而有效的环境友好型决策。模型将公众参与在环境法中的类型,按照其法律表现,分成了八个程序,并由弱到强依次排列。最弱的第一个程序是信息公开,其中包括了信息获取、信息告知、对拟议项目的解释说明等被动公众参与类型;第二个程序是咨询;第三个程序包括了介入调查、提出意见和建议,发表声明;第四个程序是讨论或意见的考量(前四个阶段在专项法律中,也被视为听证程序的具体内容);第五个程序是表决或是协调;第六个程序为提案;第七个程序为共同决定(第二至第七个程序,都属于积极公众参与类型);第八个也是最强的程序为独自决定。模型中的八个程序通过公众参与的意愿划分出强弱,但与公众参与的不同阶段并不直接相关,这些程序源自德国法的规范和判例,也为其后的立法和司法实践不断验证。

为了准确地理解和运用这个模型,有几个概念有必要在此进一步说明。“直接公众参与模型”中位列积极参与形式的“投票表决”不应理解为《德国基本法》[①]第 20 条意义上的“公民投票”,而应理解为决策相关行政程序中协商式的表决。[②] 模型的八个基本公众参与

---

① 《德国基本法》(Grundgesetz für die Bundesrepublik Deutschland, GG),1949 年 5 月 23 日通过,2019 年 3 月 28 日最新一次修订,原文本见 BGBl. I S. 404。

② 有关“协商表决和建议提案”参见 Susan Wickrath, *Bürgerbeteiligung im Recht der Raumordnung und Landesplanung*, Münster, Inst. für Siedlungs - und Wohnungswesen, 1992, S. 24。

程序中，没有将“听证”列为一个公众参与的类型，而是将第一至第四个程序划入了一个所谓“听证程序”中。德国公法中的“听证”有广义和狭义之分。比如《德国建筑法典》①第175条第1款中的“讨论”程序，就规定适用《德国行政程序法》②第28条有关广义听证程序的规定。“直接公众参与模型”服务于公众参与环境决策，为和大多数计划、规划和建设项目程序保持一致，选用了广义的听证概念，即包括部分信息获取程序，介入调查、提出意见建议、发表声明，以及讨论程序。模型中所列出的信息公开程序，不完全属于听证程序规范的公众参与类型，③其中只有与决策事项相关信息的公布、告知和解释说明，才是常规听证程序中要求的公众参与内容。听证程序采用广义解释还有一个重要原因：这个广义上的“听证”和欧盟法层面公众参与程序中的“听证”的含义是可以对应的。比如《欧盟战略环境影响评价指令》第6条和第7条的规定。④ 欧盟法层面的公众参与主要包括三个层次的制度：信息提供、听证和积极参与。欧盟委员会对《水框架指令》的指导文件明确指出了这三个不同层次公众参与的关系，强调：“信息提供”作为“听证”的基础，包含在“听证”程序中。⑤“听证”是最低层次的公共参与，包括公开听证、发表声明和表达意见的程序。在听证程序中采纳声明的意见，不是强制性的，但这些观点必须予以考虑。“积极参与”是公众参与的最强模式，也体现着欧盟法要求的环境决策领域公众参与的完整含义，既包括了前两个层次

---

① 《德国建筑法典》(Baugesetzbuch, BauGB)1960年6月23日通过，2017年11月3日最新一次修订，原文本见 BGBl. I S. 3634。

② 《德国行政程序法》(Verwaltungsverfahrensgesetz, VwVfG)1976年5月25日通过，2019年6月21日最新一次修订，原文本见 BGBl. I S. 846。

③ 即“Anhörung”与“Konsultation”之间的呼应。

④ 《欧盟战略环境影响评价指令》(Richtlinie 2001/42/EG des Europäischen Parlaments und des Rates über die Prüfung der Umweltauswirkungen bestimmter Pläne und Programme – SUP – Richtlinie)2001年6月27日通过，原文本见 ABl. L 197/31。

⑤ See European Commission eds., Common Implementation Strategy (CIS) for the Water Framework Directive (2000/60/EC), Guidance Document No. 8, Public Participation in Relation to the Water Framework Directive, Luxembourg, European Communities, 2003, p. 11.

的公众参与，也包括了“共同决策”等其他可能。[①]

“直接公众参与模型”吸收了20世纪60年代以来，在公众参与公共决策领域的理论成果，[②]结合公众参与在国际环境法、欧盟环境法和德国环境法的立法目的。因其所归纳的公众参与类型都有法律规范为基础，对公众参与程序的理解更为确定。既可以作为“非组织公众”参与的程序指南，又可以作为环境公共决策机构推进公众参与的参考，同时也可以用以评价公众参与的不同类型和程序对参与权保障的程度。

---

① 英语“participation”和“involvement”都是参与，前者强调在公共决策中，公众要求实质性而非象征性参与，后者强调各项公共决策中必须法定地包含有公众的作用。这里欧盟指导文件使用“active involvement”暗示其包含了提案，甚至共同决策的意义。Vgl. Kerstin Arbter, Rita Trattnigg, “Standards zur Öffentlichkeitsbeteiligung – Auf dem Weg zu effizienter und effektiver Partizipation”, in: Helfried Bauer u. a., *Public Governance – Öffentliche Aufgaben gemeinsam erfüllen und effektiv steuern*, Wien und Graz, Zentrum für Verwaltungsforschung 2005; S. 295 f.

② 有关德国法中公众参与的研究发展可以参考：Niklas Luhmann, “Komplexität und Demokratie”, *Politische Vierteljahresschrift* 10, 1969, S. 314 ff.; Reinhard Hendler, *Die bürgerschaftliche Mittwirkung an der städtebaulichen Planung*, Göttingen, Schwartz, 1977; Andreas Fisahn, *Demokratie und Öffentlichkeitsbeteiligung*, Tübingen, Mohr Siebeck, 2002; *Ulrich Hellmann, Die Öffentlichkeitsbeteiligung in vertikal gestuften Zulassungsverfahren für umweltrelevante Groβvorhaben nach deutschem und europäischem Recht*, Frankfurt am Main u. a., Peter Lang, 1992; *Sabine Schlacke u. a., Informationsrechte, Öffentlichkeitsbeteiligung und Rechtsschutz im Umweltrecht* (*Aarhus – Handbuch*), Berlin, Erich Schmidt Verlag, 2010。

第二章 “非组织公众”参与环境公共决策的制度发展与现状

第一节 公众参与环境保护制度的历史沿革

全球可持续发展行动计划实施近30载,联合国《里约宣言》《21世纪议程》中“坚持经济、社会与环境平衡发展”的理念逐渐根深蒂固,可持续发展已经不再是一个奢华的选择,而是国际社会对人类未来必须担负的责任和义务。[①] 对比世界各国在消除贫穷、饥饿、疾病、文盲、环境恶化和对妇女的歧视上所取得的成就,环境政策是可持续发展三个重要支柱中的短板,有关环境问题的治理效率仍有很大的进步空间。随着中国工业化、城市化的快速推进,生态环境问题不断加剧,公众参与环境保护意识逐渐觉醒。20世纪70年代“北京官厅水库

① 《里约宣言》文本见《联合国环境与发展会议的报告》(文件号:A/CONF. 151/26/Rev. 1, Vol. I),第3~7页。《21世纪议程》文本见《联合国环境与发展会议的报告》(文件号:A/CONF. 151/26/Rev. 1, Vol. Ⅰ),第8~437页。

污染”[①]等环境污染事件,引起了社会的高度重视,中国公众参与环境保护的制度由此开始萌芽。从1979年颁布实施第一部环境保护法律《环境保护法(试行)》以来,中国的环境保护法制建设已经经历了40年的时间,在环境与资源保护的相关立法中,公众参与环境事务的各项权利逐渐确立起来,经历了“依靠群众、大家动手”的萌芽起步阶段,扩大公众参与环境可持续发展的原则确立阶段,公众参与类型多样化的具体制度发展阶段,正在步入全面发展的新阶段,即公众参与的程序性保障阶段。

一、萌芽起步阶段:“依靠群众、大家动手”

20世纪六七十年代,随着社会主义建设事业的不断发展,中国环境污染现象日益严重。几乎同一时期,在经历了一系列公害事件对经济和社会发展带来的严重冲击后,欧、美、日等发达国家和地区开始反思传统工业经济发展模式的弊端,努力寻求新的发展方式。1972年6月,中国派代表团参加了联合国在瑞典首都斯德哥尔摩举行的首次全球人类环境会议,与会130多个国家和地区共同投票通过了《斯德哥尔摩宣言》,以应对保持和改善人类环境的挑战。[②] 面临国际呼吁和国内现状,在环境保护工作受到普遍重视的情况下,1973年8月5~20日,国务院委托国家计划委员会召开了中国第一次全国环境保护会议,[③]首次将环境保护提上了国家管理的议事日程。这次会议确立了环境保护工作的32字方针:“全面规划,合理布局,综合利用,化害为利,依靠群众,大家动手,保护环境,造福人民”,

---

① 官厅水库污染事件发生在1972年,作为北京城水源地的官厅水库突然出现了大面积死鱼现象,周边地区的一些居民也出现了各种原因不明的奇怪症状。调查发现,官厅水库的水污染源来自水库上游的工厂。关于官厅水库事件对中国环境法的深远影响,参见汪劲主编:《环保法治三十年:我们成功了吗》,北京大学出版社2011年版,第339页。

② 会议的重要成果《斯德哥尔摩宣言》,详见本书第四章第一节的内容。

③ 中国第一次全国环境保护会议是国务院委托国家计划委员会举行的,会议于1973年8月5日至20日在北京召开。会议交流了环境保护工作的经验,制定了环境保护工作的国家方针和政策,有力地推动了中国环保事业的发展。

制定了《关于保护和改善环境的若干规定(试行草案)》。[①] “32 字方针”中的“依靠群众,大家动手”和《关于保护和改善环境的若干规定(试行草案)》中第 9 项“大力开展环境保护的科学研究工作,做好宣传教育”,揭开了中国公众参与环境保护制度化的序幕,有力地推动了后续环境保护事业的发展。

1979 年 9 月 13 日通过的《环境保护法(试行)》[②]是中国第一部环境基本法,也是中国最早规定公众参与环境保护的法律。该法第 4 条将环境保护“32 字方针”以法律条文的形式确定下来,并且在第 8 条中对“依靠群众,大家动手”进行了具体规定,明确了公民对污染和破坏环境的单位和个人,有监督、控告和检举的权利。《环境保护法(试行)》的颁布施行标志着中国的环保事业开始走向法制轨道,公众参与环境保护有法可依。

20 世纪 80 年代颁布的一系列环境保护的法律法规基本都遵循并沿用了《环境保护法(试行)》中监督、控告和检举权的规定,仅在权利主体上有不同的限定。例如,1980 年颁布的《化学工业环境保护管理暂行条例》规定,企业的职工和家属对于污染环境破坏资源综合利用的单位和个人,有权进行监督、制止和检举;[③]1981 年颁布的《轻工业环境保护工作暂行条例》规定了职工有在清洁适宜的环境中生活和劳动的权利,对于严重污染环境和破坏自然资源的单位和个人,有权提出意见、向上级主管部门反映情况、检举揭发;[④]1982 年颁布的《海洋环境保护法》要求进入中华人民共和国管辖海域的一切单位和个人,都有责任保护海洋环境,并有义务对污染损害海洋环境的

---

① 《关于保护和改善环境的若干规定(试行草案)》,1973 年 8 月 29 日由国务院发布,共十项规定。

② 《环境保护法(试行)》,1979 年 9 月 13 日由第五届全国人民代表大会常务委员会第十一次会议原则通过,1979 年 9 月 13 日全国人民代表大会常务委员会令第二号公布试行。

③ 参见《化学工业环境保护管理暂行条例》第 39 条。

④ 参见《轻工业环境保护工作暂行条例》第 34 条第 1 款。

行为进行监督和检举；[①]1984 年颁布的《水污染防治法》赋予一切单位和个人对污染和损害水环境的行为监督和检举的权利；[②]1987 年颁布的《大气污染防治法》强调任何单位和个人都有权对污染大气环境的单位和个人进行检举和控告；[③]根据 1988 年颁布的《野生动物保护法》，对侵占或者破坏野生动物资源的行为进行检举和控告是每个公民的权利；[④]1989 年的《环境噪声污染防治条例》规定任何单位和个人都有对造成环境噪声污染的单位和个人进行检举、控告的权利。[⑤]

从 1989 年开始，中国的经济体制由原来的社会主义计划经济转向有计划的商品经济，进而全面转向社会主义市场经济。环境保护法制建设也随之面临着既要制定新的环境与资源保护立法，同时又要修正不适应新形势的原有法律格局。其中最先提上议程的是修订《环境保护法(试行)》。1989 年 12 月 26 日，第七届全国人大常委会十一次会议通过了《环境保护法》。[⑥]

《环境保护法》(1989 年版)保留了《环境保护法(试行)》中有关

① 参见《海洋环境保护法》第 3 条。《海洋环境保护法》，1982 年 8 月 23 日第五届全国人民代表大会常务委员会第二十四次会议通过，全国人民代表大会常务委员会令第九号公布，1983 年 3 月 1 日起施行。

② 参见《水污染防治法》第 5 条第 1 款。《水污染防治法》，1984 年 5 月 11 日第六届全国人民代表大会常务委员会第五次会议通过，中华人民共和国主席令第十二号公布，自 1984 年 11 月 1 日起施行。

③ 参见《大气污染防治法》第 5 条。《大气污染防治法》，1987 年 9 月 5 日第六届全国人民代表大会常务委员会第二十二次会议通过，中华人民共和国主席令第五十七号公布，自 1988 年 6 月 1 日起施行。

④ 参见《野生动物保护法》第 5 条。《野生动物保护法》，1988 年 11 月 8 日第七届全国人民代表大会常务委员会第四次会议通过，中华人民共和国主席令第九号公布，自 1989 年 3 月 1 日起施行。

⑤ 参见《环境噪声污染防治条例》第 7 条第 1 款。1989 年 9 月 26 日国务院通过的《环境噪声污染防治条例》现已失效。

⑥ 《环境保护法》，1989 年 12 月 26 日第七届全国人民代表大会常务委员会第十一次会议通过，中华人民共和国主席令第二十二号公布，自公布之日起施行，《环境保护法(试行)》同时废止。为区别于 2014 年修订后的《环境保护法》，本书讨论 1989 年版的《环境保护法》时称“《环境保护法》(1989 年版)”。

公众参与环境保护而进行检举和控告的权利,规定一切单位和个人都有权对污染和破坏环境的单位和个人进行检举和控告。[①] 尽管有一定的局限性,《环境保护法》(1989 年版)仍然值得被高度评价,不仅推进了中国后续十几年的环境保护事业,也为相关法律体系的发展做出了重大贡献,公众参与环境保护于是在正式的环境保护基本法中被予以明确。

20 世纪 70 年代初 80 年代末,公众参与环境保护制度经历了从无到有,从政策层面到法律层面的发展。中国从环境保护工作伊始就意识到“依靠群众”的重要性,并在具体立法上予以落实。这一阶段,大多数法律只是在总则中笼统地规定了个人对于环境保护的监督权,以及可以通过检举、控告等方式来实现权利。由于没有具体的程序性规范,有关群众监督权的笼统、模糊性规定,为公众参与环境保护具体施行造成了困难。这一时期的环境保护工作还处于萌芽起步阶段,环境保护领域法律法规尚不完善,公众参与环境事务更多体现为零散的政策性、原则性规定,尚未形成科学的制度体现。

二、原则确立阶段:扩大公众参与环境可持续发展

1992 年 6 月,联合国在巴西里约热内卢举行世界环境与发展大会,强调人类处于可持续发展的中心,将公众参与和环境保护同时提升到了一个新的高度。中国不仅积极参加了大会的筹备和正式的会议议程,还签署了重要的国际环境法文件《里约宣言》和《21 世纪议程》。这一阶段中国在环境保护国际合作领域活跃,推动了国内环境保护事业的发展。

1993 年,中国提出了《关于环境与发展的十大对策》,在第 9 项对策“健全法制,强化环境管理”中明确提出了“加强社会监督,扩大

① 参见《环境保护法》第 6 条。

公众参与”。[①]

1994年3月25日，国务院第十六次常务会议审议通过了《中国21世纪议程——中国21世纪人口、环境与发展白皮书》（以下简称白皮书）[②]，把经济、社会、资源与环境紧密地联系起来，在宏观层面架构了一个高度综合的、长期的、渐进的可持续发展方案。[③] 有关公众参与环境保护的内容，白皮书在第20章“团体及公众参与可持续发展”中专章进行了规定。白皮书第20.1条规定：“实现可持续发展目标，必须依靠公众及社会团体的支持和参与。公众、团体和组织的参与方式和参与程度，将决定可持续发展目标实现的进程。考虑到中国宪法和法律已经对公众参与国家事物所作的规定，并认识到公众参与在环境和发展领域的特殊重要性，有必要为团体及公众参与可持续发展制定全面系统的目标、政策和行动方案。”第20.2条规定：“团体及公众参与可持续发展，需要新的参与机制和方式。团体及公众既需要参与有关环境与发展的决策过程，特别是参与那些可能影响到他们生活和工作的社区决策，也需要参与对决策执行的监督……”第20.3条规定了团体及公众参与可持续发展的5个方案领域，分别是“妇女参与可持续发展、青少年参与可持续发展、少数民族和民族地区参与可持续发展、工人和工会参与可持续发展、科技界在可持续发展中的作用。”白皮书第20章为中国公众参与环境保护设计了目标和行动方案，具有重要的指导意义。

1996年8月3日，国务院颁布了《关于环境保护若干问题的决定》，其中第十项“加强宣传教育，提供全面环境意识”中明确提道：

---

① 《关于出席联合国环境与发展大会的情况及有关对策的报告》（中办发〔1992〕7号）。参见《党中央国务院批准环境与发展十大对策——指导方针是：经济建设城乡建设环境建设同步规划同步实施同步发展》，载《人民日报》1992年9月17日，第8版。

② 1994年3月25日，国务院第16次常务委员会讨论通过。《中国21世纪议程》共设20章，78个方案领域。参见国务院：《中国21世纪议程——中国21世纪人口、环境与发展白皮书》，中国环境科学出版社1994年版。

③ 参见郑易生、王世汶：《中国环境与发展评论》（第1卷），社会科学文献出版社2001年版，第2页。

“建立公众参与机制,发挥社会团体的作用,鼓励公众参与环境保护工作,检举和揭发各种违反环境保护法律法规的行为。”决定也要求新闻媒介发挥喉舌和舆论监督的双重作用,及时报道和表彰环境保护工作中的先进典型,公开揭露和批评污染、破坏生态环境的违法行为,并对严重污染、破坏生态环境的单位和个人予以曝光。①

1997 年确立了“依法治国”的基本方略,提出要扩大基层民主,保证人民群众直接行使民主权利,依法管理自己的事情;健全民主选举制度,让群众参与讨论和决定基层公共事务和公益事业。② 这些规定为公众参与包括环境保护在内的各项社会公共事业提供了政策保障。③ 1999 年 3 月,第九届全国人大第二次会议将“依法治国”的基本方略写入新通过的《宪法修正案》之中,这是中国法治进程中的重大事件。环境法作为法治体系的一部分,其立法工作也更加受到国家的重视。

20 世纪 90 年代的十年,中国面临着环境污染和生态破坏的双重问题:首先,环境污染问题仍然十分严重。水污染相当严重,城市空气质量也持续处于较高的污染水平,城市生活垃圾和固体污染日益突出,城市噪声扰民问题普遍。其次,生态恶化的趋势仍在加剧。土地退化严重,水生态系统失衡,农村环境问题日益突出,生物多样性锐减,重大生态破坏事件多发。④ 一些环境问题引发了当地严重的健康危机,例如,天津市北辰区西堤头镇刘快庄村和西堤头村、河南省沈丘县周营乡等出现的“癌症村”现象,其中环境污染即是导致癌症

---

① 国务院《关于环境保护若干问题的决定》,国发〔1996〕31 号文件,1996 年 8 月 3 日发布。

② 参见江泽民:《高举邓小平理论伟大旗帜,把建设有中国特色社会主义事业全面推向二十一世纪》,载《人民日报》1997 年 9 月 22 日,第 1 版。

③ 参见王新程等:《环保公众参与的实践与探索》,中国环境出版社 2015 年版,第 21 页。

④ 资料参见 1991 年至 2000 年《中国环境状况公报》,载 http://www.mee.gov.cn/hjzl/zghjzkgb/lnzghjzkgb/,2019 年 7 月 31 日最后访问。

发生的一个极为重要的原因。[①] 严峻的环境状况对公民个体产生的影响越来越突出,公众环境保护的意识逐渐清晰,公众参与环境保护的诉求也日渐明显。

在20世纪90年代初,中国的环境立法主要以制定新法为主,环境保护行政法规也随之不断完善。在国土开发方面,全国人大常委会在1991年颁布了《水土保持法》,1993年国务院配套颁布了《水土保持法实施条例》。在污染控制方面,全国人大常委会在1995年颁布了《固体废物污染环境防治法》,并修订了《大气污染防治法》。在城市环境综合治理方面,国务院在1992年制定了《城市市容和环境卫生管理条例》和《城市绿化条例》。在自然保护区规划与建设方面,国务院1994年制定了《自然保护区条例》。

在20世纪90年代末,环境立法活动则主要以对旧法的修改为主。全国人大常委会修改了《矿产资源法》《森林法》《水污染防治法》《海洋环境保护法》《土地管理法》《大气污染防治法》,制定了《环境噪声污染防治法》《节约能源法》。环境行政法规也逐渐完善,国务院发布了《农药管理条例》《森林法实施条例》《基本农田管理条例》《水污染防治法实施细则》《土地管理法实施条例》《野生植物保护条例》等与立法配套的条例和细则。

这一阶段制定或修改的法律和行政法规大多对公众参与环境保护进行了原则性规定。具体表现为明确公民的检举权、控告权和监督权等。同时也有对环境保护贡献者进行奖励的规定。公众参与环境保护的原则得以逐步确立,法律体系进一步健全,公众参与具体环境要素保护的合法性得到进一步增强。但总体而言,这一时期的环境保护公众参与仍然具有较浓厚的自上而下、政府主导特点,公民自

① "癌症村"一般指癌症发病率和死亡率高于正常期望水平的村落。在物理、化学和病毒致癌因子中,影响最大(超过95%)的化学致癌因子主要来自工业生产造成的环境污染,包括水体污染、空气污染、固废污染等,尤其水污染是导致人体健康严重受损的罪魁祸首。"中国癌症村地理分布及成因研究"参见龚胜生、张涛:《中国"癌症村"时空分布变迁研究》,载《中国人口·资源与环境》2013年第9期。

发的个体性参与很少，参与形式集中于宣传教育社会实践，参与依据仍然以国家政策和原则性法律规定为主。[①]

三、具体制度发展阶段：公众参与类型多样化

2000年至2014年可以视为公众参与环境保护的具体制度发展阶段，这一阶段的典型特征是立法为公众参与类型提供了多样化的选择。公众可以通过包括公众信息获取、环境信息公开、环境影响评价中的听证会和听取意见等形式参与环境公共事务决策。2000年《立法法》颁布后，在行政法规的起草过程中，要求广泛听取有关机关、组织和公民的意见；听取意见可以采用座谈会、论证会和听证会等形式。[②] 2001年的《行政法规制定程序条例》和2003年的《行政许可法》对公众参与行政法规和行政许可也作出了相关规定。这些对立法程序中公众参与的规则，推动了公众参与环境相关事务程序性立法的发展。这一时期的主要政策性、纲领性文件也为公众参与环境保护的具体程序性立法扫平了道路。2005年的《国务院关于落实科学发展观加强环境保护的决定》、2006年的《国家"十一五"规划纲要》、2007年的《国家环境保护"十一五"规划》《关于加强农村环境保护工作的意见》都对公众参与环境保护做了明确的规定。[③]

21世纪初国内的背景和形势也有力地推动了公众参与环境保护的发展。2001年7月13日北京申办2008年奥运会取得成功后，中国履行"绿色奥运"的承诺。在政策层面，2003年提出了"科学发展观"，即"坚持以人为本，树立全面、协调、可持续的发展观，促进经济社会和人的全面发展"，坚持"统筹城乡发展、统筹区域发展、统筹经

---

① 相关评价参见崔浩等：《环境保护公众参与研究》，光明日报出版社2012年版，第93页；王新程等：《环保公众参与的实践与探索》，中国环境出版社2015年版，第22页。

② 参见2000年《立法法》第58条。《中华人民共和国立法法》由中华人民共和国第九届全国人民代表大会第三次会议于2000年3月15日通过，自2000年7月1日起施行。

③ 国发〔2005〕39号文件第27条；国办发〔2007〕63号。

济社会发展、统筹人与自然和谐发展、统筹国内发展和对外开放的要求"。[①] "可持续的发展观"和"人与自然和谐发展"等环境理念得到了重申和重视。

2002年《环境影响评价法》的颁布是中国公众参与环境保护在立法上的重要突破。该法首次将公众参与环境保护的具体内容明确在法律中予以规定,并将规划和建设项目纳入到环评范围之中。[②] 其中第5条明确鼓励有关单位、专家和公众以适当方式参与环境影响评价。第11条第1款要求,专项规划的编制机关对可能造成不良环境影响并直接涉及公众环境权益的规划,应当在该规划草案报送审批前,举行论证会、听证会,或者采取其他形式,征求有关单位、专家和公众对环境影响评价报告书草案对意见。第21条第1款针对对环境可能造成重大影响、应当编制环境影响报告的建设项目,规定了除国家规定需要保密的情形外,一律要求建设单位应当在报批建设项目环境影响报告书前,举行论证会、听证会,或者采取其他形式,征求有关单位、专家和公众的意见。尽管仍有完善的空间,2002年的《环境影响评价法》对公众参与环境影响评价产生了非常积极的影响。[③]

2006年原环境保护部颁布的《环境影响评价公众参与暂行办法》对公众参与环境影响评价的适用范围、原则、公众参与的一般要求、征求公众意见的要求和程序、公众参与的组织形式、公众参与规

① 胡锦涛:《高举中国特色社会主义伟大旗帜 为夺取全面建设小康社会新胜利而奋斗》,载《人民日报》2007年10月25日,第4版。

② 《环境影响评价法》,2002年10月28日第九届全国人民代表大会常务委员会第三十次会议通过,中华人民共和国主席令第七十七号予以公布,自2003年9月1日起施行。

③ 《环境影响评价法》2016年和2018年经历了两次修订。现行版本为2018年12月29日,第十三届全国人民代表大会常务委员会第七次会议第二次修正。

划环境影响评价做了详细规定。[①] 该办法具体细化了《环境影响评价法》中公众参与的内容，其列出的论证、听证、调查、咨询等形式为环境影响评价以外的环境保护公众参与提供了基本模板。这些内容被2014年修订的新《环境保护法》概括接纳，并被2019年1月1日起实施的《环境影响评价公众参与办法》所取代。[②] 这部“暂行办法”是中国环境法领域第一部专门规范公众参与的法律文件，对环境影响评价公众参与进行了全面系统的规定，自施行以来，为调动公众保护环境的积极性和主动性，推进和规范环境影响评价活动中的公众参与作出了贡献。[③]

2007年可以称为环境信息公开年，国务院和原国家环境保护总局相继发布《关于进一步提高政府立法工作公众参与程度有关事项的通知》[④]《政府信息公开条例》[⑤]《环境信息公开办法（试行）》[⑥]，为公众获知政府环境信息、参与公共决策提供了基本的制度保障。

2009年8月12日，国务院通过了《规划环境影响评价条例》，对专项规划编制的公众参与进行规定。[⑦] 与《环境影响评价法》的规定相比，该条例主要对公众参与规划环境影响评价的形式进行了扩展，

---

① 《环境影响评价公众参与暂行办法》，环发〔2006〕28号发布，自2006年3月18日起施行。该规章在原环境保护部2016年11月15日发布的《现行有效的国家环保部门规章目录》中已被删除。

② 参见《环境保护法》第56条。《环境影响评价公众参与办法》于2018年4月16日由生态环境部部务会议审议通过，自2019年1月1日起施行，生态环境部第4号令。

③ 参见王新程等：《环保公众参与的实践与探索》，中国环境出版社2015年版，第22页。

④ 2007年3月30日，国务院法制办公室发布国法函〔2007〕41号《关于进一步提高政府立法工作公众参与程度有关事项的通知》。

⑤ 《政府信息公开条例》，于2007年1月17日国务院第165次常务会议通过，由中华人民共和国国务院2007年4月5日发布，自2008年5月1日起施行。

⑥ 《环境信息公开办法（试行）》于2007年2月8日经原国家环境保护总局2007年第一次局务会议通过，自2008年1月1日起实施，国家环境保护总局令第35号。

⑦ 《规划环境影响评价条例》，2009年8月12日国务院第76次常务会议通过，2009年8月17日发布，自2009年10月1日起施行。

并进一步增加了在决策中考虑公众参与效果的规定。[①] 条例第 13 条第 2 款明确要求，有关单位、专家和公众的意见与环境影响评价结论有重大分歧的，规划编制机关应当采取论证会、听证会等形式进一步论证。

21 世纪初的十年，环境保护立法取得了丰硕的成果。全国人大常委会制定了《防沙治沙法》《放射性污染防治法》《海域使用管理法》《可再生能源法》《清洁生产促进法》《畜牧法》《城乡规划法》《突发事件应对法》《循环经济促进法》《海岛保护法》；修改了《渔业法》《水法》《野生动物保护法》《节约能源法》《水污染防治法》《可再生能源法》《水土保持法》。此外国务院还制定了《排污费征收使用管理条例》《危险化学品安全管理条例》《全国污染源普查条例》等行政法规。

2012 年，十八大报告将生态文明纳入“五位一体”的中国特色社会主义事业总体布局，即把生态文明建设融入经济建设、政治建设、文化建设、社会建设各方面和全过程，使生态文明建设的战略地位更加明确。同时明确提出，要“扩大公众参与，改进政府提供公共服务方式，引导社会组织健康有序发展，充分发挥群众参与社会管理的基础作用”。[②]

总体而言，2000 年至 2014 年“环境保护法”修订前的这一阶段，公众参与环境保护的具体规则有了进一步发展，参与内容更加丰富、参与形式更为多样。无论国家政策层面还是法律法规层面，无论是内容上还是形式上，都在不断强化环境保护以及环境相关公共决策中公众参与的重要作用。公众参与环境保护的内容增加了环境信息知情权和环境影响评价的参与权；公众参与环境公共决策的形式扩展为调查问卷、座谈会、听证会、论证会等更多种类。

---

① 参见王秀哲：《我国环境保护公众参与立法保护研究》，载《北方法学》2018 年第 2 期。

② 胡锦涛：《坚定不移沿着中国特色社会主义道路前进 为全面建成小康社会而奋斗》，载《人民日报》2012 年 11 月 18 日，第 8 版。

四、全面发展的新阶段：公众参与的程序性保障阶段

2014 年 4 月 24 日，史上最严《环境保护法》[①]出台，揭开了环境公共决策中公众参与制度全面发展的新篇章。至今我们仍处在这个蓬勃发展的新阶段，并有机会见证这段历史。修订后的《环境保护法》明确将“公众参与”列为环境法的基本原则，并首次将“信息公开和公众参与”作为单独一章，即该法第五章，对“非组织公众”参与环境保护从权利的内容及形式等多方面提出了具体要求。在权利方面，明确了公众个体的环境知情权、参与环境保护权和监督环境保护的权利。形式上，第 56 条具体规定了针对应当编制环境影响评价报告书的建设项目，责任单位应向公众说明情况，充分征求意见。

为落实新修订的《环境保护法》中信息公开与公众参与的要求，2014 年 5 月原环境保护部发布了《关于推进环境保护公众参与的指导意见》，首次明确了四项参与权内容，即要尊重和保障公众的环境知情权、参与权、表达权和监督权；并将公众参与明确定义为公民法人和其他组织自觉自愿参与环境立法、执法、司法、守法等事务，以及与环境相关的开发、利用、保护和改善等活动。[②] 意见确立了五项主要工作任务：加强宣传动员、推进环境信息公开、畅通公众表达及诉求渠道、完善法律法规和加大对环保社会组织的扶持力度；同时提出了五个公众参与重点领域：环境法规和政策制定、环境决策、环境监督、环境影响评价以及环境宣传教育。

自 2015 年 1 月 1 日新《环境保护法》实施以来，中国公众参与环境公共决策的相关立法进入了空前的高密度发展时期。新颁布的法律如 2017 年通过的《核安全法》[③]在第五章专门规定了“信息公开与

---

① 《环境保护法》，2014 年 4 月 24 日第十二届全国人民代表大会常务委员会第八次会议修订通过，中华人民共和国主席令第九号公布，自 2015 年 1 月 1 日起施行。

② 2014 年 5 月 22 日，原环境保护部办公厅发布了《关于推进环境保护公众参与的指导意见》，环办〔2014〕48 号。

③ 《中华人民共和国核安全法》，2017 年 9 月 1 日第十二届全国人民代表大会常务委员会第二十九次会议通过，自 2018 年 1 月 1 日起施行，中华人民共和国主席令第七十三号。

公众参与"的内容,2018 年通过的《土壤污染防治法》[①]在第 3 条和第 10 条都规定了公众参与的内容。这一时期新修订的法律,包括:2015 年修订的《大气污染防治法》《固体废物污染环境防治法》,2016 年修订的《水法》《节约能源法》《海洋环境保护法》《固体废物污染环境防治法》《环境影响评价法》,2017 年修订的《海洋环境保护法》《水污染防治法》,2018 年修订的《环境保护税法》《环境影响评价法》《大气污染防治法》《野生动物保护法》《节约能源法》《循环经济促进法》,2019 年修订的《行政许可法》,均在不同的领域进一步强调了公众参与环境保护的原则,细化了公众参与环境公共决策的方式。

在行政法规方面,2019 年国务院发布的《重大行政决策程序暂行条例》为"非组织公众"参与环境公共决策提供了重要的制度性保障。[②] 条例明确了环境保护方面的重大公共政策和措施,即"重大行政决策事项",将"公众参与"规定为第二章"决策草案的形成"中的必要程序,增强了公众参与的实效,提出了具体的程序性要求。此外,国务院还修订了大量的行政法规,以配合这一新时代公众参与环境保护的新要求,例如,2016 年修订的《危险废物经营许可证管理办法》第 17 条规定了公众的监督方式;2017 年修订的《建设项目环境保护管理条例》除要求环境保护部门制定建设项目环境影响评价分类管理名录应当组织专家论证,征求有关部门、行业协会、企事业单位和公众意见外,还强调推进环境保护部门政务的电子化、信息化,开展环境影响评价文件网上审批、备案和信息公开,方便"非组织公众"知情权的实现。[③] 2019 年修订的《政府信息公开条例》既是对公

---

① 《中华人民共和国土壤污染防治法》,2018 年 8 月 31 日第十三届全国人民代表大会常务委员会第五次会议通过,2019 年 1 月 1 日起施行。

② 《中华人民共和国重大行政决策程序暂行条例》,2019 年 4 月 20 日中华人民共和国国务院令第 713 号公布,自 2019 年 9 月 1 日起施行。

③ 《建设项目环境保护管理条例》,1998 年 11 月 29 日中华人民共和国国务院令第 253 号发布,根据 2017 年 7 月 16 日国务院《关于修改〈建设项目环境保护管理条例〉的决定》修订。相关规定参见第 7 条、第 9 条和第 14 条。

众参与权中知情权保障的完善,也为后续公众参与环境决策提供了制度前提。修订后的条例加大了政府信息公开力度,提升了信息公开数量,优化了信息公开质量;明确政府信息公开为常态,不公开为例外;完善了依申请公开的程序规定,切实保障申请人的合法权益,同时对不当行使申请权的行为作出必要规范;强调通过加强信息化手段的运用提高政府信息公开实效,以方便公众行使知情权。①

这一时期公众参与环境保护的相关司法解释也逐渐出台。为适应《环境保护法》第58条有关环境公益诉讼的规定,2014年年底最高人民法院通过了《环境民事公益诉讼司法解释》②《民事诉讼法司法解释》③,明确社会组织提起环境民事公益诉讼及其相关细则。2019年6月5日,最高人民法院公布了《生态环境损害赔偿解释(试行)》,第4条规定:"人民法院审理第一审生态环境损害赔偿诉讼案件,应当由法官和人民陪审员组成合议庭进行。"生态环境损害赔偿诉讼的目的是保护国家利益和人民群众环境权益,在审理环境损害赔偿诉讼的合议庭组成人员中要求人民陪审员,也可理解为公众参与环境司法审判的一种形式。

经过了两年的试行,检察机关提起环境民事公益诉讼和环境行政公益诉讼的规则也在立法和司法解释中予以明确。2017年修订的《民事诉讼法》和《行政诉讼法》,分别明确了检察机关在环境民事和

---

① 《中华人民共和国政府信息公开条例》,2019年4月3日经中华人民共和国国务院令第711号修订,自2019年5月15日起施行。相关规定参见第5条、第27条至第44条等内容。

② 2014年12月8日,最高人民法院审判委员会第1631次会议通过最高人民法院《关于审理环境民事公益诉讼案件适用法律若干问题的解释》,自2015年1月7日起施行,法释〔2015〕1号。

③ 2014年12月18日,最高人民法院审判委员会第1636次会议通过最高人民法院《关于适用〈中华人民共和国民事诉讼法〉的解释》,自2015年2月4日起施行。

行政公益诉讼中的地位和作用。[①]《检察公益诉讼解释》细化了检察公益诉讼案件的具体程序，为地方人民法院、人民检察院办理检察公益诉讼案件提供了统一的规范依据。[②]

随着经济社会发展和居民生活水平的提高，公众对干净的水、清新的空气、安全的食品、优美的环境的要求也在不断提升。从过去“盼温饱”到现在“盼环保”，从过去“求生存”到现在“求生态”，环境保护问题已经成为一个重要的民生问题。[③] 良好的生态环境是这一阶段最普惠的民生福祉。2015 年新《环境保护法》实施以来，中国公众参与环境保护正在不断走向制度化、科学化和规范化。“非组织公众”参与环境公共决策呈现全新发展之态势，随着公众参与环境保护意识的提高，越来越多的公众个体付诸行动，积极主动地参与环境公共决策，也在实践层面为制度的发展奠定了基础。

---

① 2017 年 6 月 27 日第十二届全国人民代表大会常务委员会第二十八次会议决定对《民事诉讼法》和《行政诉讼法》作出修改，前者第 55 条增加 1 款作为第 2 款：“人民检察院在履行职责中发现破坏生态环境和资源保护、食品药品安全领域侵害众多消费者合法权益等损害社会公共利益的行为，在没有前款规定的机关和组织或者前款规定的机关和组织不提起诉讼的情况下，可以向人民法院提起诉讼。前款规定的机关或者组织提起诉讼的，人民检察院可以支持起诉。”后者第 25 条增加 1 款，作为第 4 款：“人民检察院在履行职责中发现生态环境和资源保护、食品药品安全、国有财产保护、国有土地使用权出让等领域负有监督管理职责的行政机关违法行使职权或者不作为，致使国家利益或者社会公共利益受到侵害的，应当向行政机关提出检察建议，督促其依法履行职责。行政机关不依法履行职责的，人民检察院依法向人民法院提起诉讼。”自 2017 年 7 月 1 日起施行。

② 2018 年 2 月 23 日，最高人民法院审判委员会第 1734 次会议、2018 年 2 月 11 日最高人民检察院第十二届检察委员会第 73 次会议通过最高人民法院、最高人民检察院《关于检察公益诉讼案件适用法律若干问题的解释》自 2018 年 3 月 2 日起施行。

③ 参见蒙发俊、徐璐：《新时代背景下提高生态环境公众参与度的思考》，载《环境保护》2019 年（第 47 卷）第 5 期。

第二节　环境公共决策中公众参与权保障的制度现状

一、法律渊源

(一)法律

公众参与的有效性需要公众参与程序制度化来保证,现代国家都致力于通过立法来建立一个公开的、公平的、公正的公众参与机制,中国现有的法律规范已经为环境公共事务决策中的“非组织公众”参与提供了一些原则性的制度保障。《宪法》虽未明确规定环境权,但其第2条“一切权力属于人民。人民行使国家权力的机关是全国人民代表大会和地方各级人民代表大会。人民依照法律规定,通过各种途径和形式,管理国家事务,管理经济和文化事业,管理社会事务”的规定可以视为“非组织公众”参与环境公共事务决策重要的宪法依据。

本书讨论的环境公共事务决策虽不包括公众参与环境立法的内容,但《立法法》规定的公众参与原则和参与的具体方式都对“非组织公众”参与环境公共决策的保障制度提供了重要参考。例如,听取意见可采用的不同形式:座谈会、论证会、听证会等。[①]《行政许可法》是目前“听证”这一重要公众参与方式的最基本法律依据。[②]《民事诉讼法》《行政诉讼法》是“非组织公众”参与环境公共决策的司法救济基础。作为环境保护基本法的《环境保护法》规定了公民、法人和其他组织依法享有获取环境信息、参与和监督环境保护的权利。其与《环境影响评价法》一起规定了建设项目环境影响评价的具体公众参与程序,要求对依法应当编制环境影响报告书的建设项目,建设单位应当在编制时向公众说明情况,充分征求意见。

---

① 参见《立法法》第36条第1款。

② 参见《行政许可法》第46条、第47条、第48条。

除了环境保护基本法之外，“非组织公众”参与环境决策的法律渊源还有20余部环境保护单行法(详见附录1)。[①] 从公众参与环境保护的内容上来看，一方面这些环境单行法涉及的领域非常广泛，包括大气污染防治、水污染防治、土壤污染防治、放射性污染防治、固体废物污染防治、噪声污染防治、海洋环境保护、野生动物保护、循环经济和水土保持，等等；另一方面，大多仅停留在原则性规定的层面，可实施性不强。例如《放射性污染防治法》《节约能源法》《循环经济促进法》《野生动物保护法》，只在总则部分笼统地规定了公众参与原则，对于公众参与的方式、途径等都没有做进一步的规定。这也为非组织公众参与环境公共决策及其司法救济造成了现实的困难。

(二)行政法规

法律层面解决权利义务的问题，行政法规更关注程序和落实。比如“非组织公众”参与环境公共决策中，为实现利益平衡，避免造成对未积极参与的一般社会公众利益的忽视，法律规定可以采取公众代表参与模式，而其中代表如何产生，如何分配，一般由行政法规进行规定。再如，对哪类环境公共决策程序需要或可以选择何种类型的公众参与类型在法律层面进行规定，相应地，行政决策听证会的具体程序方法、主持人产生的程序方法、记录和整理的方式都至少由行政法规予以明确，以保障公众参与有序进行，发挥有效作用。[②] 在环境公共事务决策中，政府往往处于主导地位，对生态环境产生重大影响的决定通常由政府机关作出，政府部门积极推动公众参与环境保护，对创新环境治理机制、提升环境管理能力、建设生态文明具有重

---

① 附录1收录了截至2019年7月1日环境法框架下对公众参与进行规定的主要法律。

② 公众参与行政决策的法律规范，参见姜明安：《公众参与与行政法治》，载《中国法学》2004年第2期。

要作用。[①] 国务院为此制定的行政法规也是“非组织公众”参与环境公共事务决策的重要依据(详见附录2)。[②] 例如,《政府信息公开条例》规定了非组织公众获取环境信息的范围及途径,明确了政府掌握的环境信息以公开为常态,以不公开为例外的基本原则;除法律的除外规定,任何公众都可以依据该条例第27条申请获取环境信息。《重大行政决策程序暂行条例》明确了环境保护方面的重大公共政策和措施是该条例所称的“重大行政决策事项”,[③]将“公众参与”规定为第二章“决策草案的形成”中的必要程序,增强了公众参与的实效,提出了以下要求:首先,在听取意见的方式上,决策机构可以采取座谈会、听证会、实地走访、书面征求意见、向社会公开征求意见、问卷调查、民意调查等多种方式,并且要求应当采取便于公众参与的方式听取意见,其中对涉及特定群体利益的决策事项,要求决策承办单位与相关人民团体、社会组织以及群众代表进行沟通协商,充分听取相关群体的意见建议;其次,公众参与的程序要求上,对“向社会公开征求意见”和召开“听证会”这两种方式的程序进行了具体的规定;最后,在公众参与的效果上,规定决策承办单位应当对社会各方面提出的意见进行归纳整理、研究论证,充分采纳合理意见,完善决策草案。[④]

(三)部门规章

2018年3月13日,国务院机构改革方案提请十三届全国人大一次会议审议。国务院组成部门调整的前两条直指生态环境保护领

---

① 参见王新程等编:《环保公众参与对实践与探索》,中国环境出版社2015年版,第38页。

② 附录2收录了截至2019年7月1日对公众参与进行规定的主要行政法规。

③ 参见《重大行政决策程序暂行条例》第3条第1款。

④ 参见《重大行政决策程序暂行条例》第14~18条。有关“《重大行政决策程序暂行条例》中公众参与规定的考量”,参见《司法部负责人就〈重大行政决策程序暂行条例〉答记者问》,载司法部政府网:http://www.moj.gov.cn/news/content/2019-05/16/zcjd_235019.html,2019年7月21日最后访问。

域,即组建自然资源部与生态环境部。与此同时,不再保留国土资源部、环境保护部、国家海洋局和国家测绘地理信息局。生态环境保护部门规章中关于公众参与环境公共事务决策的规定(详见附录3),大多数是由生态环境部(及其前身原环境保护部或者原国家环境保护总局)制定并发布的。部门规章比法律和行政法规更加明确、具体,是公众参与环境公共事务决策的更为直接的法律依据。[①] 例如2019年《环境影响评价公众参与办法》取代了旧的暂行办法,[②]为进一步保障公众参与的充分性和有效性作出以下规定:首先,要求建设单位单独编制环境影响评价公众参与说明,并纳入环评审批的受理要件,同步受理同步公开,接受公众监督和举报,要求生态环境主管部门认真对待公众意见;其次,明确生态环境主管部门的审查义务,要求生态环境主管部门对公众参与说明的格式是否符合要求、公众参与程序是否符合《环境影响评价公众参与办法》规定进行审查,对未充分征求公众意见的情形,由生态环境主管部门责成建设单位重新征求公众意见,退回环境影响报告书;最后,要求建设单位承担严格责任,对建设单位违反规定,在公众参与过程中弄虚作假,致使公众参与说明内容严重失实的,由生态环境主管部门将该建设单位及其法定代表人或主要负责人失信信息记入其环境信用记录。[③]《环境保护公众参与办法》根据《环境保护法》对环境保护部门提出了公众参与的具体要求,适用于"非组织公众"参与制定政策法规、实施行政许可或者行政处罚、监督违法行为、开展宣传教育等环境保护公共事务的活动,除明确了征求意见、问卷调查、专家论证会、听证会等公众

① 附录3收录了截至2019年7月1日生态环境保护相关的国务院主要部门规章。

② 《环境影响评价公众参与办法》于2018年4月16日生态环境部部务会议审议通过,2018年7月16日公布,自2019年1月1日起施行,《环境影响评价公众参与暂行办法》同时废止。

③ 《环境影响评价公众参与办法》第18条、第25条、第29条,有关"新办法取代暂行办法的制度考量",参见《生态环境部环境影响评价司有关负责人就〈环境影响评价公众参与办法〉修订发布答记者问》,载人民政府网:http://www.gov.cn/xinwen/2018-08/04/content_5311766.htm,2019年7月12日最后访问。

参与方式外，还规定了公民举报环境违法行为的途径。①

(四)地方立法

根据《环境保护法》第 6 条第 2 款和第 9 条第 1 款的规定，地方各级人民政府应当对本行政区域的环境质量负责，应当加强环境保护宣传和普及工作，鼓励基层群众性自治组织、社会组织、环境保护志愿者开展环境保护法律法规和环境保护知识的宣传，营造保护环境的良好风气。推动公众参与环境公共事务决策，地方政府应切实保障公民能够有效行使其环境知情权、参与权、监督权等各方面权利，扩大环境信息的公开度和透明度，不断拓宽公众参与环境事务决策的途径，丰富参与的方式，明确参与的程序，完善相关的法规制度建设。

公众参与环境公共事务决策在很多地方性法规和规章中有积极的体现(详见附录4)。② 2006 年 1 月 1 日起实施的《沈阳市公众参与环境保护办法》是第一部针对公众参与环境保护的地方政府规章，该办法共 25 条，分别就公众参与环境保护的方式、途径，享有的权利，以及行政机关和企业在公众参与环境保护中所应承担的责任、义务诸方面的问题作了全面细致的规定。随后，山西省、湖北省宜昌市、云南省昆明市等多个地方政府制定了公众参与环境保护相关的地方法规或规章。2014 年 11 月 28 日，河北省第十二届人民代表大会常务委员会第十一次会议通过的《河北省环境保护公众参与条例》是首部环境保护公众参与的地方性法规，该条例自 2015 年 1 月 1 日起施行。条例规定了环境信息的公开与获取、公众参与的范围和途径、公众参与的保障和促进措施及法律责任，以法律形式明确了公众参与环境保护的基本权利；政府与公众参与相关的职责；环境公众参与的范围、内容、方式、渠道、途径和程序；公众环境责任和义务；明确违反

① 《环境保护公众参与办法》经 2015 年 7 月 2 日环境保护部部务会议通过，2015 年 7 月 13 日环境保护部令第 35 号公布，自 2015 年 9 月 1 日起施行。

② 附录 4 选取了截至 2019 年 7 月 1 日部分有代表性的公众参与环境公共决策的相关地方立法。

公众参与规定的法律责任；加强环境教育与传播，提高全民环境意识。[①] 在新《环境保护法》实施之前，很多省份都已经出台了本省的环境保护条例，但是较少的将公众参与环境保护原则明确其中。新法实施之后，各省都相应修订了环境保护条例，明确了地方公众参与环境保护的原则。其中一些省份也参照新《环境保护法》，为信息公开和公众参与单设章节，更好地贯彻落实新法的现实需要和具体实践，如《贵州省生态文明建设促进条例》《山东省环境保护条例》《天津市生态环境保护条例》等。地方政府进行环境保护公众参与立法是新常态下促进环境保护事业发展的客观需要，也是加强和创新社会管理的重要举措。

二、主要制度表现

（一）环境信息公开

环境信息公开是公众参与环境公共事务决策的前提。公众环境信息的获取主要取决于两个方面，一方面是政府和企事业单位公布环境信息的范围、方式，另一方面是公众自身接收环境信息的能力。《环境保护法》是环境信息公开最高效力的基本法。其中明确了公民享有获取环境信息的权利，规定了各级人民政府环境保护主管部门和其他负有环境保护监督管理职责的部门、重点排污单位、负责审批建设项目环境影响评价文件的部门应当依法公开环境信息。基本法层面关于环境信息公开只做了宏观上的规定，且大多对于公众来说是一个被动接收信息的过程，环境信息公开的方式、具体的范围仍需要依赖行政法规的具体落实。

《政府信息公开条例》《环境信息公开办法（试行）》《企业事业单位环境信息公开办法》等法规和规章是环境信息公开的主要规范性

---

① 参见马幼松：《河北省环境保护中公众参与制度研究》，载《化工管理》2017年第16期。

依据。就公开的范围而言,在《环境信息公开办法(试行)》中,列举了环境保护部门主动公开的事项有17项、企事业单位公开的有13项。[①] 与公众获取信息的需要相比,法律规定中列举的环境信息事项显然难以满足,且最后概括式的规定由于边界模糊,大多数公众受限于专业知识难以辨识,给予了政府部门和企业更多自由裁量的空间。就公开的主体而言,《环境信息公开办法(试行)》第2条所讲的政府信息是指环保部门在履行环境保护职责中制作或者获取的,以一定形式记录、保存的信息,将政府公开环境信息的主体限定为“环保部门”,与修订后《环境保护法》中规定的“各级人民政府环境保护主管部门和其他负有环境保护监督管理职责的部门应当依法公开环境信息”有所出入。就公开的强制性而言,《环境保护法》和《环境信息公开办法(试行)》都规定政府应当公开环境信息。虽然《企业事业单位环境信息公开办法》第9条规定了重点排污企业应当公开的信息,但是对于那些非重点排污企业,仍是部分强制、部分自愿的方式,企业基于自身利益的考量,会倾向于选择不公开排污信息,很难实现公众环境信息的充分获取。[②]

(二)环境影响评价及其他环境公共决策程序

获取必要环境信息是公众参与的前提,而公众参与是公众在获取信息基础上,通过表达意愿、阐述利益诉求等方式参与公共政策和公共治理的活动,它是现代民主政治的一种具体表现。[③] “非组织公众”参与环境公共事务决策是公众参与的必要环节,也是为公共决策提供广泛性信息来源的基础性保障。

环境影响评价,一般指决策者在作出可能产生环境影响的决定

① 参见《环境信息公开办法(试行)》第11条、第19条和第20条。

② 参见晏林:《环境保护公众参与的困境及突破》,载《江西理工大学学报》2017年(第38卷)第4期。

③ 参见邓佑文:《公众参与与行政决策:必然、实然与应然》,载《理论探讨》2011年第2期。

之前，事先对环境的现状进行调查，对在该拟议项目实施中可能出现的对环境产生不利影响的新情况进行分析和预测，在此基础上提出各种不同的替代方案，进行评价和比较，提出各种减缓不良环境影响的措施，从而选择最适合于环境的决定。在国际环境法中还有一个与之相对的概念：战略环境评价，即对政策、计划或规划的环境影响，包括健康影响进行正式的、系统的和综合的评价。[①] 中国现有法律中的建设项目环境影响评价是与前者相对应的一个概念，是一个不要求可替代方案的简化版；规划环境影响评价可以理解为战略环境评价中的一部分，自《环境保护法》第14条规定了“国务院有关部门和省、自治区直辖市人民政府组织制定经济、技术政策，应当充分考虑对环境的影响，听取有关方面和专家的意见”以来，政策环评也有了基本法律依据，只是“非组织公众”参与权并未体现在其中。

对“非组织公众”参与环境公共事务决策保障较为完善的是环境影响评价过程中的公众参与制度，《环境影响评价法》《规划环境影响评价条例》《环境影响评价公众参与办法》及其配套文件从2002年首次颁布以来，已经实施了近20年，运行中也遇到了一些亟待解决的问题。《环境影响评价法》第1条“预防因规划和建设项目实施后对环境造成不良影响”的规定对环境影响评价本身进行了限定，仅将环境影响评价的时间范围设定为规划和建设项目实施“之后”，而规划和建设项目“之前”或者“之中”可能造成的环境影响并未列入环评考虑范围内。现行环境影响评价制度主要包括规划环境影响评价和建设项目环境影响评价两类。开发利用规划作为环境影响评价的对象，在《环境影响评价法》中将其分为有关工业、农业、林业等专项规划与区域、流域、海域建设和开发利用等综合规划两部分。法律对有关综合利用规划仅规定了“应当在规划编制过程中组织进行环境影响评价，编写该规划有关环境影响的篇章或说明”，[②]并未对综合利

---

① 参见《奥胡斯公约》第7条。

② 《环境影响评价法》第7条。

用规划的环评是否应当征求公众意见作出规定,即现行法律法规听取公众建议并非综合规划必要构成要件。建设项目环境影响评价制度,则将公众参与的范围限定在依法应当编制报告书的建设项目,将建设项目信息公开的责任主体限定为建设单位与生态环境主管部门。[①] 这些限定无形中使公众参与环境影响评价的可行性和有效性程度大大降低。

现行公众参与环境公共决策制度中,“非组织公众”并非公众参与中被侧重保护的权利主体,这在本节后面阐述的公众参与的救济相关立法中体现得最为明显。《环境保护法》中的公众参与主体原则上包括一切公民、法人和其他组织,但如《环境影响评价法》《行政许可法》等具体制度中,往往是以可能受到影响的或直接利害关系作为标准限定公众参与的主体范围,[②]从制度层面上关闭了间接利益主体参与环境公共决策的通道。[③]

对于公众参与的方式,《环境保护法》并无明确的要求,但在《环境影响评价法》和《重大行政决策程序暂行条例》中规定了公众参与可采取座谈会、听证会、论证会、实地走访、书面征求意见、向社会公开征求意见、问卷调查、民意调查等方式进行。[④]

在公众参与环境公共事务决策的所有方式中,规定较为具体明确的是听证会。现行法对立法听证、行政决策听证和环评听证的规定差异较大。《立法法》对于立法听证仅规定了列入常务委员会会议议程的法律案和行政法规在起草过程中应吸收公众意见,可以举行听证会,对于立法听证的具体程序没有进一步的明确要求。[⑤] 行政决策听证规定于《行政许可法》《重大行政决策程序暂行条例》等法律

---

① 参见《环境影响评价法》第 21 条;《环境影响评价公众参与办法》第 10 条、第 22 条。

② 参见《行政许可法》第 2 条。

③ 参见晏林:《环境保护公众参与的困境及突破》,载《江西理工大学学报》2017 年(第 38 卷)第 4 期。

④ 参见《环境影响评价法》第 11 条与第 21 条。

⑤ 参见《立法法》第 36 条和第 67 条。

和行政法规中，对于听证的程序虽进一步做了规定，但是仍然不能满足公众参与常态下的实践要求。环境影响评价听证在《环境影响评价公众参与办法》中规定的较为具体。其中明确了应当举行听证会的情形，根据该办法第14条，对环境影响方面公众质疑性意见多，且主要集中在环境影响预测结论、环境保护措施或者环境风险防范措施等方面的建设项目，建设单位应当组织召开公众座谈会或者听证会，并应请在环境方面可能受建设项目影响的公众代表参加。听证会前的信息公开程序，确认参加听证代表的方式，听证会过程中的记录等要求则根据该办法第17条和第23条的规定，参考或依照环境保护行政许可听证的有关规定执行——然而现行有效的《环境保护行政许可听证暂行办法》作为相关依据显然是有些滞后了。①

环境公共事务决策的公众参与涉及政府、企事业单位和公众，就责任规制而言，应涉及各方应该承担的责任后果。在《环境保护法》“信息公开和公众参与”和“法律责任”这两章中并未规定公众参与的法律责任问题，《环境保护公众参与办法》也未涉及。《环境影响评价公众参与办法》仅仅规定了建设单位的责任，对建设单位编制环境影响评价报告书过程中未充分征求公众意见的情形，由生态环境主管部门责成建设单位重新征求公众意见，退回环境影响报告书；对建设单位在公众参与过程中弄虚作假，致使公众参与说明内容严重失实的，由生态环境主管部门将该建设单位及其法定代表人或主要负责人失信信息记入其环境信用记录。②

① 现行有效的《环境保护行政许可听证暂行办法》2004年6月23日原国家环境保护总局颁布，2004年7月1日起实施。

② 《环境影响评价公众参与办法》第18条、第25条、第29条，有关“新办法取代暂行办法的制度考量”，参见《生态环境部环境影响评价司有关负责人就〈环境影响评价公众参与办法〉修订发布答记者问》，载中华人民共和国中央人民政府网：http://www.gov.cn/xinwen/2018-08/04/content_5311766.htm，2019年7月12日最后访问。

(三)举报作为公众参与环境决策的监督性程序

监督性的公众参与环境保护制度是最早确立的公众参与环境公共决策制度。自1979年《环境保护法(试行)》颁布以来,积累了近40年的实践和立法经验。是公众参与中主体最为多元的制度。监督环境保护的权利主体不限于公民,也包括外国人和无国籍人,如《海洋环境保护法》第4条的规定。[①]“非组织公众”监督权行使的形式也更为多样,《环境保护公众参与办法》中提到可以通过信函、传真、电子邮件、“12369”环保举报热线、政府网站等途径向环境保护主管部门举报。此外,还规定了对举报人的奖励和保护。《环境保护法》明确将举报纳入公众参与的重要内容后,公众监督环境保护在实践中的作用进一步增强。需要明确的是,作为监督性权利,举报程序既不可取代,也无法替代“非组织公众”参与环境公共决策的主要程序。

(四)公众参与环境公共事务决策的救济

“有权利必有救济”,公众参与环境公共事务决策作为一项权利,救济途径是其最终的保障。《民事诉讼法》和《环境民事公益诉讼司法解释》规定了环境民事公益诉讼制度,但诉讼的适格主体并不包括公民个人,诉讼的适用范围是针对已经或可能造成环境污染和生态破坏的环境污染行为人,因此公众个体环境事务参与权难以通过公益诉讼得到救济。由于环境公共决策的责任主体一般为行政机关,“非组织公众”参与权受到侵害,理论上可以考虑行政复议和行政诉讼两种途径。以行政复议的方式实现公众参与的救济在中国现行法中没有法律依据。根据《行政复议法》规定,只有公民的人身财产权受到侵害时,才可以提起行政复议。[②]《行政诉讼法》适用于非组织

① 《海洋环境保护法》第4条规定:一切单位和个人都有保护海洋环境的义务,并有权对污染海洋环境的单位和个人,以及海洋环境监督管理人员的违法失职行为进行监督和检举。

② 参见《行政复议法》第6条。

公众认为行政机关和行政机关工作人员的具体行政行为侵犯其合法权益的情形。[①] 在环境公共决策中的“非组织公众”参与权是环境信息知情权、环境决策参与权、环境保护监督权等权利的集合。[②] 按照行政复议和行政诉讼制度都不可以针对参与权诉诸法律,这极大限制了环境公共决策中非组织公众参与的权利救济。在环境信息公开方面,通过行政复议和诉讼的方式实现公民自身的环境知情权有法可依,也实践可行。[③] 而在环境影响评价方面,比如公民认为一个建设项目影响了自己的环境权益,可以针对环境保护主管部门作出的建设项目批复提起行政诉讼,但不能针对该建设项目没有进行公众参与或者公众参与程序的效果不佳而直接提起诉讼。事实上,针对环境公共决策的行政复议和行政诉讼对诉讼主体都有严格的限定,其范围并不涵盖享有参与权的“非组织公众”。环境作为公共产品,应为社会所有公众个体所共享,“非组织公众”个体作为生态系统的重要组成部分,理应具有代表自己和未来后代针对健康和生态环境的相关事项进行起诉的法律资格。从这个角度出发,“非组织公众”的参与权需要更为直接的救济途径。

三、“非组织公众”参与环境公共决策的制度局限性

从2012年十八大“五位一体”总体布局开始全面推进经济建设、政治建设、文化建设、社会建设、生态文明建设,实现以人为本、全面协调可持续的科学发展,到十八届四中全会明确提出用严格的法律制度保护生态环境,生态文明法制建设已成为新时代中国发展的主要战略任务。生态文明的核心价值是保障现代及后代的环境权,“非组织公众”参与是环境权实现的重要法律途径,也是环境公共决策正当合法的程序性保障。

---

① 参见《行政诉讼法》第2条。

② 参见罗俊杰、陈凤明:《论我国环境保护公众参与法律机制的完善》,载《湘潭大学学报》(哲学社会科学版)2015年(第39卷)第5期。

③ 参见《政府信息公开条例》第51条。

《国民经济和社会发展第十三个五年规划纲要》强调要加大环境治理力度,以提高环境质量为核心,实行最严格的环境保护制度,形成政府、企业、公众共治的环境治理体系。[①] 环境公共事务决策中对公众参与的要求,早已不再是20世纪70年代末的“依靠群众、大家动手”。原国家环保部《关于推进环境保护公众参与的指导意见》提出要求更加系统、全面、广泛、积极、稳妥地推进环境保护公众参与,使之有序、理性、有效地推动环保事业向前发展。[②] 2014年修订的《环境保护法》,专章规定了公众参与环境保护的内容;《民事诉讼法》《行政诉讼法》先后确立了环境公益诉讼制度;2015年《环境保护公众参与办法》、2018年《环境影响评价公众参与办法》等配套规范性文件相继出台;2019年国务院通过了明确公众参与程序的《重大行政决策程序暂行条例》……立法改革的积极实践为制度研究提供了丰富的规范性文件依据。然而环境公共决策制度中“非组织公众”被动参与或参与缺位的问题仍然存在,政府在公众参与程序与中由“管理者”“主导者”向“责任者”甚至“公共平台”的地位转变,应是创新环境治理机制、提升环境管理能力的重要议题。

研究环境公共决策中公众个体“参与权”的含义,不仅需要厘清权利的基础和根源问题,也要解决权利构成与权利实现,以及相互之间关系的问题。公众个体参与权研究针对的是“非组织公众”参与涉及环境的项目、规划、计划及国家政策的环境决策程序的权利。它包含公众依法获取环境信息、参与环境公共决策以及获得与此相关的法律保障和司法救济的权利。依法获取环境信息是公众参与环境公共决策以及获得相关司法救济的前提,获得相关司法救济的权利是公众能够依法获取环境信息和参与环境公共决策的保障。保障这三项权利的制度如同“三足”,撑起“公共参与环境保护”之鼎,其承载

---

① 参见《国民经济和社会发展第十三个五年规划纲要》第四十四章。

② 《关于推进环境保护公众参与的指导意见》,环办〔2014〕48号,原环境保护部办公厅2014年5月22日印发。

的不仅是“公众环境权”，也包含“其他公众环境利益”及其相互之间的冲突与协调。

环境信息公开是保障公众环境知情权的重要途径和公众参与环境保护的必要前提，因此也是最早完善起来的公众参与制度。① 人类与环境之间每时每刻都在进行物质与能量的交流，一旦环境出现污染，必然会对人的生命、健康及财产造成影响，②“非组织公众”被动接受环境影响的局面，仅仅通过政府和企业单一信息获取渠道所公开的环境信息是无法改善的，只有一个可以进行环境信息整合的综合环境信息公共平台才能充分发挥环境信息公开制度的价值。

人类的某项规划或项目可能对环境产生影响并进行评价的过程，不仅是项目建设者或者规划主体与审批机关之间的行政性事务，更是关系到相关公众环境权利的公共性事务。③ 环境影响评价也是公众参与环境保护较早确立起来的制度，其实施中存在的问题一方面是替代方案原则存在缺失，使基于环境公共利益维护的公众参与存在明显的法律规范边缘化问题；④另一方面则是公众参与的规定较为笼统，建设项目环境影响评价公众参与的范围受限，无法应对公众对建设项目的关注程度。⑤ 特别是针对“非组织公众”参与的时机、被听取意见的可能性，及其是否获得相应反馈和适当考量的制度模

① 参见李艳芳：《论公众参与环境影响评价中的信息公开制度》，载《江海学刊》2004年第1期；张建伟：《论环境信息公开》，载《河南社会科学》2005年第2期。

② 参见朱谦：《企业环境信息强制公开的法律问题》，载《法治论丛》（上海政法学院学报）2007年第4期。

③ 参见肖强、王海龙：《环境影响评价公众参与的现行法制度设计评析》，载《法学杂志》2015年（第36卷）第12期。

④ 参见肖强、王海龙：《环境影响评价公众参与的现行法制度设计评析》，载《法学杂志》2015年（第36卷）第12期；朱谦、楚尘：《环境影响评价过程中应突出公众对环境公益之维护》，载《江淮论坛》2019年第2期。

⑤ 参见朱谦：《我国环境影响评价公众参与制度完善的思考与建议》，载《环境保护》2015年（第43卷）第10期。

糊性，直接影响环境影响评价中公众参与制度的有效性。[①]

“非组织公众”对环境公共决策的知情与干预具有重要的功能与价值，公众参与行政决策不能局限在环境影响评价中，应当体现在环境决策的各个方面。[②] 环境问题高度的利益关联性不仅要求公众有充分的机会表达自己的意见，更重要的在于公众的主张能对行政决策者的决策产生实质性的影响。[③] 仅仅重视输出性参与，宣传并要求公众遵守政府的政策，而在政府决策中不能充分吸收公众的各种建议和信息，既不利于公众与执法部门之间的了解与支持，也会对法律的遵守与执行产生负面影响。[④] 不同的主体都有一定的局限性，通过“非组织公众”参与决策，建立政府、专家与公众的相互信任，由社会共同体对风险决策作出价值选择，是环境公共决策合法性的基础。[⑤] 对公众参与时机、参与形式和参与程度的制度保障，是解决这一问题的关键。

---

① 参见罗文燕：《论公众参与建设项目环境影响评价的有效性及其考量》，载《法治研究》2019 年第 2 期；周珂、史一舒：《环境行政决策程序建构中的公众参与》，载《上海大学学报》（社会科学版）2016 年（第 33 卷）第 2 期。

② 参见王灿发：《跨行政区水环境管理立法研究》，载《现代法学》2005 年第 5 期；崔浩等：《环境保护公众参与研究》，光明出版社 2014 年版，第 126～145 页；秦天宝：《程序正义：公众环境权益保障新理念——〈环境保护公众参与办法〉解读》，载《环境保护》2015 年第 20 期；吴宇：《中国固体废物的资源化：政策与法律》，中国社会科学出版社 2018 年版，第 179～180 页。

③ 参见刘萍：《论环境行政决策的正当程序控制》，载《理论导刊》2013 年第 8 期。

④ 参见王预震、周义程：《公共决策中的公众参与》，载《广西社会科学》2002 年第 5 期；吕忠梅：《论生态文明建设的综合决策法律机制》，载《中国法学》2014 年第 3 期。

⑤ 参见秦天宝：《风险社会背景下环境风险项目决策机制研究》，载《中国高校社会科学》2015 年第 5 期。

第三章　公众参与环境公共决策司法实证研究

环境公共事务决策中,备查信息的复杂性、相关科技的不确定性和评估的综合性等因素,使得广泛公众参与显得尤为重要。“非组织公众”在环境公共事务决策中平等地参加,并与决策申请者、决策负责机构共同在决策过程中施加影响,一方面满足行政正当原则,有利于提高决策的接受度,甚至可以降低邻避效应。另一方面参与公众个体所提供的多元化信息、意见和建议,是作出可行性决策的重要参考,有利于提高决策质量。环境诉讼既是公众个体参与权实现的保障,也是公众参与环境治理的一种重要方式,针对政府机关不履行法定职责或从事违法行政行为时提起行政诉讼,往往比批评、建议、申诉、抗议、游行等形式的民主更为有力。[①] 本章以截至 2018 年 12 月 31 日的公众参与环境诉讼的 282 个案例为样本,分别从公众参与环境信息公开司法救济、公众参与环境影响评价的司法救济、公众举报引起的环境诉讼和环境民事公益

① 参见蔡守秋:《环境资源法学教程》,武汉大学出版社 2000 年版,第 426 页。

诉讼四种现有的公众参与的环境诉讼类型分析环境公共决策中“非组织公众”参与权保障中存在的问题。

第一节　公众参与环境信息公开的司法救济

环境信息公开司法救济的目的是保障公众环境信息获取权,即保障“非组织公众”获知公共职能机构或企业有关环境保护的信息的权利。[①] 纵向对比环境信息公开之诉,从2008年实施《政府信息公开条例》以来,政府环境信息公开逐渐规范化、标准化,在空气质量信息公开的表现上尤为突出。[②] 随着2015年新修订《环境保护法》的实施,“非组织公众”获取环境信息的权利保障意识也有所提高。人民法院审理的政府环境信息公开案件的数量,在2015年新修订的《环境保护法》实施以后,相对过去的零星案例,有了明显的增加,但绝对值仍不高。从2014年至2018年,平均每年20件左右,集中在18个省、自治区、直辖市。案例的主要争点集中在环境信息公开中的环境信息公开申请人的资格、环境信息的公开范围、环境信息的公开主体、诉讼时效等方面。针对《环境保护法》第55条,重点排污单位公开污染物名称、排放方式、排放浓度等情况,以及防治污染设施的建设和运行情况等环境信息的诉求并未在现有案例中体现出来。一方面是法律规定对需要强制企业公开环境信息的公开方式不够明确;[③] 另一方面,环保主管部门公布重点排污单位名单后的监管和处罚职责,也将这类问题转移为县级以上地方人民政府环境主管部门

① 鉴于企业环境信息公开没有针对性案例,企业信息公开不在此讨论。

② 参见王灿发:《新〈环境保护法〉实施情况评估报告》,中国政法大学出版社2016年版,第71~77页。

③ 《企业事业单位环境信息公开办法》经2014年12月15日原环境保护部部务会议审议通过,2014年12月19日中华人民共和国环境保护部令第31号公布,自2015年1月1日起施行。其中第10条规定,重点排污单位应当通过其网站、企业事业单位环境信息公开平台或者当地报刊等便于公众知晓的方式公开环境信息。

的责任。[1]

一、环境信息公开申请人的主体资格

依法申请公开环境信息的主体，才能成为环境信息公开之诉的适格原告。根据2007年版《政府信息公开条例》[2]第13条、第26条和《环境信息公开办法(试行)》第16条，依法获取环境信息，是公民、法人和其他组织的一项重要权利，是公众参与环境保护、监督环保法律实施的一项重要手段。申请环境信息公开的“其他组织”中，环保组织是非常重要的一个主体。如“中华环保联合会诉贵州省贵阳市修文县环境保护局环境信息公开案”[3]:2011年10月，原告中华环保联合会向贵州省清镇市人民法院环保法庭提起环境公益诉讼，起诉贵州好一多乳业有限公司超标排放工业污水。因案件需要好一多公司的相关环保资料，原告便向被告贵州省贵阳市修文县环境保护局提出申请，要求被告向其公开好一多公司的排污许可证、排污口数量和位置、排放污染物种类和数量情况、经环保部门确定的排污费标准、经环保部门监测所反映的情况及处罚情况、环境影响评价文件及批复文件、“三同时”验收文件等有关环境信息，并于2011年10月28日将信息公开申请表以公证邮寄的方式提交给被告。被告收到该信息公开申请表后，认为原告所申请公开的信息内容不明确、信息形式要求不具体、不清楚，获取信息的方式不明确，故一直未答复原告的政府信息公开申请，也未向原告公开其所申请的信息。本案中争议焦点在于具有维护公众环境权益和社会监督职责的公益组织，是否可以向环保机关申请获取环保信息，需具备哪些条件。在判决中，法院明确了环保组织信息公开申请人的资格。

---

① 参见《环境保护法》第62条和《企业事业单位环境信息公开办法》第16条。

② 本节中司法实证研究收录的案例所适用的《政府信息公开条例》均为修订前版本。2019年4月3日，《政府信息公开案例》经国务院第711号文件修订，修订版自2019年5月15日起施行。

③ 公报案例，载《最高人民法院公报》2013年第1期。

作为具有维护公众环境权益和社会监督职责的公益组织,可以依法向环保机关申请获取环保信息。在申请内容明确具体且申请公开的信息属于公开范围的情况下,人民法院应当支持。作为政府环境信息公开的申请人,环保组织只需要依据 2007 年版《政府信息公开条例》第 20 条和《环境信息公开办法(试行)》第 16 条,在信息公开申请中提供单位名称和联系方式;对于身份证明,如机构代码等主体资料,法律无强制性要求。

没有直接利害关系,不能合理说明申请获取政府信息系根据自身生产、生活、科研等特殊需要,是环境诉讼中原告不适格的主要原因。以“罗某等诉大理州环保局不履行政府信息公开案”[①]为例:罗某等人是弥渡县苴力镇苴东村的村民,在得知附近要建一个弥渡县苴力镇—寅街镇生活垃圾处理工程后,向大理州环保局申请公开该项目的环评信息。罗某等认为大理州环保局没有履行政府信息公开的法定职责,存在拒绝提供的行政违法行为,遂向云南省大理白族自治州中级人民法院起诉请求依法判处被告履行公开政府信息。该案第一个争议焦点就是关于罗某等作为申请政府信息公开的主体是否适格的问题。原告作为弥渡县苴力镇苴东村的村民,垃圾处理厂建设项目与其生产和生活相关,故其申请政府信息公开主体适格。按照 2007 年版《政府信息公开条例》第 13 条、第 33 条之规定,因自身生产、生活、科研等特殊需要,向县级以上地方人民政府部门申请获取相关政府信息时,认为行政机关在政府信息公开工作中的具体行政行为侵犯其合法权益的,可以依法申请行政复议或者提起行政诉讼。

司法实践中公民、法人、其他组织申请环境信息公开,也可以基于间接法律关系。以“宜宾县溪鸣河水力发电有限责任公司诉沐川

① 参见云南省大理白族自治州中级人民法院(2017)云 29 行终 12 号判决书。

县人民政府政府信息公开案”[①]为例:2015年11月,龙溪河流域光明电站业主溪鸣河公司向沐川县发改经信局多次提交关于要求公开溪鸣、福尔溪、箭板三电站初步设计、核准、施工许可、设计变更、验收等工程相关文件的申请。因沐川县发改经信局未予答复,溪鸣河公司于2015年12月14日以沐川县发改经信局为被申请人向沐川县政府提交《行政复议申请书》。2015年12月15日,沐川县人民政府作出《行政复议(不予受理)决定书》,对溪鸣河公司的复议申请不予受理。溪鸣河公司不服沐川县政府作出的行政复议决定,向人民法院提起行政诉讼。法院在审理本案中根据纠纷的流域性实质和特征,确认主体之间不存在“财产毗邻”或者“行为直接互动”,而是基于水的流动性而形成的“间接法律关系”,认定“溪鸣河公司与沐川发改经信局的政府信息公开行为之间具有利害关系”。

2007年版《政府信息公开条例》第13条规定,“公民、法人或者其他组织还可以根据自身生产、生活、科研等特殊需要,向国务院部门、地方各级人民政府及县级以上地方人民政府部门申请获取相关政府信息”。这就是行政机关运用频次较高的“三需要”规定,该规定的本意在于一定程度上限制申请人不当行使信息公开的权利,但同时也在实务中引起不少争议,部分行政机关以此为限制条件对应当公开的信息予以拒绝。在2019年新修订的《政府信息公开条例》中已经删除该规定,在减少争议、理解争议的前提下,进一步保障了公民、法人或者其他组织依法获取政府信息的权利。

二、政府环境信息的公开范围

(一)主动公开的环境信息范围

政府环境信息公开的范围,基于主动公开和依申请公开两种形

---

① 最高人民法院:《长江流域环境资源审判十大典型案例》,载《人民法院报》2017年12月5日,第2、3版。

式的差异,内容也有所区别。主动公开,是由行政机关将纳入主动公开范围的政府信息,通过政府公报、政府网站新闻发布会以及报纸、广播、电视等便于公众知晓的方式公开。《环境保护法》第54条将一些重要的环境信息纳入政府主动公开的范围,是环境信息公开的最基本要求。政府须主动公开的环境信息,不仅包括环境保护主管部门的环境信息,还包括其他负有环境保护监督管理职责部门的环境信息;不仅包括宏观层面的国家环境质量信息、环境状况公报,也包括中观的重点污染源监测信息、环境监测信息、排污费的征收和使用情况,还有微观的环境行政许可、行政处罚、突发环境事件;不仅要公开环境行政处罚信息,还要向社会公布违法者名单;不仅要将环境信息向社会公布,还要将环境违法信息记入社会诚信档案,通过社会诚信档案向社会公开。

以“张某某等人诉江苏省环境保护厅环评行政许可案”①为例:镇江供电公司为建设110千伏双井变电站等一批工程,委托环评机构以工频电场、工频磁场、噪声及无线电干扰为评价因子编制了《环境影响报告表》。该报告表预测工程建成运行后对周边环境的影响程度符合国家标准。2009年11月,江苏省环境保护厅在经过镇江市规划局出具《选址意见》、江苏省电力公司同意环评结论、镇江市环保局对《环境影响报告表》预审之后作出批复,同意镇江供电公司建设该批工程。张某某等人不服,诉至法院,主张所涉区域不宜建设变电站,环评方法不科学,建设项目不符合环评许可条件,环评许可违法,请求撤销江苏省环保厅的上述批复。一审法院和二审法院都认为镇江市环保局对《环境影响报告表》预审之后作出的批复程序合法、内容正确。二审法院在判决中还强调,虽然被诉环评行政许可行为合法适当,但环保部门应采取措施加强信息公开,督促镇江供电公司将相关电磁场监测显示屏置于更加醒目的位置,方便公众及时了解实

---

① 最高人民法院:《环境保护行政案件典型案例》,载中国法院网:http://www.chinacourt.org/article/detail/2016/03/id/1830926.html,2019年11月15日最后访问。

时数据，保障其环境信息知情权。《环境保护法》第56条要求除涉及国家秘密和商业秘密的事项外，建设项目环境影响报告书的内容应全文公开，负责审批建设项目环境影响评价报告书的部门有责任在行政许可的同时完善信息公开沟通机制，便利公众充分了解建设项目的环境影响，有效参与环境保护，最大限度缓解“邻避效应”。

除上述这些基本环境信息外，环境单行法中还规定了一系列具体的，须由相关政府部门主动公开的环境信息。如《循环经济促进法》第18条规定的鼓励、限制和淘汰的技术、工艺、设备、材料和产品名录；《清洁生产促进法》第8条规定的国家清洁生产推行规划；《大气污染防治法》第23条规定的大、中城市人民政府应当发布的包括城市大气环境污染特征、主要污染物的种类及污染危害程度等内容的大气环境质量状况公报；《环境噪声污染防治法》第18条规定的限期禁止生产、禁止销售、禁止进口的环境噪声污染严重的设备名录；《固体废物污染环境防治法》第12条、第25条、第28条规定的禁止进口、限制进口和非限制进口的固体废物目录，限期淘汰产生严重污染环境的工业固体废物的落后生产工艺、落后设备的名录，以及由大、中城市人民政府环境保护行政主管部门定期发布的固体废物的种类、产生量、处置状况等信息；《放射性污染防治法》第9条规定的国家放射性污染防治标准。

原国家环境保护总局于2008年5月1日开始实施的《环境信息公开办法（试行）》应当视为针对《政府信息公开条例》的环境信息公开实施细则，试行办法罗列了环境保护部门应当向社会主动公开的各类政府环境信息：环境保护法律法规、规章、标准和其他规范性文件；环境保护规划；环境质量状况；环境统计和环境调查信息；突发环境事件的应急预案、预报、发生和处置等情况；主要污染物排放总量指标分配及落实情况，排污许可证发放情况，城市环境综合整治定量考核结果，大、中城市固体废物的种类、产生量、处置状况等信息；建设项目环境影响评价文件受理情况，受理的环境影响评价文件的审批结果和建设项目竣工环境保护验收结果，其他环境保护行政许可的项目、依据、条件、程序和结果;排污费征收的项目、依据、标准和程序,排污者应当缴纳的排污费数额、实际征收数额以及减免缓情况;环保行政事业性收费的项目、依据、标准和程序;经调查核实的公众对环境问题或者对企业污染环境的信访、投诉案件及其处理结果;环境行政处罚、行政复议、行政诉讼和实施行政强制措施的情况;污染物排放超过国家或者地方排放标准,或者污染物排放总量超过地方人民政府核定的排放总量控制指标的污染严重的企业名单;发生重大、特大环境污染事故或者事件的企业名单,拒不执行已生效的环境行政处罚决定的企业名单;环境保护创建审批结果;环保部门的机构设置、工作职责及其联系方式等情况;法律法规、规章规定应当公开的其他环境信息。[①]

(二)依申请公开的环境信息范围及其例外

环境信息公开诉讼中,涉及依申请而公开的环境信息比例明显高出政府依法须主动公开的环境信息。根据 2007 年版《政府信息公开条例》第 13 条的规定,公民、法人或者其他组织,除了获取行政机关主动公开的政府信息外,还可以根据自身生产、生活、科研等特殊需要,向国务院部门、地方各级人民政府及县级以上地方人民政府部门申请获取相关政府信息。这里所指政府信息,是行政机关在履行行政管理职能过程中制作或者获取的,以一定形式记录、保存的信息,不仅包括行政机关制作的信息,同样包括行政机关从公民、法人或者其他组织获取的信息。行政机关对外获取的信息,如在履行职责过程中获取的企业环境信息,也是政府信息。行政机关制作的具有内部特征的信息,若其实质为行政管理职能的延伸,也不属于内部管理信息。国务院办公厅《关于做好政府信息依申请公开工作的意见》第 2 条规定,行政机关在日常工作中制作或者获取的内部管理信息,以及处于讨论、研究或者审查中的过程性信息,一般不属于信息

---

① 参见《环境信息公开办法(试行)》第 11 条。

公开条例中所指应公开的政府信息。因此,排除的仅限于行政机关在日常工作中制作或者获取的内部管理信息,以及处于讨论、研究或者审查中的过程性信息。

在"韩某某与北京市环境保护局信息公开案"[①]中,韩某某向北京市环保局提交信息公开申请,申请公开请示市政府同意的请示函或请示同意文件。北京市环保局向韩某某作出了第52号信息公开告知书,以属于其在日常工作过程中制作的内部管理信息为由对韩某某申请的政府信息未予公开。韩某某不服第52号告知书,向人民法院提起行政诉讼,请求判决北京市环保局公开韩某某依申请公开的政府信息。一审法院和二审法院都认为韩某某申请公开的信息为不直接对相对人的权利义务产生实际影响的上下级行政机关之间的内部请示行为,属于内部管理信息,依法不属于应当公开的政府信息范围。而在"汤某诉泊头市环境保护局信息公开案"[②]中,汤某向泊头市环境保护局申请公开其对泊头市某有限公司作出的责令改正违法行为决定书和行政处罚决定书的证据,包括全部调查询问笔录、现场检查监察(勘察)笔录、照片。泊头市环境保护局收到申请后于同日作出答复,称这两份决定书中所涉及的全部笔录及照片属于过程中信息,是行政执法过程中形成的案卷材料,不属于应公开的政府信息,拒绝了汤某的信息公开申请。汤某不服,遂诉至人民法院。二审法院认为,本案中汤某向泊头市环境保护局申请公开的责令改正违法行为决定书和行政处罚决定书的证据,包括全部调查询问笔录、现场检查、监察(勘察)笔录、照片,是泊头市环境保护局在履行环境保护职责中制作或者获取的,以一定形式记录、保存的信息,且由于该信息所涉及的责令改正违法行为决定书、行政处罚决定书已经作出,故该信息不是国务院办公厅《关于做好政府信息依申请公开工作的意见》第2条规定的处于讨论、研究或者审查中的"过程性信息",以

① 参见北京市第一中级人民法院(2018)京01行终70号判决书。

② 参见河北省沧州市中级人民法院(2016)冀09行终207号判决书。

此为由不予公开该信息于法无据。

在政府环境信息的依申请公开中，同样因2007年版《政府信息公开条例》第13条规定而不予公开信息的案例在司法实践中还有很多。以"孙某诉萍乡市环境保护局信息公开案"[①]为例，孙某向萍乡市环境保护局申请公开萍乡市焦化、钢铁等相关企业的环境信息，萍乡市环境保护局对其进行了答复，孙某申请公开的环境信息中，一部分属于无法公开全本的，一部分不属于公开范围的，还有一部分属于已在网上进行公开的。二审法院就是否应当向孙某公开涉案政府环境信息的问题认为，孙某在申请信息公开时是在校学生，其家住河北省，并不生活在江西省，故所需信息与其生活无关，同时，孙某也未提供证据证明其申请公开的信息与本人生产、科研有关；其申请表上"所需信息的用途"一栏中填写的是"保障公民知情权"，未说明出于什么需要，而"保障公民环境知情权"并不等同于任何公民无须任何条件获取政府环境信息，萍乡市环境保护局不予公开涉案政府环境信息并不违反法律规定。

基于上述司法实践和案例，将2007年版《政府信息公开条例》与2019年修订后的《政府信息公开条例》进行对比，后者对公众参与权的保障力度显著增强。2007年版《政府信息公开条例》第5条规定："行政机关公开政府信息，应当遵循公正、公平、便民的原则。"2019年修订后的《政府信息公开条例》第5条规定："行政机关公开政府信息，应当坚持以公开为常态、不公开为例外，遵循公正、公平、合法、便民的原则。"此处增加了"应当坚持以公开为常态、不公开为例外"与"合法原则"的规定，进一步增强了政府信息公开的力度，保障了公民的信息知情权。另外，2007年版《政府信息公开条例》第22条规定："申请公开的信息中含有不应当公开的内容，但是能够作区分处理的，行政机关应当向申请人提供可以公开的政府信息内容。"2019年修订后的《政府信息公开条例》第37条规定："申请公开的信息中含

① 参见江西省萍乡市中级人民法院(2016)赣03行终字第7号判决书。

有不应当公开或者不属于政府信息的内容，但是能够作区分处理的，行政机关应当向申请人提供可以公开的政府信息内容，并对不予公开的内容说明理由。"修订后的条例中增加了"对不予公开的内容说明理由"的规定，是对公众申请公开信息公开的一种反馈，将公众申请信息公开的内容进行区分，能公开的公开，不能公开的说明理由，这是对公众参与的一种积极体现，有公众参与，同时也有政府反馈，有利于公众和政府形成一种良性互动，提高了公众参与的有效性，也给予公众更好的参与感受。期待2019年修订后的《政府信息公开条例》能够发挥其在公众参与环境保护实践中和司法中的积极作用。

2007年版《政府信息公开条例》未规定依申请而公开的政府环境信息的准确范围，只规定了依申请公开政府环境信息的基本原则。① 公民、法人和其他组织申请公开政府环境信息，不存在法律法规规定不予公开的情形并确系申请人自身之生产、生活和科研特殊需要的，一般应予公开。② 换句话说，政府环境信息，公开是原则，不公开是例外，例外情形应由法律法规明确规定。在"余某某诉海南省三亚市国土环境资源局案"③中即明确了这一原则。余某某在紧临三亚金冕混凝土有限公司海棠湾混凝土搅拌站旁种有30亩龙眼果树，为掌握搅拌站产生的烟尘对周围龙眼树开花结果的环境影响情况，2013年6月8日向三亚市国土环境资源局提出信息公开申请，申请公开搅拌站相关环境资料，包括：三土环资察函〔2011〕50号《关于建设项目环评审批文件执法监察查验情况的函》、三土环资察函〔2011〕23号《关于行政许可事项执法监察查验情况的函》、三土环资监〔2011〕422号《关于三亚金冕混凝土有限公司海棠湾混凝土搅拌站项目环评影响报告表的批复》、《三亚金冕混凝土有限公司海棠湾混凝土搅拌站项目环评影响报告表》。7月4日，三亚国土局作出《政

① 这一原则在2019年新修订的《政府信息公开条例》第5条中已经进行了规定，实践中的适用情况待进一步研究观察。

② 《政府信息公开司法解释》规定了这两种情形的举证责任均在行政机关。

③ 参见2014年9月12日最高人民法院发布的《政府信息公开十大案例》。

府信息部分公开告知书》,同意公开422号文,但认为23号、50号文系该局内部事务形成的信息,不宜公开;《项目环评影响报告表》是企业文件资料,不属政府信息,也不予公开。余某某不服告知书遂提起行政诉讼,请求判令三亚国土局全部予以公开。法院认为,原告请求公开之信息包括了政府环境信息和企业环境信息。对此,应遵循的原则是:不存在法律法规规定不予公开的情形并确系申请人自身之生产、生活和科研特殊需要的,一般应予公开。

除了2007年版《政府信息公开条例》第21条第3项规定的依法不属于本行政机关公开或者该政府信息不存在的以外,行政机关认为申请公开的政府信息涉及商业秘密、个人隐私,公开后可能损害第三方合法权益的,经书面征求意见,第三方不同意公开的,也不得公开。对此,《政府信息公开条例》第15条明确了基于商业秘密、个人隐私的公共秩序保留的情形,如果行政机关认为不公开可能对公共利益造成重大影响的,无论是否涉及商业秘密、个人隐私,都应当予以公开,但需要将决定公开的内容和理由书面通知第三方。《政府信息公开司法解释》要求行政机关对政府信息区分处理,除了依法不应当公开的内容,应当向申请人公开可以公开部分的信息,充分保障公众的知情权。相对而言,《环境信息公开办法(试行)》第10条关于环保部门公开政府环境信息,不得危及国家安全、公共安全、经济安全和社会稳定的例外情形的规定,在实践中被援引的频率较高。“危害社会稳定”的情形在现行法律中并未进行明确规范,以此作为环保部门不公开政府环境信息的理由,难免使某些基于环境信息不对称引发的群体性事件,更难引导到依法救济的渠道。信息公开不应当成为社会不稳定的一个可能的因素,而应作为社会更广泛地理解,从而接受政府决策的基础。行政机关让公众获取足够的环境信息,是公民政治生活知情权实现的方式和标志,也是政府决策符合民意的体现。

三、政府环境信息公开行政案件的被告资格

(一)政府环境信息公开的义务主体

按照环境信息的不同类型和范围,政府环境信息公开的责任由承担不同环境保护监督管理职责的政府机关分别承担。根据《环境保护法》第54条和第56条的规定,国务院环境保护主管部门负责统一发布国家环境质量、重点污染源监测信息及其他重大环境信息;省级以上人民政府环境保护主管部门负责定期发布环境状况公报;[①]县级以上人民政府环境保护主管部门和其他负有环境保护监督管理职责的部门,如水利、农业、林业、公安、交通、国土等,负责依法公开环境质量、环境监测、突发环境事件以及环境行政许可、行政处罚、排污费的征收和使用情况等信息,以及将记入社会诚信档案中环境违法信息所涉及的环境违法者名单及时向社会公布;负责审批建设项目环境影响评价文件的部门,负责全文公开建设项目环境影响报告书,其中涉及国家秘密和商业秘密的事项除外。

(二)政府环境信息公开之诉的被告资格

政府环境信息公开的司法救济程序,适用《政府信息公开司法解释》,该规定的第4条明确了政府信息公开之诉的被告:公民、法人或者其他组织对国务院部门、地方各级人民政府及县级以上地方人民政府部门依申请公开政府信息行政行为不服提起诉讼的,以作出答复的机关为被告;逾期未作出答复的,以受理申请的机关为被告。公民、法人或者其他组织对主动公开政府信息行政行为不服提起诉讼的,以公开该政府信息的机关为被告。公民、法人或者其他组织对法

① 《环境保护法》第54条要求重要环境信息由国务院环境保护主管部门和省级以上人民政府环境保护主管部门统一发布,以及《水污染防治法》中有关国务院环境保护主管部门统一发布国家水环境状况信息的规定,其目的都是避免此类重要环境信息在各部门之间的冲突所造成的社会困扰,以树立政府公信力。参见最高人民法院环境资源审判庭:《〈中华人民共和国环境保护法〉条文理解与适用》,人民法院出版社2014年版,第281页。

律法规授权的具有管理公共事务职能的组织公开政府信息的行为不服提起诉讼的,以该组织为被告。有下列情形之一的,应当以在对外发生法律效力的文书上署名的机关为被告:(1)政府信息公开与否的答复依法报经有权机关批准的;(2)政府信息是否可以公开系由国家保密行政管理部门或者省、自治区、直辖市保密行政管理部门确定的;(3)行政机关在公开政府信息前与有关行政机关进行沟通、确认的。

四、公众从重点排污企业获取环境信息

公众参与环境公共事务中,环境信息公开是其重要的前提保障,除了公众依法获取政府环境信息外,《环境保护法》第 55 条还规定了重点排污单位应当如实向社会公开主要环境信息,接受社会监督的责任。根据该法第 62 条的规定,重点排污单位不公开或者不如实公开环境信息的,由县级以上地方人民政府环境主管部门责令公开,处以罚款,并予以公告。如浙江绍兴查处浙江首例环境信息未公开案件[①]:在综合考虑辖区环境容量、重点污染物排放总量控制指标以及企业事业单位排放污染物种类、数量和浓度等因素的基础上,绍兴制定了 2015 年度重点排污单位名录,凡是榜上有名的,都是该阶段绍兴的重点排污企业。2015 年 5 月底,绍兴市环保局分 3 个批次在官方网站上首次向社会公布了重点排污单位名单,并对各批次企业的信息公开时间作了具体规定,即在公布期结束后的 90 天内,这些企业须主动对外公开环境信息。同年 8 月底,绍兴市环保局对重点排污单位信息公开情况开展了检查,9 月,绍兴市环保局对 23 家未公开环境信息的企业进行了公开通报并要求各属地环保部门依法立案查处。诸暨市环保局对诸暨市某公司作出行政处决定,令其按规定公开环境信息并罚款 2 万元,成为新《环境保护法》实施以来,浙江省查

① 参见《绍兴查处浙江首例环境信息未公开案件》,载浙江环保网:http://zaepi.com/news/show-408.html,2019 年 7 月 22 日最后访问。

处的首例因信息未公开的环境违法案件。公众不能及时、准确获取重点排污企业环境信息时,其救济途径不同于本节中的环境信息公开之诉。

五、环境信息公开的期限

在环境信息公开诉讼中,公众超过诉讼时效而被驳回起诉的案例,主要争议集中在起算点计算的问题上。依据《行政诉讼法》第46条规定,公民、法人或者其他组织依申请而公开政府环境信息,一般情形下行政机关的答复期限为15个工作日。2007年版《政府信息公开条例》第24条要求行政机关对于不能当场答复的环境信息公开申请,应当自收到申请之日起15个工作日内答复,这一期限相对较短。2007年版《政府信息公开条例》第24条规定:行政机关收到政府信息公开申请,能够当场答复的,应当当场予以答复。行政机关不能当场答复的,应当自收到申请之日起15个工作日内予以答复;如需延长答复期限的,应当经政府信息公开工作机构负责人同意,并告知申请人,延长答复的期限最长不得超过15个工作日。申请公开的政府信息涉及第三方权益的,行政机关征求第三方意见所需时间不计算在本条第2款规定的期限内。该条例第1款和第2款分别规定了当场答复和附期限答复两种答复方式。规定这两种答复方式和法定的答复期限,对于提高政府信息公开效率以及促进社会公众知情权的实现具有积极意义。根据上述规定,政府信息的依申请公开程序是以"行政机关收到政府信息公开申请"作为行政机关答复期限的起算点,除了能够当场答复或需要延期答复的,一般情形下行政机关的答复期限为15个工作日。与许多国家政府信息公开申请的答复期限相比,15个工作日属于较短的,从便民和建设服务型政府等方面看,更有利于行政相对人,也对行政机关在工作管理衔接、提升行政效率等方面提出了更高要求。

在“李某某诉广东省交通运输厅政府信息公开案”[①]中，李某某于2011年6月1日通过广东省人民政府公众网络系统向广东省交通运输厅提出政府信息公开申请，申请获取广州广园客运站至佛冈的客运里程数等政府信息。政府公众网络系统予以确认，并通过短信告知李某某确认该政府信息公开申请提交成功。7月28日，广东省交通运输厅作出受理记录确认上述事实，并于8月4日向李某某送达《关于政府信息公开的答复》《政府信息公开答复书》。人民法院认为，根据2007年版《政府信息公开条例》第24条规定，广东省交通运输厅答复时间超过法律规定的期限，遂其答复李某某的行为违法。由于广东省人民政府“政府信息网上依申请公开系统”作为政府信息申请公开平台所应当具有的整合性与权威性，如未作例外说明，则从该平台上递交成功的申请应视为相关行政机关已收到申请人通过互联网提出的政府信息公开申请。至于内网与外网、上下级行政机关之间对于该申请的流转，属于行政机关内部管理事务，不能作为行政机关延期处理的理由。

从案例中我们可以看出，2007年版《政府信息公开条例》中规定的15个工作日确实较短。2019年修订的《政府信息公开条例》第33条第2款对于政府信息公开的时间做出了新的规定：“行政机关不能当场答复的，应当自收到申请之日起20个工作日内予以答复；需要延长答复期限的，应当经政府信息公开工作机构负责人同意并告知申请人，延长的期限最长不得超过20个工作日。”将15个工作日延长至20个工作日，此延长为行政机关，尤其政府信息申请数量较大的行政机关的信息公开工作，提供了更充裕的办理时间，也相应提高了公众申请信息公开的质量和有效性。

六、环境信息公开之诉的诉讼时效

在环境信息公开诉讼中，公众超过诉讼时效而被驳回起诉的案

---

① 参见最高人民法院2014年1月26日发布的第26号指导案例。

例,主要争议集中在起算点计算的问题上。依据《行政诉讼法》第46条规定:"公民、法人或者其他组织直接向人民法院提起诉讼的,应当自知道或者应当知道作出行政行为之日起六个月内提出。法律另有规定的除外。"

以"通化市某机电设备安装有限公司诉原环境保护部等行政复议案"①为例:2016年9月23日,通化市某机电设备安装有限公司向吉林环保厅提出信息公开申请,吉林环保厅作出了《政府环境信息公开告知书》并以附件形式公开其2006年5月23日作出的《高炉大型化移地改造工程环评报告批复》。2016年10月19日,通化市某机电设备安装有限公司向原环境保护部提起行政复议申请,请求撤销吉林环保厅2006年作出的上述环评批复。2017年1月20日,原环境保护部维持了被告吉林环保厅作出的被诉批复。通化市某机电设备安装有效公司不服,向人民法院提起行政诉讼。法院认为,本案中吉林省环保厅对涉案项目(高炉大型化移地改造工程)环评报告的批复作出之日,应视为起诉期限的起算点,通化市某机电设备安装有限公司应当知道该具体行政行为的作出,而其后对被告吉林省环保厅提出信息公开申请,取得涉案环境信息的过程,并不影响诉讼时效的计算。如果行政机关作出具体行政行为时,未告知公民、法人或者其他组织诉权或者起诉期限,按照法律和相关司法解释可将其区分成两种情形:行政机关作出的具体行政行为或复议决定,未告知起诉期限的,起诉期限从知道或者应当知道起诉期限之日起计算,但从知道或者应当知道行政行为内容之日起最长不得超过1年;对于不知道行政机关作出的行政行为内容的,其起诉期限从知道或者应当知道该行政行为内容之日起计算,但最长不得超过5年。

七、法院判决

根据《政府信息公开司法解释》,当人民法院审查后确认被告依

---

① 参见北京市第二中级人民法院(2017)京02行终1006号法律文书。

法应当公开而不公开政府信息时,可以采用两种判决形式:判决被告在一定期限内公开,或者判决责令行政机关重新作出是否公开的答复。限期公开的判决,是基于法院使判决尽可能具体化的责任,以强化纠纷解决功能,仅判决撤销,同时责令行政机关重新作出具体行政行为,将导致原告不服再诉,循环往复,消耗诉讼资源。特别是,人民法院经审理认为被告不予公开的政府信息内容可以作区分处理的,还可以判决被告限期公开可以公开的内容。判决责令行政机关重新作出是否公开的答复,考量的多是涉及行政机关获取的环境信息可能存在涉及第三方商业秘密和个人隐私的情形,其公开会造成不可逆转的权利侵害,应当首先由行政机关在行政程序中作出判断,法院不宜直接判决公开,而应责令行政机关重新作出是否公开的答复,这是对行政机关首次判断权的尊重,也是对商业秘密、个人隐私的预防性保护。①

第二节　公众参与环境影响评价的司法救济

人民法院审理的环境影响评价的案件中,行政案件相较民事案件而言,无论在立案数量上还是判决影响方面都不突出,省际差异也较大。例如2015年至2017年,根据裁判文书网的数据资料,广东省中级人民法院审结了55个案例,而河北省中级人民法院仅公开了1个案例。在环境影响评价过程中推行公众参与制度,可以追溯到1996年的《水污染防治法》《环境噪声污染防治法》,二者都要求在建设项目的环境影响报告书中体现建设项目所在地单位和居民的意见。2002年《环境影响评价法》首次规定了公众参与环境影响评价的条款。2014年《环境保护法》第56条对建设项目环境影响报告书

① 根据《政府信息公开司法解释》第11条的规定,被告公开政府信息涉及原告商业秘密、个人隐私且不存在公共利益等法定事由的,公开政府信息的行为违法,法院并可以责令被告采取相应的补救措施;造成损害的,根据原告请求依法判决被告承担赔偿责任。

的公开与征求意见作出了更为明确的规定。新《环境保护法》实施以后,有关环境影响评价的案件数量激增,仅2016年一年在中国裁判文书网上公布的案件就有299例,表现出公众参与制度在环境影响评价中仍存在较多问题。案例中的主要争点集中在环境影响评价之诉的主体资格、公众参与环境影响评价的范围、公众参与程序、诉讼时效等方面。

一、环境影响评价中的公众参与时机

(一)环境影响评价文件编制阶段的公众参与

除国家规定需要保密的情形外,专项规划的编制机关对可能造成不良环境影响并直接涉及公众环境权益的规划,在该规划草案报送审批前,建设单位对可能造成重大环境影响和应当编制环境影响评价报告书的建设项目,在报批建设项目环境影响报告书前,应当举行论证会、听证会,或采取其他形式,征求有关单位、专家和公众的意见。[①] 其中听证程序适用于所有公众。依据《行政许可法》第47条的要求,环保机关在审查和作出事关重大民生权益的行政许可时,应当告知申请人、利害关系人享有要求听证的权利;申请人、利害关系人在被告知听证权利之日起5日内提出听证申请的,行政机关应当在20日内组织听证。有关公众参与建设项目环境影响评价的时机,《环境保护法》第56条明确了所谓"在报批建设项目环境影响报告书前",为"环境影响报告书编制时"。实践中,建设单位往往在起草完环境影响报告书后再征求公众意见,公众参与作为报批前的最后一个环节,公众意见不易被吸收,这在很多案例中都有所体现。将公众参与的时机提前,保证可能受影响的公众尽早参与环境影响评价,充分征求公众意见,是环境决策民主化和科学化的具体要求,也是新《环境保护法》公众参与原则的一个重要体现。

① 参见《环境影响评价法》第11条、第21条。

(二)环境影响评价文件行政审批阶段的公众参与

环境影响评价文件行政审批阶段的公众参与,在现行法律中没有明确的规定。根据《环境保护法》第56条第2款规定,负责审批建设项目环境影响评价文件的部门在收到建设项目环境影响报告书后,仅在发现建设项目未充分征求公众意见时,需要责成建设单位征求公众意见,启动公众参与程序。在“梅州市某投资有限公司诉梅州市梅县区环境保护局环境保护行政管理案”①中,梅州市某投资有限公司与梅州市梅县区环保局的争议,就在于梅县隆文马鞍坳铜矿勘探项目单位在公众参与程序中不是未“充分征求公众意见”,而是在环评报告中弄虚作假,以不正当手段取得行政许可的行为。原告某投资公司委托具有资质证书的广州环发环保工程有限公司(第三人)开展勘探项目的环境影响评价工作,并按区环保局要求,对项目开展公众参与调查,由原告公司负责发放公众参与调查表92份,其中个人(坑美村村民)90份、团体(隆文镇政府、坑美村委员会)2份;鑫辉公司收回调查表92份交给环发公司,回收率100%。梅县区环保局根据环发公司制作的《建设项目环境影响报告表》等材料,作出了《关于广东省梅县隆文马鞍坳铜矿勘探项目环境影响报告表的批复》,认定马鞍坳铜矿符合探矿条件。梅县区环保局作出该项目的批复后,在隆文镇坑美村的隆文马鞍坳铜矿勘探项目工地现场,该村村民与原告公司现场施工的工人发生争执,并产生过激行为。梅县区政府启动应急程序处理群体性事件,梅县区环保局负责落实调查处理该事件涉及的环保事项。在对原告投资建设的隆文马鞍坳铜矿勘探项目的环境保护行政许可内容等进行核查时发现,《广东省梅县隆文马鞍坳铜矿勘探项目环境影响报告表》中“公众参与”环节涉嫌弄虚作假。经梅县区纪律检查委员会对广东省梅县隆文马鞍坳铜矿勘探项目公众参与调查表90份(人)调查核实后发现,确认村民本人参与公众调查21人(份),代填写调查表9人(份),未参与调查33人,

---

① 参见广东省梅州市中级人民法院(2017)粤14行终10号判决书。

该村查无此人、死亡或是无法联系的26人，空白表1份（1人），存在弄虚作假的事实。根据《行政许可法》第69条第2款，环保局应当撤销该行政许可。

除《环境保护法》第56条关于公众参与环境影响评价的规定外，生态环境部颁布的《环境影响评价公众参与办法》①第22条、第23条具体提出了环评审批阶段公众参与的可能性以及厉害关系公众的听证权利。生态环境主管部门受理建设项目环境影响报告书后，对环境影响报告书作出审批决定前，除环境影响报告书全文外，还要公开公众参与说明和公众提出意见的方式和途径等信息，并同步告知建设单位和利害关系人享有要求听证的权利，期间生态环境主管部门可以依照环境保护行政许可听证的有关规定召开听证会。根据该办法第24条至第26条，在生态环境主管部门受理环境影响报告书后和作出审批决定前的信息公开期间，公民、法人和其他组织可以依照规定的方式、途径和期限，提出对建设项目环境影响报告书审批的意见和建议，举报相关违法行为，发现建设项目未充分征求公众意见的，应当责成建设单位重新征求公众意见，退回环境影响报告书，要求重新编制，并开展公众参与相关工作，向可能受影响的公众说明情况，充分征求意见。生态环境主管部门审批建设项目环境影响报告书时要参考收到的公众意见，听证会并非法定强制性公众参与方式。

二、公众参与环境影响评价的范围

（一）公众参与建设项目环境影响评价

《环境影响评价法》第21条和《环境保护法》第56条都对公众参

---

① 《环境影响评价公众参与办法》于2018年4月16日生态环境部部务会议审议通过，2018年7月16日公布，共34条，自2019年1月1日起施行。《环境影响评价公众参与暂行办法》自此办法施行之日起废止。

与的建设项目范围进行了限制，并非所有建设项目环境影响评价都要执行公众参与程序，只有对环境可能造成重大影响的，也就是需要依法编制环境影响评价报告书的建设项目必须有公众参与环节。《建设项目环境保护管理条例》第14条也明确规定建设单位编辑环境影响报告书，应当依法征求建设项目所在地有关单位和居民的意见。《环境影响评价法》第16条规定，国家根据建设项目对环境的影响程度，对建设项目的环境影响评价实行分类管理：可能造成重大环境影响的，应当编制环境影响报告书，对产生的环境影响进行全面评价；可能造成轻度环境影响的，应当编制环境影响报告表，对产生的环境影响进行分析或者专项评价；对环境影响很小、不需要进行环境影响评价的，应当填报环境影响登记表。法律法规并未规定在编制环境影响报告表和登记表的建设项目中必须进行公众参与。建设项目环境影响评价制度所区分的三类环境影响程度，就直接决定了建设单位的环评要求，以及公众能够在多大程度上知悉和参与该建设项目。

在“韦某诉杭州市萧山区环保局、杭州市环保局等环境影响评价案”①中，某公司从事清洗服装、床上用品等项目，由于迁址并新增年清洗服装、床上用品6000吨建设项目及年生产服装10万件建设项目，委托浙江省工业环保设计研究院有限公司编制《建设项目环境影响报告表》，在公示期间未收到反对意见。萧山区环保局对其作出了环评审查意见。后韦某向萧山环保局通过信息公开方式得知上述环评审查意见的内容，向杭州市环保局申请行政复议。杭州市环保局维持了萧山区环保局的环评意见，韦某遂起诉至法院。法院认为，本案所涉项目的环评类别的确定，应综合考虑项目的性质、规模以及对环境的影响程度，根据《建设项目环境影响评价分类管理名录》仅需编制环境影响报告表。

关于公众参与的问题，根据《环境影响评价法》第21条第1款规

---

① 参见中国裁判文书(2016)浙行申926号法律文书。

定,除国家规定需要保密的情形外,对环境可能造成重大影响、应当编制环境影响报告书的建设项目,建设单位应当在报批建设项目环境影响报告书前,举行论证会、听证会,或者采取其他形式,征求有关单位、专家和公众的意见。《环境影响评价公众参与暂行办法》(现已失效)第 2 条规定,本办法适用于下列建设项目环境影响评价的公众参与:(1)对环境可能造成重大影响、应当编制环境影响报告书的建设项目;(2)环境影响报告书经批准后,项目的性质、规模、地点、采用的生产工艺或者防治污染、防止生态破坏的措施发生重大变动,建设单位应当重新报批环境影响报告书的建设项目;(3)环境影响报告书自批准之日起超过 5 年方决定开工建设,其环境影响报告书应当报原审批机关重新审核的建设项目。本案中涉案项目,为编制环境影响报告表项目,法律法规并未强制规定在编制环境影响评价文件中必须进行公众参与。此类环评公众参与案件源于公众对前述风险分类结果不满,这也凸显出国家风险治理框架下风险专业分类与公众认知之间的矛盾。[①] 除国家规定需要保密的情形外,对应当编制环境影响报告书的建设项目,建设单位应当征求有关单位、专家和公众的意见,其形式可以是论证会、听证会,也可以是其他形式。2019 年 1 月 1 日起施行的《环境影响评价公众参与办法》第 14 条对建设单位对环境影响方面公众质疑性意见多的建设项目有组织开展深度公众参与的形式要求:对公众质疑性意见主要集中在环境影响预测结论、环境保护措施或者环境风险防范措施等方面的,建设单位应当组织召开公众座谈会或者听证会,并邀请在环境方面可能受建设项目影响的公众代表参加;对公众质疑性意见主要集中在环境影响评价相关专业技术方法、导则、理论等方面的,建设单位应当组织召开专家论证会,并邀请相关领域专家参加,同时邀请在环境方面可能受建设项目影响的公众代表列席。建设单位报批的环境影响报告书应当

① 参见黄泽萱:《现代风险治理框架下的民意困局及其出路探讨——兼评张小燕等人诉江苏省环保厅环评行政许可案》,载《清华法学》2018 年(第 12 卷)第 5 期。

附具对有关单位、专家和公众的意见采纳或者不采纳的说明。

（二）公众参与规划环境影响评价

公众参与规划环境影响评价的范围仅限于专项规划。《环境影响评价法》第 11 条规定，专项规划编制机关对可能造成不良环境影响并直接涉及公众环境权益的有关工业、农业、畜牧业、林业、能源、水利、交通、城市建设、旅游、自然资源开发的专项规划，应当在规划草案报送审批前，采取调查问卷、座谈会、论证会、听证会等形式，公开征求有关单位、专家和公众对环境影响报告书的意见。《规划环境影响评价条例》第 13 条同样规定了依法需要保密的除外。有关单位、专家和公众的意见与环境影响评价结论有重大分歧的，规划编制机关应当采取论证会、听证会等形式进一步论证。规划编制机关应当认真考虑有关单位、专家和公众对环境影响报告书草案的意见，在报送审查的环境影响报告书中附具对公众意见采纳与不采纳情况及其理由的说明。而国务院有关部门、设区的市级以上地方人民政府及其有关部门，对其组织编制的土地利用的有关规划和区域、流域、海域的建设、开发利用规划，进行综合性规划的环境影响评价程序中，法律也没有对公众参与做出要求。

三、参与环境影响评价的公众及其诉讼资格

《环境影响评价法》对于在规划环评或者建设项目环评中需要向其征求意见的有关公众范围没有进一步界定。实践中，编制环境影响评价报告书的项目建设单位，容易倾向于征求一些关系不大或者明显支持建设项目的公众的意见，达不到公众参与的本来目的。2019 年 1 月 1 日起施行的《环境保护法》第 56 条的规定则更为明确：建设项目环境影响评价报告书的编制单位，要征求可能受建设项目影响的公众意见，被征求意见的公众要有代表性和较紧密的关联性。《环境影响评价公众参与办法》鼓励但不强制建设单位听取环境影响评价范围之外的公民、法人和其他组织的意见。为了保证公众参与

具有代表性，在选择和确定被征求意见的公众的确定方面，《环境影响评价公众参与办法》第15条要求，建设单位应当综合考虑地域、职业、受教育水平、受建设项目环境影响程度等因素，从报名的公众中合理选择参加会议或者列席会议的公众代表。

目前有关环境影响评价中公民作为原告资格的争议，多是在拆迁范围内或征收范围内有土地或房屋相关权利的被拆迁人或被征收人提出，拟建设项目的环境影响评价报告书未充分征求意见。[①] 在"张某诉原环境保护部行政诉讼案"[②]中，张某对原环境保护部委托湖北省环境保护厅针对武汉鹦鹉洲长江大桥工程作出的《关于武汉鹦鹉洲长江大桥工程环境影响报告书的批复》不服，认为该环评批复的内容已经对其权利义务造成影响，遂向人民法院起诉。双方的争议焦点在于被诉环评批复是否对建设项目实施前在拆迁范围或征收范围内有土地或房屋相关权利的被拆迁人或者被征收人的权利义务产生影响。法院认为，环境影响评价，是指对规划和建设项目实施后可能造成的环境影响进行分析、预测和评估，提出预防或者减轻不良环境影响的对策和措施，进行跟踪监测的方法和制度。且张某房屋已经拆除，其亦未提交证据证明其安置地点在上述影响评价范围内，故其不具备提起本案诉讼的原告主体资格，驳回了张某的起诉。法院一般认为，针对建设项目实施之后相关环境影响的评估，是对规划和建设项目实施后可能造成的环境影响进行分析、预测和评估，提出预防或者减轻不良环境影响的对策和措施，进行跟踪监测的方法与制度。该制度保护的是环境权益，不直接涉及财产权益。不会对建设项目实施前在拆迁范围内或征收范围内有土地或房屋相关权利的被拆迁人或被征收人的权利义务产生影响。根据规定，政府征收土地并不以环评批复为前提。环评批复行为与原告的土地被征收并无

① 实践中，此类诉讼成为被拆迁人或被征收人对拆迁或征收本身，或者对相应补偿不满意的一种另类救济途径。法院倾向于依法驳回。而就拆迁或征收过程中造成重大环境影响的可能性，往往被忽略了。

② 参见北京市高级人民法院（2015）高行终字第939号判决书。

直接对应的因果关系。至于有些批复项目,在拆迁过程中已经开始生产环境影响,如产生噪声等污染,仅可以向环保部门举报进行查处,而不能作为撤销环评批复的理由。

在“桂林市某采石场、文某环境保护行政管理案”①中,法院对原告资格的确认则是基于环境权益影响而判断的。某采石场申请行政许可的石灰岩矿建设项目属特殊审批建设项目,开采方式为露天开采,作业地点在市区而非郊区,在企业生产、运输期间,不可避免会产生污染、噪声等问题。文某等人的生产生活地点距离石料开采有限公司建设项目2公里左右,该项目在生产经营活动中产生的噪声、粉尘污染等,不能排除对文某等人生活造成影响,涉案环境影响评价批复与其有重大利害关系。

《环境保护法》《环境影响评价法》等对其他社会组织,特别是环保组织参与环境影响评价的程序并未进行规定。环境保护组织针对环境影响评价程序违法的司法救济,受到《行政诉讼法》第25条的限制。行政行为的相对人以及其他与行政行为有利害关系的公民、法人或者其他组织,有权提起诉讼。依此,人民检察院也成为环境行政公益诉讼中的唯一合法原告,现已被明确规定于《检察公益诉讼解释》②。环保公益组织在环境影响评价中的地位与此相比明显薄弱,环保团体在行政机关不接纳自己针对环境影响评价意见的情况下,难以提起行政复议和环境行政公益诉讼。重视对环境保护有专业知识和丰富经验的环保非政府组织的意见,不仅有利于环境影响评价及相关决策的科学和高效施行,也可以通过反复磋商取得最大公约数,最大限度地减少分歧,利于行政决策的接受和执行。这也是国际环境法中的基本原则。

---

① 参见广西壮族自治区高级人民法院(2016)桂行申357号判决书。

② 《检察公益诉讼解释》于2018年2月23日最高人民法院审判委员会第1734次会议、2018年2月11日最高人民检察院第十二届检察委员会第73次会议通过,自2018年3月2日起施行。

四、建设项目环境影响评价信息公开

(一)审批受理机关全文公开环境影响评价报告书

《环境保护法》第 56 条第 2 款强调公众参与环境影响评价的一个重要环节是,环境影响评价报告书全文公开。负责审批建设项目环境影响评价报告书的部门在收到建设项目环境影响评价报告书后,除涉及国家秘密和商业秘密的事项外,应当全文公开。这一针对环境影响评价受理情况的修订,扭转了此前建设单位仅公开环境影响报告书提纲或者简略本,公众无从获取详细信息,提出针对性意见的局面。例如上文提到的"孙某诉萍乡市环境保护局信息公开案"等很多案件,由于发生在新法实施之前,法院驳回了原告获取全本环评文件的诉求,司法实践中倾向认为 2014 年 1 月 1 日施行《建设项目环境影响评价政府信息公开指南(试行)》后批复的环境影响评价报告书、表要求公布全本。原环境保护部办公厅发布的这份信息公开指南,提前一年就试行了新《环境保护法》环境影响评价报告书全文公开的要求,并实际上扩大了环境保护部门作为建设项目环境影响评价文件的审批部门的信息公开范围,其中政府主动公开的信息包括:环境影响评价相关法律、法规、规章及管理程序;建设项目环境影响评价审批的环境影响评价文件,受理情况、拟作出的审批意见、作出的审批决定;建设项目竣工环境保护验收,及其申请受理情况、拟作出的验收意见、作出的验收决定;建设项目环境影响评价资质管理信息。其中,建设项目环境影响评价文件,除涉及国家秘密和商业秘密的以外,环境影响报告书和报告表的全本都要求公开。

《环境影响评价公众参与办法》要求生态环境主管部门受理建设项目环境影响报告书后,通过其网站或者其他方式向社会公开环境影响报告书全文、公众参与说明和公众提出意见的方式和途径。此处的公开期限不得少于 10 个工作日。当拟作出审批意见时,要向社会公开拟作出的批准和不予批准环境影响报告书、表的意见,公开项目名称、建设地点、建设单位、环境影响评价机构、项目概况、主要环境影响及预防或者减轻不良环境影响的对策和措施、公众参与情况、建设单位或地方政府所作出的相关环境保护措施承诺文件、听证权利、公众反馈意见的联系方式。各级环境保护主管部门在对建设项目作出批准或不予批准环境影响评价报告书、表的审批决定后向社会公开审批情况,告知申请人、利害关系人行政复议与行政诉讼权利。前述信息公开范围的例外,除了涉及国家秘密、商业秘密、个人隐私的,依法不得公开的情形,还有不得危及国家安全、公共安全、经济安全和社会稳定。这也是《政府信息公开条例》的要求[①]。

(二)建设单位主动公开建设项目环境影响评价文件及公众参与相关信息

《建设项目环境影响评价政府信息公开指南(试行)》《环境影响评价公众参与办法》对项目建设单位也作出相应的公开要求,建设单位在向环境保护主管部门提交建设项目环境影响报告书、表前,即应依法主动公开建设项目环境影响报告书、表全本信息,并在提交环境影响报告书、表全本同时附删除的涉及国家秘密、商业秘密等内容及删除依据和理由说明报告。当建设项目环境影响报告书征求意见稿形成后,建设单位应当通过网络平台、建设项目所在地公众易于接触的报纸、建设项目所在地公众易于知悉的场所张贴公告的方式同步公开公众参与的相关信息,包括环境影响报告书征求意见稿全文的网络链接及查阅纸质报告书的方式和途径、征求意见的公众范围、公众意见表的网络链接、公众提出意见的方式和途径、公众提出意见的起止时间。

在“范某等诉广东省环境保护厅环境影响报告书批复案”[②]中,2010 年 6 月 23 日,第三人广东省高速公路有限公司委托环境保护部

---

① 参见 2007 年版《政府信息公开条例》第 8 条;2019 年版《政府信息公开条例》第 14 条。

② 参见广东省高级人民法院(2015)粤高法行终字第 638 号判决书。

华南环境科学研究所承担潮惠高速项目的环境影响评价报告编制工作。环境保护部华南环境科学研究所分别向汕尾、潮州、汕头、揭阳、惠州等市环境保护局申请确认潮惠高速项目环境影响评价执行标准;第三人向可能影响的自然保护区的主管部门征求了意见。在编制环评报告过程中,第三人还向潮惠高速公路项目沿线村民进行了公众调查。2010 年 11 月,环境保护部华南环境科学研究所作出《广东省潮州至惠州高速公路工程环境影响报告书》,对潮惠高速公路项目沿线环境质量现状以及环境影响等内容进行评价,并对污染防治措施提出意见。2010 年 11 月 18 日,广东省环保厅收到第三人报批《广东省潮州至惠州高速公路工程环境影响报告书》,并于当日在广东省环境保护厅的公众网进行了受理公告。2010 年 12 月 6 日,广东省环境保护厅作出了《关于广东省潮州至惠州高速公路工程环境影响报告书的批复》。因修建潮惠高速公路(陆河段)需要,黄布村现有水池(水源)12 户需要拆迁,原告范某等人是需要拆迁的黄布村村民。双方关于涉案环境影响报告书简本的公示问题形成争议焦点。范某等人主张,涉案环评报告书简本未在汕尾市的媒体公示,且未在其所在村委会张贴公告,属于程序违法。法院认为,根据当时适用的《环境影响评价公众参与暂行办法》,该环境影响评价文件依法采用前述三种方式进行同步公示,形式上符合法律规定。在司法实践当中如何确定建设项目所在地公众易于接触的报纸,尚未形成统一的标准。

(三)环境影响评价文件公开是公众参与环境影响评价的前提保障

公开环境影响评价文件全文,方便受建设项目影响的公众知晓建设项目的存在和基本情况,有利于社会公众了解和判断建设项目,并及时做出反馈。环境影响评价文件作为重要的环境信息,及时完整的公开全文,是公众有效参与环境影响评价后续程序(如听证会等)的基本前提。如果建设项目的环境影响评价报告书编制未征求公众意见或者征求意见不充分的,公众也可以据此向审批机关反映情况、提出要求参与的诉求。环境影响评价文件的公开情况在新《环境保护法》实施后一年内并不尽如人意,2015年省级环境保护机关负责审批的环境影响评价报告书中依法全文公开的比例为71%,且存在较大的地域差异。[①]《环境影响评价法》为了保证公众参与,还规定环境影响报告书应当附具对有关公众意见采纳或者不采纳的说明。

五、公众参与环境影响评价之诉的诉讼时效

在公众参与环境影响评价的诉讼中,公众超过诉讼时效而被驳回起诉的案例,常因涉及土地问题而产生争议。依据《行政诉讼法》第46条的规定,公民、法人或者其他组织直接向人民法院提起诉讼的,应当自知道或者应当知道作出行政行为之日起6个月内提出;法律另有规定的除外。因不动产提起诉讼的案件自行政行为作出之日起超过20年,其他案件自行政行为作出之日起超过5年提起诉讼的,人民法院不予受理。例如“王某诉江苏省环保厅行政许可行为和原环境保护部行政复议决定案”[②]:2007年5月11日,江苏省环保厅对《无锡至张家港高速公路工程环境影响报告书》审核后,作出了环评批复。王某系江苏省无锡市某村村民,其于2015年4月20日通过信息公开获知江苏省环保厅作出的上述环评批复。并就此批复向原环保局提出行政复议,因不服原环境保护部作出的行政复议决定,向人民法院提起诉讼。王某起诉时,虽距其通过信息公开申请获得涉案环评批复未超过6个月,但具江苏省环保厅做出该环评批复已超过了法定5年的诉讼期限。本案中,针对起诉时间的认定,法院认为江苏省环保厅作出的环评批复有关“对近期噪声预测超标的村庄等

① 参见王灿发:《新〈环境保护法〉实施情况评估报告》,中国政法大学出版社2016年版,第77~79页。

② 参见最高人民法院(2016)最高法行申2632号法律文书。

声环境敏感点,应落实搬迁”“列入搬迁计划的村庄等应在公路试运行期间搬迁完毕并妥善安置”的内容,表明王某所居住的村庄被列入拆迁范围,因此本案涉及申请人的房屋不动产,诉讼时效适用《行政诉讼法》第46条第2款规定的因不动产提起诉讼的20年期限。法院在判决中还特别指出,如果环境影响评价批复针对的是建设项目是否产生污染以及污染防治措施是否可行,则不适用第46条中“二十年期限”的规定。

六、法院判决方式

环境保护监督管理机关受理环境影响报告书审批申请的基本前提是该报告书已正式形成,其在受理后应依法履行公开该报告书并征求公众意见的程序后,才可予以审批。人民法院要严格审查行政行为是否履行了法定程序和正当程序,是否充分尊重了当事人的知情权、表达权,如果认为行政行为存在程序违法或明显不当的,有权确认违法或予以撤销。

例如,“卢某等204人诉杭州市萧山区环境保护局环保行政许可案”①:第三人城投公司因风情大道改造及南伸项目建设需要,委托浙江省环保设计院对该项目进行环境影响评价。在涉案环评报告书编制过程中,城投公司分别在建设项目所涉区域对案涉项目的基本情况及其对周边环境可能造成的影响、预防或减轻不良环境影响的对策和措施、环境影响评价结论要点等内容进行了两次公示。浙江省环保设计院通过发放个人调查表和团体调查表的方式进行了公众调查。2012年4月20日,杭州市萧山区环境保护局与城投公司、省环保设计院和邀请的专家召开了涉案项目环境影响报告书技术评审会并形成评审意见。同年4月23日,萧山区环保局在区办事服务中心大厅的公示栏内张贴该项目的《环保审批公示》。公示期间为2012年4月23日至5月7日,共10个工作日。公示内容主要为:涉案项

① 参见2014年12月19日最高人民法院公布的《环境保护行政案件十大案例》。

目基本情况;涉案项目对环境可能造成的影响;预防或减轻不良环境影响的对策和措施;环境影响评价结论要点;建设单位、环评单位及审批单位的联系方式,并注明征求意见的方式是电话和信件。2012年5月29日,萧山区环保局与城投公司、浙江省环保设计院和邀请的专家召开案涉环评报告书(复审稿)技术复审评审会并形成复审意见。2012年6月,浙江省环保设计院形成环评报告书的送审稿。同年6月28日,城投公司向区环保局报送该环评报告书及相关的申请材料,申请对该环评报告书予以批准。萧山区环保局于同日作出《关于风情大道改造及南伸(金城路—湘湖路)工程环境影响报告书审查意见的函》,同意该项目在萧山规划许可的区域内实施。卢某等204人均为萧山区风情大道湘湖段苏黎世小镇和奥兰多小镇两小区的居民。因不服萧山区发展和改革局审批的《“风情大道改造及南伸(金城路—湘湖路)工程”可行性研究报告》,向杭州市发展和改革委员会提起行政复议。在复议期间,萧山区发展和改革局提供了萧山区环保局的《审查意见函》作为其审批依据。卢某等204人认为涉案项目的建设将对两个小区造成不利影响,萧山区环保局的行政许可行为侵害其合法权益,遂以萧山区环保局为被告提起行政诉讼,请求法院撤销上述《审查意见函》。一审法院认为,除了依法需要保密的建设项目,仍需通过便于公众知晓的方式公开受理信息和环境影响报告书的查询方式以及公众享有的权利等事项,并征求公众意见,征求公众意见的期限不得少于7日。在本案中第三人向萧山区环保局申请环评审批的时间是2012年6月28日,萧山区环保局于同日即作出被诉《审查意见函》,对案涉环评报告书予以批准,其行为明显违反了关于环评审批行政机关在审批环节应进行公示和公众调查的相关规定,严重违反法定程序。法院判决撤销了被诉行政行为。

最高人民法院同期发布的“正文花园业委会、乾阳佳园业委会诉上海市环保局不服环评报告审批决定案”①,则是相对较为保守的判

① 参见2014年12月19日最高人民法院公布的《环境保护行政案件十大案例》。

决。2012 年 5 月 14 日，上海市规划和国土资源管理局向国网上海市电力公司核发了 500kV 虹杨输变电工程《建设项目选址意见书》，明确了项目用地位置。6 月 25 日，上海市环保局受理电力公司提出的《500kV 虹杨输变电工程环境影响报告书》、审批申请，并网上公示了受理信息。6 月 25 日，上海市环保局委托上海市环境科学研究院开展该工程环评文件的技术评估。7 月 5 日，上海市环境科学研究院向上海市环保局出具了技术评估报告。7 月 17 日，上海市环保局组织召开专家咨询会。8 月 6 日，上海市环保局经审查认为，电力公司提交的环评报告书符合相关要求，拟作出批准决定，遂在"上海环境网"就该工程拟批准情况进行公示。10 月 22 日，上海市环保局作出《关于 500kV 虹杨输变电工程环境影响报告书的审批意见》，同意项目建设。上海市杨浦区的正文花园（二期）和乾阳佳园小区毗邻虹杨变电站站址，两个小区的业主委员会认为居民小区附近不应建高压变电站项目，上海市环保局不考虑建设项目对居民的实际影响而作出审批系违法，向环境保护部申请行政复议，复议机关维持审批决定后，向上海市黄浦区人民法院提起行政诉讼。一审法院认为，上海市环保局受理电力公司申请后，就相关情况进行了公示，委托有关单位对环评报告进行了技术评估，并组织召开专家咨询会，在审查一系列文件后，作出环评审批决定，履行了法定程序，但做出审批时间超过了法规规定时间，属程序瑕疵。涉案的环评报告的编制单位具有相应资质，其依据相关编制标准对涉案建设项目的各项环保指标进行了评价，并据此得出环评结论，符合环评技术规范和法律规定的要求。环评审批过程中环保部门可以通过咨询专家意见的方式开展公众参与，即环保部门审批环境影响评价报告过程中可以以专家咨询会替代听证会、论证会、座谈会等公众参与。环境影响评价中公众参与案件的司法判决，依法裁判之上的适当尝试，也为保障公众参与权提供了新的思路。

在“张某某等诉江苏省环境保护厅环评行政许可案”①中,江苏某供电公司为建设110kV双井变电站等一批工程,委托环评机构以工频电场、工频磁场、噪声及无线电干扰为评价因子编制了《环境影响报告表》。该报告表预测工程建成运行后对周边环境的影响程度符合国家标准。2009年11月,江苏省环境保护厅在经过镇江市规划局出具《选址意见》、江苏省电力公司同意环评结论、镇江市环保局对《环境影响报告表》预审之后作出批复,同意镇江供电公司建设该批工程。张某某等三人不服诉至法院,主张所涉区域不宜建设变电站、环评方法不科学,建设项目不符合环评许可条件、环评许可违法,请求撤销省环保厅的上述批复。本案是涉及环保知情权、参与权保障的典型案例,法院虽依然认定环保厅的审批行为程序合法,但仍提出信息沟通问题应当引起行政主管部门的关注,并要求环保部门加强信息公开,保障公众环境信息知情权。

第三节　公众举报引起的环境诉讼

2014年《环境保护法》修订后,举报作为公众参与的重要形式被赋予了新意。2015年人民法院环境保护行政案件十大案例中就有因举报而引起的环境诉讼。② 对于社会生活中经常发生的噪声扰民现象,环保机关针对群众投诉作出合法适度处理后引发的行政诉讼,人民法院都做出了依法给予支持的判决。

以“君宁机械厂诉六安市金安区环境保护局环保行政处罚案”③为例,君宁机械厂于2012年4月11日租用六安光华厂家属区房屋,

① 参见2016年3月30日最高人民法院发布的《环境保护行政案件十大案例》。

② 参见2015年2月26日最高人民法院发布的《人民法院环境保护行政案件十大案例》,载最高人民法院网:http://www.court.gov.cn/zixun-xiangqing-13331.html,2019年1月31日最后访问。

③ 参见2015年2月26日最高人民法院发布《环境保护行政案件十大案例》。

安装机械设备从事铸铁金属件制造和金属制品加工制造，但未依法报批建设项目环境影响评价文件。该厂在生产过程中使用乳化液对工件进行润滑和降温，有废水、固体废物和噪声产生，但该厂除对固体废物进行简单的堆放收集外，对其他污染未做任何处理，也未建设相关的环境保护设施。该厂所在居民区居民多次反映其产生的噪声等污染严重影响群众正常生活。六安市金安区环保局经现场检查、调查取证、集体讨论等程序，于2012年8月5日对该厂作出了行政处罚决定书以及限期补办决定书，责令君宁机械厂停止生产、限期补办环评手续，同时罚款5万元。该厂对此不服，申请行政复议，金安区人民政府决定维持上述两个决定。该厂仍不服，以金安区环保局为被告提起行政诉讼，请求法院撤销上述两个决定。金安区环保局基于举报在立案查处的过程中发现该厂未办理环境影响评价手续，根据相关法律法规的规定，在履行了法定程序后，依法作出责令其限期补办环评手续的决定，责令其停止生产并处以罚款5万元，于法有据。金安区环保局发现该厂从事属于需要办理环境影响评价手续的行业，在未取得办理环境影响评价手续的情况下，擅自在居民区内从事金属加工制造，遂根据相关法律法规的规定，在履行了法定程序后，依法作出责令其限期补办环评手续的决定，以期维护公众环境权益。

环境举报不仅是行政机关发现环境问题、纠正环境违法行为的重要途径，也是公众行使环境监督权的体现。随着2015年“12369”环保微信举报正式开通①以及2016年全国“12369”环保举报管理平

① 参见原环境保护部办公厅(环办应急函〔2016〕353号)《关于2015年全国“12369”环保举报工作情况的通报》。通报数据显示：微信举报平台于2015年6月5日正式开通；截至2015年年底，“12369”环保微信举报收到并办理公众举报13,719件，“12369”环保举报热线受理群众电话及网上举报1145件。

台的建成运行，[①]公众环保举报数量成倍增长，2018 年的环保举报年度受理量为 655,724 件，[②]是 2015 年的 44 倍。而《环境保护法》修订实施前的 2014 年，在公众环保举报上的数量仅为 1463 件，[③]其时距生态环境部正式开通“12369”环保举报热线已经 5 年。[④] 这也从侧面体现出科技发展对法律的推动作用。1997 年原国家环境保护总局发布《关于建立全国环境保护举报制度的指导意见》时，提出各地应因地制宜制定环境保护举报制度管理办法，鼓励接受举报的机关对外公布通信地址、邮政编码和电话号码，而今的互网络和 4G 技术，未来也许还有 5G 和 VR 的应用，让多元举报平台系统化成为可能，信函、传真、电子邮件、“12369”环保举报热线、政府网站、微信等渠道丰富了公众参与的途径，提高了环境执法的效率。

人民法院审理的与举报有关的案件中，罕有直接针对举报后行政机关不作为而提起的诉讼，之所以将举报作为公众参与环境保护司法现状的一部分进行阐述，主要是因举报而引起的其他环境行政诉讼。有关举报的案例的争点主要集中在：举报人的主体资格、举报的范围、举报是否属于《行政复议法》规定的受理范围、举报的诉讼期

---

① 参见原环境保护部办公厅（环办应急函〔2017〕726 号）《关于 2016 年全国“12369”环保举报工作情况的通报》。通报显示：各级“12369”热线电话、微信、网络等举报渠道已整合完成，“国家—省—市—区县”四级数据互联共享；截至 2016 年年底，管理平台共接到举报 263,009 件，其中电话举报 185,919 件，微信举报 65,882 件，网络举报 11,208 件。

② 截至 2019 年 1 月 31 日，生态环境部尚未发布 2018 年度全年举报情况通报，该数据是基于生态环境部及原环境保护部 2018 年每月全国“12369”环保举报办理情况通报数据综合得出。参见生态环境部官网通报文件，索引号分别为 000014672/2018 - 00235、2018 - 01748、2018 - 01828、2018 - 01849、2018 - 02007、2018 - 02043、2018 - 02142、2018 - 02770、2018 - 03191、2018 - 03391、2018 - 03598、2019 - 00144。

③ 参见《环境保护部“12369”环保举报热线 2014 年群众举报案件处理情况》，原环境保护部 2015 年 5 月 19 日发布，参见 http://www.mee.gov.cn/gkml/sthjbgw/qt/201505/t20150519_301869.htm，（2019 年 1 月 31 日最后访问）。通报数据显示，举报中存在环境违法问题的有 78%。

④ 原环境保护部 2009 年“6 · 5”世界环境日开通“010 - 12369”环保举报热线，受理各地群众对环境污染问题的举报；2010 年 11 月 5 日审议通过《环保举报热线工作管理办法》，并于 2011 年 3 月 1 日起施行，环境保护部令第 15 号。

限等方面。

一、环境举报的主体资格

举报作为公众参与环境保护的救济途径，是环境保护社会监督的重要形式，其本质是公众就环境保护中的现象和行为发表意见、表达诉求。《环境保护法》第57条规定，有权针对污染环境和破坏生态行为向环境保护主管部门或者其他负有环境保护监督管理职责的部门进行举报，以及有权针对地方各级人民政府、环境保护主管部门和其他负有环境保护监督管理职责的部门不依法履行职责向上级机关或者监察机关进行举报的权利主体包括公民、法人和其他组织。法律不要求举报人受到环境违法行为直接影响，可以是与被举报污染环境或破坏生态的行为完全无关的主体。只要获知相关信息，都有权向有关机关进行举报。这也是由环境举报制度的体系定位及功能目的决定的。[①]

环境举报人是一个可以扩大理解的、更为公益性的环境保护主体。他既不同于基于自身权益所受侵害，向有管辖权的环境保护主管部门或者其他负有环境保护监督管理职责的部门进行反映、要求处理结果的投诉人，也不同于基于同环境影响评价决定有重大利害关系，需要征求意见的环评参与公众。与环境公益诉讼的原告相比，法律未对举报人进行资格限定，任何公民、法人或其他组织都享有环境举报权。举报主体的广度，将直接影响所举报环境违法行为信息的数量。违法行为的受害者或亲历者直接向环境保护主管部门等进行环境举报，对行政执法机关及时发现环境违法行为，采取预防措施，提高监督效率是非常有利的。

对于环保举报权，目前没有明确的司法救济程序，因举报事项而提起的环境诉讼中，人民法院将针对具体的案由，审查原告资格。因

---

① 参见最高人民法院环境资源审判庭：《〈中华人民共和国环境保护法〉条文理解与适用》，人民法院出版社2014年版，第298页。

环境违法行为受到人身、财产损害的公民、法人和其他组织举报违法行为,符合《民事诉讼法》第119条规定的,可提起民事诉讼。非直接受害人进行举报的,可以向符合环境公益诉讼主体资格的社会组织寻求法律援助,请求其提起环境公益诉讼以保护环境公共利益。公民、法人和其他组织发现行政机关不依法履行环境保护职责,向其上级机关或者监察机关举报,符合行政诉讼法受理条件的,可以通过行政诉讼的途径解决。例如,"陈某等28人诉江山市人民政府行政复议案"①,陈某等人向江山市环保局主张要求对违法养殖行为进行查处,后针对江山市环保局不履职的行为向江山市人民政府提起行政复议。江山市人民政府界定该环保举报后,以有环境保护监督管理职责的部门不依法履职的不属于《行政复议法》的法定受理范围为由,作出不予受理的决定。陈某等人不服该复议决定,遂提起行政诉讼。由于该案不属于申请履行保护人身权利、财产权利、受教育权利的法定职责范畴,也无法根据《行政复议法》第6条第11项规定,证明行政机关其他具体行政行为侵犯其合法权益,陈某等人并非合法权益受到侵害的行政复议适格申请人。

二、环境举报的范围

较之"一切单位和个人"对污染和破坏环境的单位和个人进行"检举和控告"的权利,新《环境保护法》中规定的举报范围更宽,其对象可包含一切环境违法行为,不限于针对国家机关和国家工作人员的违法失职行为。根据该法第57条的规定,任何单位和个人的污染环境和破坏生态行为,以及地方各级人民政府、县级以上人民政府环境保护主管部门和其他负有环境保护监督管理职责的部门不依法履行职责之行为或不作为,都可以被举报。在实践中,举报污染环境,包括向环境排放超过环境自净能力的物质或能量,导致环境质量下降,影响人类正常生存和生活的行为的案例明显多于举报破坏生

① 参见最高人民法院(2017)最高法行申2790号裁定书。

态行为，即不合理地开发利用自然资源使自然环境的恢复和增殖能力受到破坏的行为。如 2017 年的举报数据中，涉及大气、噪声污染的举报最多，分别占 56.7%、34.6%；其次是涉及水污染的举报，占 10.7%；而针对砍伐，过度开采等生态破坏行为的举报仅占 0.4%。① 应当说，将破坏生态行为纳入举报范围体现了公众参与环境立法的前瞻性和引导性。

在"范某诉嘉善县人民政府行政复议案"②中，范某致信嘉善县环境保护局投诉河道污染严重，养殖业受损一事，要求职能部门认真履行职责，依法查处，弥补损失，并作出具体行政行为。信中反映，2012 年 5 月以来有人养殖生猪，开办餐具洗涤厂，所产生的污水排入河道，造成水质严重污染，养殖鱼类大量死亡。嘉善县环境保护局收到范某的投诉信件后没有进行反馈，范某遂向嘉善县人民政府申请行政复议，要求责令嘉善县环境保护局履行法定职责。嘉善县人民政府驳回了范某的行政复议申请，范某不服，向人民法院提起诉讼。本案起诉的行政行为虽然是嘉善县政府的行政复议决定，但实质的争议焦点是嘉善县环保局是否依法履行了环境保护的法定职责。二审法院认为被诉具体行政行为虽然缺乏事实和法律依据，但该行为本身并未给范某带来物质利益的损害，故一审、二审法院都没有支持范某就此提出的行政赔偿请求。

三、环境举报的接受机关及其义务

（一）受理环境举报的责任机关

公民、法人和其他组织对污染环境和破坏生态行为进行举报的，受理机关为环境保护主管部门或者其他负有环境保护监督管理职责

---

① 参见原环境保护部 2018 年 1 月 23 日发布的《环境保护部通报 2017 年全国"12369"环保举报办理情况》。通报显示：截至 2017 年年底，全国环保举报管理平台共接到环保举报 618, 856 件。

② 参见浙江省高级人民法院（2013）浙行终字第 115 号判决书。

的部门。其中环境保护主管部门是指生态环境部及环境保护主管部门，其他部门应是指对某具体环境违法行为享有执法权及处罚权的行政部门，如林业部门、国土部门、水利部门、渔业部门、海事部门等。对地方各级人民政府、县级以上人民政府环境保护主管部门和其他负有环境保护监督管理职责的部门不依法履行职责进行举报的，受理机关可以是该部门的上级机关或者监察机关。依据《环境监察办法》[①]，查办、转办、督办对环境污染和生态破坏的投诉、举报，具体负责环境污染和生态破坏纠纷的调解处理是环境监察机关的重要职责，生态环境部对全国环境监察工作实施统一监督管理。各级环境保护主管部门所属的环境监察机构，负责具体实施环境监察工作。为了监督跨区域、流域、海域环境污染等事项，2017 年原环境保护部将华东、华南、西北、西南、东北六个环保督查中心，升级为环保督察局。[②]

实践中，很多针对环境污染和生态破坏等行为向环境保护主管部门等举报后，行政机关不及时查处举报事项，引起举报人继续针对该不履职行为向其上级机关进行举报。例如上文中提到的“陈某等 28 人诉江山市人民政府行政复议案”，就是原告向江山市环保局举报环境违法事项未果引起的。[③] 陈某等 28 位举报人，依法享有对部分养殖户养殖导致环境污染行为的举报权，针对江山市环保局未履行法定职责及时查处所举报环境污染事项，也可以向江山市人民政府进行举报。在本案中原告选择了行政复议程序，没有法律依据，然而，由于陈某等 28 人并不仅仅是一般意义上的环保举报人，而是利害关系人，如果认为江山市环保局未履行法定职责查处环境污染，完全可以以江山市环保局为被告，依法提起行政诉讼。“杨某诉巢湖市

---

① 《环境监察办法》于 2012 年 7 月 4 日原环境保护部部务会议审议通过，自 2012 年 9 月 1 日起施行，环境保护部部令 21 号。

② 参见《中央编办关于环境保护部承担行政职能事业单位改革试点方案的批复》（中央编办复字〔2017〕231 号）。

③ 最高人民法院（2017）最高法行申 2790 号。

环境保护局行政不作为案"[1]正是这样一个范例：杨某居住在原巢湖市纺织厂宿舍楼，因巢湖市某纺织公司生产噪声扰民，多次向巢湖市环境保护局投诉。巢湖市环境保护局经过监测噪声数据，多次向某纺织公司下达责令改正通知书，但均未将处理结果告知杨某。杨某遂以巢湖市环境保护局为被告诉至人民法院，要求其履行法定职责。

（二）接受举报机关的保密义务

为了保障环境违法行为中举报人的基本权利，实现公众参与环境保护，促进行政机关及时发现问题、纠正违法行为的目的，接受环境举报的机关应当对举报人的相关信息予以保密，保护举报人的合法权益。《环境保护法》第57条第3款明确了有关行政及监察机关的保密义务。接受举报的机关在接到环境违法行为的举报后，受理过程中还有义务防止举报人的身份信息、联络信息等向外泄露，保护举报人的合法权益。让举报人没有后顾之忧，防止被举报人对举报人打击报复。举报人保密机制的建立，是环境举报充分发挥作用的基础。这需要规范环保举报管理系统的保密措施、相关执法人员的保密工作流程，以及对泄密责任的承担，三位一体。如《环境监察办法》要求各级环境监察机构应当建立健全保密制度，完善保密措施，落实保密责任，指定专人管理保密的日常工作。《环保举报热线工作管理办法》[2]要求各级承担环保举报热线工作的机构应当健全保密管理制度，完善保密防护措施，加强保密检查，并积极开展保密宣传教育。实践中，相关的规则不够具体有效，不利于指导接受举报部门的工作，也不利于保障举报人权益。

（三）接受举报机关的责任

社会公众有对环境违法行为进行举报的权利，相应的接受举报

---

① 参见合肥市中级人民法院（2014）合行终字第00075号判决书。

② 《环保举报热线工作管理办法》原环境保护部2010年第二次部务会议于2010年11月5日审议通过，自2011年3月1日起施行，原环境保护部令第15号。

的机关有及时受理并办理的义务。若行政机关怠于履行职责,对公众的举报拖延不办,可能会造成不可逆转的生态环境损害的结果,因此法律对行政机关这种渎职行为规定了严格的责任。根据《环境保护法》第68条第4项规定,公众对超标排放污染物、采用逃避监管的方式排放污染物、造成环境事故以及不落实生态保护措施造成生态破坏等四种违法情形进行举报的,接到举报的行政机关应及时查处;未及时查处的,应对行政机关的主管人员和其他直接责任人员给予记过、记大过或者降级处分;造成严重后果的,给予撤职或者开除处分,其主要负责人应当引咎辞职。其中采用逃避监管的方式排放污染物,主要包括通过暗管、渗井、渗坑、灌注或者篡改、伪造检测数据、不正常运行防治污染设施等逃避监管的方式排放污染物。除了对接受举报的行政机关主管人员和其他直接责任人员的监督与处罚之外,在一些环境保护的特别法中,还明确规定了接受举报机关发现违法行为或者接到对违法行为的举报后不予查处的,由本级人民政府或者上级人民政府有关行政主管部门责令改正,如《固体废物污染环境防治法》第67条、《循环经济促进法》第49条、《海岛保护法》第44条。

行政机关及时受理并办理举报的时限一般为两个月。根据《行政诉讼法》第47条第1款,申请行政机关履行保护其人身权、财产权等合法权益的法定职责,行政机关在接到申请之日起两个月内不履行的,公民、法人或者其他组织可以向人民法院提起诉讼。法律、法规对行政机关履行职责的期限另有规定的,从其规定。在“王某诉江苏省环境保护厅环境保护行政管理案”①中,王某寄出环境保护违法举报信,要求江苏省环境保护厅履行查处噪音违法的法定职责,并在距苏省环境保护厅接到申请之日不足两个月的期限内,提起了行政诉讼,不符合《行政诉讼法》对行政机关不履行法定职责之诉的期限要求。《环境行政处罚办法》关于7个工作日决定是否立案的规定,

① 参见江苏省高级人民法院(2017)苏行终493号裁定书。

以及《环境信访办法》第22条环境信访机构在收到环境信访事项之日起15日内告知信访人的期限规定，皆非江苏省环境保护厅针对王某的申请履行法定职责期限的规定。

（四）接受举报机关对举报的奖励

为鼓励公众积极参与环境保护监督管理，加强对环境违法行为的社会监督，法律还规定了对举报的奖励制度，对实名举报环境违法，并查证属实的，公开处理结果的同时应对举报人给予奖励。《大气污染防治法》《土壤污染防治法》等环境特别法都有相关规定。一般认为，《环境保护法》第11条"奖励保护和改善环境有显著成绩的单位和个人"，就包括举报环境违法行为的单位和个人。[①] 依据《环境保护公众参与办法》，各地逐渐确立了环境保护有奖举报的措施。这是对举报制度的细化和完善，有利于举报制度的运行和发挥实际作用。如依照《北京市环境保护局对举报环境违法行为实行奖励有关规定》[②]，向北京市环境保护局举报本市行政区域内依法应当由环境保护部门查处的，违反大气污染防治、水污染防治、放射性废物管理、消耗臭氧层物质管理等相关法律规定的环境违法行为，经查属实，将给予举报人3000~50,000元奖励。2017年，举报昌平区马池口镇一家电镀作坊废水直排的北京市民成为首个获得50,000元奖励的举报人，环保部门经核查检验，对未取得任何行政许可，超标电镀废液未经处理直接排放地表的车间进行查封，并将案件线索移交公安部门调查处理。

① 最高人民法院环境资源审判庭：《〈中华人民共和国环境保护法〉条文理解与适用》，人民法院出版社2014年版，第300页。

② 《北京市环境保护局对举报环境违法行为实行奖励有关规定》由北京市环境保护局于2017年4月18日印发并实施（京环发〔2017〕10号）。2014年12月，北京市环保局首次实施环保有奖举报，出台了《北京市环境保护局关于对环保违法行为实行有奖举报的规定（试行）》，此后两次修订有奖举报规定。

第四节 环境民事公益诉讼

2012年《民事诉讼法》第55条确立了民事公益诉讼制度,据此,与污染环境的损害行为无直接利害关系的主体,为了维护公共利益可以提起民事环境公益诉讼。2014年修订的《环境保护法》第58条对可以提起环境公益诉讼社会组织的条件作出明确界定,2015年《环境民事公益诉讼司法解释》统一了法律适用标准,全国人大常委会授权最高人民检察院在部分地区开展公益诉讼试点工作后[①],《检察机关提起公益诉讼改革试点方案》《人民检察院公益诉讼试点工作实施办法》陆续出台,2017年《民事诉讼法》第55条的修订明确了检察机关的环境民事公益诉讼原告资格。随着这一系列的制度推进,人民法院审理的环境民事公益诉讼案件自2014年后逐年增加。2015年1月至2016年6月,全国法院共受理社会组织提起的环境民事公益诉讼一审案件93件[②],截至2016年年底,仅江苏一省就受理了环境公益诉讼一审案件57件[③]。环境民事公益诉讼案件中存在的问题也是相对比较集中的,主要是原告主体资格问题,民事责任可否被刑事责任吸收,污染行为与环境污染因果关系问题、管辖权问题等。比较遗憾的是,对于理论中期待较高的对已生效判决“搭便车”的案例,在现有判例中并未有直接体现。

自20世纪末以来,环境污染和生态破坏加剧损害了广大公众的环境权益。2007年贵阳市清镇人民法院环保法庭成立以后,环境司法对环境民事和行政公益诉讼的尝试就已经开始。2009年广州市番禺区人民检察院以东涌东泰皮革染整厂排污水案造成公共水域污染

---

① 参见2015年7月1日,第十二届全国人大常委会第十五次会议作出《全国人民代表大会常务委员会关于授权最高人民检察院在部分地区开展公益诉讼试点工作的决定》,该决定授权北京、江苏等13个省市检察机关开展提起公益诉讼试点工作。

② 参见2016年7月27日最高人民法院发布《中国环境资源审判》白皮书。

③ 数据来自《江苏环境资源审判白皮书》,江苏省高级人民法院2017年6月5日发布。

损害为由提起了民事损害赔偿诉讼。之后昆明、遵义等地检察机关也通过民事公益诉讼或者以支持起诉等方式参与到环境公益诉讼之中。2012 年修正的《民事诉讼法》第 55 条规定："对污染环境、侵害众多消费者合法权益等损害社会公共利益的行为，法律规定的机关和有关组织可以向人民法院提起诉讼。"但是哪些机关属于"法律规定的机关"法律并没有明确。2014 年修订的《环境保护法》第 58 条明确了可以提起环境公益诉讼的有关社会组织的条件，但也未明确"法律规定的机关"是谁。2015 年 7 月全国人大常委会通过决定，授权最高人民检察院在北京等 13 个省、自治区、直辖市开展为期 2 年的提起公益诉讼试点，随后确立了检察机关环境公益诉讼制度。[①]

一、环境民事公益诉讼原告主体资格

(一)社会组织的原告资格

环境民事公益诉讼的公益性特征首先体现在起诉主体不需要与环境污染或生态破坏行为具有直接的利害关系。依据《民事诉讼法》第 55 条第 1 款公益诉讼原告资格的法定性要求，有资格提起环境民事公益诉讼的社会组织需由单行法予以明确。《环境保护法》第 58 条第 1 款和《环境民事公益诉讼司法解释》第 2 条至第 5 条，对有资格提起环境民事公益诉讼的社会组织用积极条件和消极条件进行了限定。积极条件包括社会组织登记机构的级别和社会组织章程确定的宗旨及主要业务范围，前者要求社会组织依法在设区的市，自治州、盟、地区，不设区的地级市，直辖市的区以上人民政府民政部门登记；后者要求社会组织章程确定的宗旨和主要业务范围是维护社会公共利益，从事环境保护公益活动，且其提起的公益诉讼所涉及的社会公共利益，应与其宗旨和业务范围具有关联性。消极条件，是指社

① 参见最高人民检察院：《关于全面履行检察职能为推进健康中国建设提供有力司法保障的意见》，2016 年 9 月 29 日发布。

会组织在提起诉讼前5年内未因从事业务活动违反法律、法规的规定受过行政、刑事处罚,即“无违法记录”。符合条件可以提起环境民事公益诉讼的社会组织,目前包括在民政部门登记的社会团体(如中华环保联合会)、民办非企业单位(如河南省企业社会责任促进中心)和基金会[①](如中国生物多样性保护与绿色发展基金会)这三大类组织。

理论中对这些限定标准仍存在较大争议,实践中的焦点则更多地集中在规则描述相对抽象的“专门从事环境保护公益活动连续五年以上”这一条件上。例如“中国生物多样性保护与绿色发展基金会诉宁夏某化工公司等七家公司环境污染公益诉讼案”[②],一审、二审法院均以中国生物多样性保护与绿色发展基金会(以下简称绿发会)不具有环境民事公益诉讼起诉资格为由而拒绝受理,[③]其理由是绿发会章程确定的宗旨虽有“维护社会公共利益”,但未提及“从事环境保护公益活动”,其登记证书确定的业务范围也没有从事环境保护的业务。最高人民法院再审中援引联合国《生物多样性公约》《环境保护法》第30条,指出绿发会的宗旨为“广泛动员全社会关心和支持生物多样性保护和绿色发展事业,保护国家战略资源,促进生态文明建设和人与自然和谐,构建人类美好家园”,符合联合国保护生物多样性的要求;章程中规定的“促进生态文明建设”“人与自然和谐”“构建人类美好家园”等内容契合绿色发展理念,亦与环境保护密切相关,属于维护环境公共利益的范畴。以此认定绿发会的宗旨和业务范围

---

① 不包括在民政局登记的境外基金会代表机构。

② (2016)最高法民再45号、46号、47号、48号、49号、50号、51号、52号,指导案例75号,载中华人民共和国最高人民法院网:http://www.court.gov.cn/shenpan-xiangqing-34322.html,2019年7月15日最后访问。

③ 2015年绿色发展基金会提起环境民事公益诉讼23起,占全国的51%。其中在海口市人民法院、青岛海事法院等管辖法院提起的7起环境民事公益诉讼均被立案受理,另有8起未立案。本案涉及的8起再审案件被当时的中卫市中级人民法院以主体不适格驳回起诉。参见绿色发展基金会《2015年度工作总结》,载http://www.cbcgdf.org/NewsShow/4869/59.html,2019年2月13日最后访问。

包含维护环境公共利益内容。

腾格里沙漠环境污染案的再审对社会组织提起环境公益诉讼有重要的示范性作用。[①] 判断社会组织是否“专门从事环境保护公益活动”,应遵循最高人民法院列出的三个方面的审查标准:第一,其宗旨和业务范围是否包含维护环境公共利益;第二,是否实际从事环境保护公益活动;第三,所维护的环境公共利益是否与其宗旨和业务范围具有关联性。社会组织的章程虽未载明维护环境公共利益,但工作内容属于保护环境要素及生态系统的,应认定符合关于“社会组织章程确定的宗旨和主要业务范围是维护社会公共利益”的规定。[②] “环境保护公益活动”既包括直接改善生态环境的行为,也包括与环境保护相关的有利于完善环境治理体系、提高环境治理能力、促进全社会形成环境保护广泛共识的活动。社会组织起诉的事项与其宗旨和业务范围具有对应关系,或者与其所保护的环境要素及生态系统具有一定联系的,应认定符合关于“与其宗旨和业务范围具有关联性”的规定。[③] 在“铜仁市某汞业公司等与河南省企业社会责任促进中心环境污染责任纠纷案”[④]中,双方争议焦点首先集中在河南省企业社会责任促进中心是否具备原告主体资格的问题上。人民法院认为,河南省企业社会责任促进中心的业务范围“注重对企业在资源节约、节能减排、安全生产等方面的履责情况进行评估和指导,以减小企业决策对环境的负面影响,并带动社会各界参与到社会环境责任建设中来”包括维护社会公共利益,故应认定其宗旨和业务范围包含维护环境公共利益内容。

由于《民事诉讼法》没有实行起诉主体多元化的制度模式,而是

① 参见2017年度人民法院十大民事行政案件。

② 参见最高人民法院《关于审理环境民事公益诉讼案件适用法律若干问题的解释》第4条。

③ 参见最高人民法院《关于审理环境民事公益诉讼案件适用法律若干问题的解释》第4条。

④ 参见河南省高级人民法院(2017)豫民终232号判决书。

将公益诉讼原告的主体范围交由各单行法予以明确，不符合《环境保护法》《环境公益诉讼司法解释》规定的社会组织，尚不具备环境公益诉讼原告资格，而2015年前根据社会组织的宗旨和业务范围认定其原告主体资格的判决，如“朱某某、中华环保联合会与江阴港集装箱公司环境污染责任纠纷案”①以及“江苏省泰州市环保联合会诉泰兴锦汇化工有限公司等水污染民事公益诉讼案”②，应当说是相对超前的、有益的探索和实践。

（二）检察机关的原告资格

检察机关的环境民事公益诉讼原告主体资格问题，一直是理论与实践中的焦点，因其兼具国家公诉人和法律监督机关的特殊身份，又有支持社会组织提起公益诉讼的职权。③ 理论研究对在民事诉讼中检察机关的地位给予了较多关注。早在环境民事公益诉讼制度确立以前，司法实践中检察机关作为原告事实上已经成功提起了一定数量的环境民事公益诉讼。④ 全国人大常委会授权开展公益诉讼试

① 2014年7月最高人民法院公布的九起环境资源审判典型案例中，朱某某、中华环保联合会与江阴港集装箱公司环境污染责任纠纷案兼具私益诉讼和公益诉讼的特点。朱某某是居民代表，同时又是环境污染的受害者，2009年其与中华环保联合会共同作为原告起诉，无锡中院依法予以受理。

② 同为最高人民法院发布的环境公益诉讼十大典型案例之一，由于该案发生在2015年1月1日前，最高人民法院根据《民事诉讼法》第55条，认定环保联合会的原告资格，是个有指引意义的判决。

③ 《民事诉讼法》第15条规定：“机关、社会团体、企业事业单位对损害国家、集体或者个人民事权益的行为，可以支持受损害的单位或者个人向人民法院起诉。”根据《环境民事公益诉讼司法解释》第11条的规定，检察机关作为法律监督机关、环境保护主管部门作为负有环境保护监督管理职责的部门均可以依据该条规定，通过提供法律咨询、提交书面意见、协助调查取证、在庭审中发表支持起诉意见等方式支持社会组织依法提起环境民事公益诉讼。

④ 最早的案例可以追溯到1997年方城县检察院国有资产流失案，参见别涛：《中国的环境公益诉讼及其立法设想》，载别涛主编：《环境公益诉讼》，法律出版社2007年版，第5页；汤维建：《论检察机关提起民事公益诉讼》，载《中国司法》2010年第1期。检察机关环境民事公益诉讼胜诉率在《环境保护法》修订前为100%，参见最高人民法院环境资源审判庭：《最高人民法院关于环境民事公益诉司法解释理解与适用》，人民法院出版社2015年版，第27页。

点工作后,检察机关依据《检察机关提起公益诉讼改革试点方案》和《人民检察院公益诉讼试点工作办法》在试点地区继续环境民事公益诉讼的尝试。

如2015年12月21日,由常州市人民检察院以公益诉讼人身份,通过甄选环境专家协助办案,对许建惠、许玉仙提起的民事公益诉讼。[①] 江苏省常州市武进区遥观镇建农村村民许建惠、许玉仙自2010年上半年至2014年9月,租用遥观镇东方村委空闲厂房,在未申领工商营业执照和危险废物经营许可证的情况下,擅自从事废树脂桶和废油桶的清洗业务,并非法排放和处置清洗后产生的废水、废渣。经委托有资质单位取样检测,该厂地块内固废样品、残渣中监测出多种有毒物质,场地地下水受到污染,水中多种重金属和有机物超标。许建惠、许玉仙因污染环境罪被依法追究刑事责任,但环境损害尚未修复。2015年9月18日,检察机关在履行职责中发现该案线索,遂对该案进行立案审查认为,许建惠、许玉仙违法处置有毒物质的行为严重污染环境,损害了社会公共利益。为依法追究污染者的民事责任,在常州市范围内无提起公益诉讼适格主体的情况下,常州市检察院根据《民事诉讼法》第55条、《全国人民代表大会常务委员会关于授权最高人民检察院在部分地区开展公益诉讼试点工作的决定》《检察机关提起公益诉讼试点方案》的相关规定,经层报最高人民检察院批准向常州市中级人民法院提起民事公益诉讼。江苏省常州市人民检察院对许建惠、许玉仙污染环境案,是全国人大常委会授权检察机关提起公益诉讼试点后,检察机关以公益诉讼人身份提起的首例民事公益诉讼案件。

2017年修订的《民事诉讼法》第55条第2款确定了检察机关在履行职责中发现破坏生态环境和资源保护等损害社会公共利益的行

---

① 参见《典型案例:常州市检察院对许建惠、许玉仙污染环境案提起民事公益诉讼》,载江苏检察网:http://www.js.jcy.gov.cn/yaowen/201610/t3045649.shtml,2019年7月21日最后访问。

为时，提起民事公益诉讼的原告资格，并规定了诉前程序。[①] 根据《检察公益诉讼解释》第13条，人民检察院在拟提起环境民事公益诉讼之前30日，应当依法公告。即环境公益诉讼优先由法律规定的机关和社会组织起诉，公告期满，法律规定的机关和有关组织不起诉，社会公共利益仍处于受害状态的，人民检察院可以向人民法院提起诉讼。法律规定的机关或者组织提起诉讼的，人民检察院可以依据《环境民事公益诉讼司法解释》第11条支持起诉。

在“云南省宜良县国土资源局、人民检察院诉某公民环境污染责任纠纷案”中，云南省宜良县人民检察院在公诉中发现某公民的行为除构成非法占用农用地犯罪，已被追究刑事责任外，还应对其非法采矿的行为追究民事赔偿责任，遂向宜良县国土资源局发出督促起诉决定书，并在宜良县国土资源局提出环境民事公益诉讼时，作为支持起诉人参与该案。[②]

“江苏省徐州市人民检察院诉徐州市某造纸有限公司环境污染侵权案”[③]是检察机关履行诉前程序后，依法自行提起环境民事公益诉讼的实例。徐州市人民检察院在发现被告造纸公司将未经处理的生产废水直接排入苏北堤河，污染了周边环境，并对其进行立案审查后，向该市符合提起环境民事公益诉讼主体资格的三家环保社会组织发出督促起诉意见书，收到辖区内这三家环保组织因起诉能力问题无法提起公益诉讼的复函后，徐州市检察院便以公益诉讼人的原告身份提起环境民事公益诉讼。检察机关履行诉前公告程序，是仅采取辖区内点对点的督促起诉方式，还是应面向全国范围内的适格

---

① 在2012年《民事诉讼法》和2014年《环境保护法》修订中，并没有明确赋予检察机关环境民事公益诉讼的原告资格。

② 参见昆明市中级人民法院(2012)昆环保民初字第6号判决书。

③ 该案的一审判决见江苏省徐州市中级人民法院(2015)徐环公民初字第6号判决书。

社会组织,在司法实践中是存在争议的。①《人民检察院公益诉讼试点工作实施办法》第13条第1款第2项中"建议辖区内符合法律规定条件的有关组织提起民事公益诉讼",将对社会组织的公告范围限缩到辖区内。而原告的地域范围限制在《环境保护法》《环境民事公益诉讼司法解释》中并没有规定,更符合鼓励社会组织为维护社会公共利益提起公益诉讼的立法原意。徐州市人民检察院与该造纸公司的环境民事公益诉讼案中,被告上诉后,一审中的公益诉讼人徐州市检察院即作为被上诉人参与二审,这也从侧面反映出,在环境民事公益诉讼中原被告双方当事人的诉讼地位并未因检察机关的抗诉权而彻底失衡,根据《检察公益诉讼司法解释》第10条,徐州市检察院也可以因不服一审判决或裁定,向上一级人民法院提起上诉。

(三)行政机关的原告资格

环境民事公益诉讼制定尚未确立时,地方行政机关尤其是环境保护主管部门,已经开始积极探索和尝试,依据地方出台的规范性文件②提起环境民事公益诉讼。中国首例环境民事公益诉讼案件即是由行政机关提起的。2007年12月10日,贵阳市政府所属"两湖一

① 南京市检察院提起首例环境民事公益诉讼前,就江苏安伟再生资源有限公司污染环境案登报发出立案公告,寻找适格主体,被媒体称为首例检察机关登报找原告,参见澎湃新闻:https://www.thepaper.cn/newsDetail_forward_1548648,2019年2月15日最后访问。该公告刊登在地区性报纸《江苏法制报》2016年10月14日,第3版。随后有全国性环保组织积极响应,如绿发会向南京市检察院发出《关于我会自愿对江苏安伟再生资源有限公司提起民事公益诉讼的函》及具备环境民事公益诉讼主体资格的有关材料。2016年12月29日,该案最终由南京市人民检察院向南京市中级人民法院提起。

② 如2012年无锡市中级人民法院先后出台环境民事案件证据规定、环境公益民事诉讼审理规则、刑事附带环境公益民事诉讼案件实施意见,并通过制定《关于办理环境民事公益诉讼案件的试行规定》,规定检察机关、环保行政职能部门、环保社团组织具有环境公益诉讼原告主体资格。参见2013年1月8日《无锡市中级人民法院工作报告》,载中国法院网:http://wxzy.chinacourt.org/public/detail.php? id=4648,2019年2月19日最后访问;也可参见《2016年度无锡法院环境资源审判白皮书》。

库"管理局作为原告,向清镇市法院环境法庭[①]提起环境污染损害诉讼,要求天峰化工公司停止排污侵权[②]。该案也是中国环境司法专门化以来环境法庭受理的第一例环境公益诉讼。修订后的《民事诉讼法》和《环境保护法》并没有作出赋予行政机关原告资格的规定,而是采用了开放型的立法模式。对赋予行政机关的环境民事公益诉讼的主体资格,理论研究有很多反对意见[③]。持"行政职责说"的观点认为,负有环境保护监督管理职责的部门提起公益诉讼,与其自身所享有的国家环境管理权以及应承担的保护环境的法定职责之间存在一定的内在矛盾,环境保护主管部门面对污染环境、破坏生态的行为,应依法定职权责令污染者治理污染、恢复原状。另一种反对意见"代履行职责说"是基于行政强制法对环境污染规定的代履行制度,当污染者不履行或不能履行治理污染、恢复原状时,环境保护主管部门可以代履行或委托他人代履行,其费用由污染者负担,而当污染者不支付代履行费用时,行政机关可以申请人民法院强制执行,而无须通过环境民事公益诉讼的途径。"国家利益代表说"的观点认为,负有环境保护监督管理职责的部门是国家利益的代表者,其代表国家向污染者提出赔偿损失的诉讼请求,符合民事诉讼法关于原告资格的"直接利害关系原则",属于普通的民事诉讼,不属于公益诉讼。从这个角度讲,行使海洋环境监督管理权的部门,依据《海洋环境保护法》第89条第2款对破坏海洋生态、海洋水产资源、海洋保护区,给国家造成重大损失的责任者提出的海洋自然资源与生态环境损害赔偿之诉,就是典型的由负有环境保护职责的部门代表国家提起的非

① 贵州省清镇市人民法院环境法庭(现名为"清镇市人民法院环境资源审判庭")2007年正式挂牌,是我国第一个专门环境法庭。

② 参见最高人民法院:《中国环境资源审判(2016－2017)》(白皮书),第13～16页。案件基本情况参见中国法院网:https://www.chinacourt.org/index.php/article/detail/2019/01/id/3640468.shtml,2019年1月20日最后访问。

③ "环境保护法没有赋予行政机关公益诉讼原告资格的理由",参见信春鹰:《中华人民共和国环境保护法释义》,法律出版社2014年版,第200页。

公益民事诉讼。[①] 此外，依据2017年中共中央办公厅、国务院办公厅印发的《生态环境损害赔偿制度改革方案》[②]，国务院授权省级、市地级政府作为本行政区域内生态环境损害赔偿权利人，提出的生态环境损害赔偿之诉是否属于环境公益诉讼的问题，则存在较大的争议。[③] 改革方案和现行立法中并未明确其与环境公益诉讼之间的衔接，司法实践中对于行政机关的原告主体资格认定标准并不统一。

在"白银市平川区环保局诉兰州某运输公司等侵权责任纠纷案"[④]中，白银市平川区环保局对兰州某运输公司等危险废物处理不当引起的环境污染提起侵权责任之诉，在一审、二审中均以原告不适格为由被驳回。案件在平川区人民法院和白银市中级人民法院之间因公益诉讼案定性的问题历经了两次移送。2014年4月7日，平川区人民法院以本案属于公益诉讼为由，裁定将案件移交白银市中级人民法院，白银市中级人民法院于2015年9月以本案不属于公益诉讼，属于一般侵权案件为由，将案件再次移送平川区人民法院审理。再审中，法院确认了公益诉讼的案件性质，而依据《民事诉讼法》第55条，以环保局不属于法律规定的机关，不具有提起公益诉讼的主体资格为由，驳回了环保局的再审申请。而在上文中提到的"云南省宜良县国土资源局、人民检察院诉某公民环境污染责任纠纷案"[⑤]中，昆明市中级人民法院则认为，宜良县国土资源局为保护宜良县生态、生

① 具体规则参见最高人民法院《关于审理海洋自然资源与生态环境损害赔偿纠纷案件若干问题的规定》，2017年11月20日最高人民法院审判委员会第1727次会议通过，2018年1月15日起施行，法释〔2017〕23号。也有观点将行使海洋环境监督管理权的部门提出的海洋自然资源与生态环境损害赔偿之诉归入环境公益诉讼，如汪劲：《环境法学》（第4版），北京大学出版社2018年版，第300页。

② 参见《人民日报》2017年12月18日，第1版。该方案是在2015年12月"两办"印发的《生态环境损害赔偿制度改革试点方案》的基础上制定的，试点省市包括：吉林、江苏、山东、湖南、重庆、贵州、云南。

③ 有观点认为其不属于环境公益诉讼，如汪劲：《环境法学》（第4版），北京大学出版社2018年版，第300页。

④ 参见甘肃省白银市中级人民法院（2017）甘04民再11号裁定书。

⑤ 参见昆明市中级人民法院（2012）昆环保民初字第6号判决书。

活环境,追究危害生态、生活环境的环境侵权责任,挽回环境侵权行为给社会造成的损失,代表国家向被告提起环境民事公益诉讼,是符合法律规定的。其依据是修订前的《环境保护法》第6条中“一切单位和个人都有保护环境的义务,并有权对污染和破坏环境的单位和个人进行检举和控告”的规定,以及最高人民法院法发〔2010〕18号《关于为加快经济发展方式转变提供司法保障和服务的若干意见》中“法院依法受理环境保护行政部门代表国家提起的环境污染损害赔偿纠纷案件,严厉打击一切破坏环境行为”的规定。

在“惠州市惠阳区环保局诉某运输公司与赵某等环境污染责任纠纷案”[①]中,2013年6月22日凌晨,赵某驾驶厦门某货运有限公司运载废旧机油的半挂牵引车由深圳往河源方向行驶至长深高速(惠盐段)3602公里处时,追尾碰撞前方由杨某驾驶的龙岩市某运输有限公司运载废旧机油的半挂牵引车,造成赵某受伤,两车不同程度损坏,以及两车车载废旧机油泄漏约60吨,严重污染事故现场周边环境的交通事故。事故发生后,两车运输的废旧机油泄漏污染了事发现场周边环境。惠阳区环保局委托惠州某环保服务有限公司等治污机构采取紧急措施防范污染扩大并清理污染。至2013年7月22日,此次机油泄漏造成的污染基本处理完毕,包括惠阳区环保局、当地基层政府,以及惠阳区环保局指定参加污染治理的七家污染治理机构,实施污染治理措施一共产生费用335.9855万元。2013年11月14日,惠阳区环保局向法院提起诉讼。一审法院依据《民事诉讼法》第55条,认为本案是因环境污染损害社会公共利益引起的纠纷,惠阳区环保局作为环境保护管理部门,为了维护社会公共利益,可以作为原告参与公益诉讼。二审中,法院虽同样认定惠阳区环保局的原告资格,但理由是依据环保局作为行政管理部门的代履行职责。2017年,“山东省环境保护厅诉山东金诚重油化工有限公司、山东弘聚新能源

① 参见惠州市中级人民法院(2015)惠中法民一终字第1021号判决书。

有限公司非法倾倒危险废物致害案”[①]中，济南市中级人民法院接受山东省政府以赔偿权利人身份授权山东省环境保护厅提起的生态环境损害赔偿诉讼，后依照环境民事公益诉讼案件，对其进行开庭审理。

二、环境民事公益诉讼范围

环境民事公益诉讼的对象范围既包括污染环境的行为，也包括破坏生态的行为。《民事诉讼法》第55条将环境民事公益诉讼的受案范围限定在污染环境、损害社会公共利益的行为上。《侵权责任法》第65条则仅规定了环境污染责任。《环境保护法》将其扩展为“污染环境、破坏生态，损害社会公共利益的行为”，并规定，因污染环境和破坏生态造成损害的，都适用《侵权责任法》的有关规定，承担侵权责任。

（一）环境污染与破坏生态

污染环境是指人的活动向环境排放超过环境自净能力的物质或能量，导致环境质量下降，影响人类及其他生物正常生存、生活和发展，主要是指主体排放污染物废水、废渣、放射性物质等，导致不利后果。[②] 破坏生态是指人类不合理地开发利用自然资源，过量地向环境索取物质和能量，使自然环境的恢复和增殖能力受到破坏或者导致森林破坏、水土流失、土地荒漠化、过度捕捞、生物灭绝等。生态破坏与环境污染二者是两个不同的过程，特别是生态破坏造成的后果往往需要很长的时间才能恢复，有些甚至是不可逆的。实践中两种行为不能截然分开，而是可以互为因果、相互转化。例如“江苏省徐州

---

① 参见《省政府提起环境公益诉讼追偿2.3亿》，载《山东商报》2017年12月21日，A6版；截稿日本案尚未审结。涉案刑事生效判决（2018）鲁01刑终54号刑事判决书，由济南市中级人民法院于2018年3月16日作出。

② 环境污染的定义最早由经济合作与发展组织于1974年提出。

市人民检察院诉徐州市某造纸有限公司环境污染侵权案”[1]:某造纸公司私设管道,将未经处理的生产废水排入苏北堤河,既污染了该地区的水源,也因此导致下游流域生态破坏。检察机关在履行职责中发现该案线索,遂对该案进行立案审查。经委托专家评估,确定此次生态环境损害数额为20.7万元,遂徐州市人民检察院以某造纸厂为被告提起环境公益诉讼。环境的自净能力,常常也是污染者减少或免除其责任的抗辩理由,在本案中,法院是结合苏北堤河的自净能力,以及污染物排放致使水体、水生物等生态环境发生改变的实际情况,在对环境污染及生态损害进行量化的基础上做出的判断。

(二)损害社会公共利益的行为

环境民事公益诉讼的目的是预防及修复公共利益的损害,其对象是损害或者严重危及社会公共利益的污染环境、破坏生态行为。目前法律和司法解释并未界定“公共利益”的概念[2],可以明确的是其与“私益”是截然不同的。污染环境、破坏生态的行为也可能造成私人人身、财产权益的损害,直接请求保护个人权益的诉讼不属于公益诉讼。这与受损害个体的数量无关,而与诉讼目的和诉讼请求的公益性密切相关。[3] 为保护环境公共利益,预防环境公共利益受到损害,向污染环境、破坏生态的行为人主张赔偿清污费、恢复生态治理费、生态破坏期间损失等请求,才可以纳入环境公益诉讼范围。

(三)损害社会公共利益重大风险的行为

环境民事公益诉讼既可以针对已经发生的损害社会公共利益的

---

① 参见江苏省高级人民法院(2016)苏民终1357号判决书。

② 2011年修订的《国有土地上房屋征收与补偿条例》在第58条对征收中的“公共利益”做了列举性规制。该条例不适用于解释环境公益诉讼中的社会公共利益,事实上也很难列举出公共利益的全部类型。

③ 参见最高人民法院环境资源审判庭:《〈中华人民共和国环境保护法〉条文理解与适用》,人民法院出版社2014年版,第304页。

行为,也可以针对具有损害社会公共利益重大风险的行为。[①] 这是对《环境保护法》风险防范原则的贯彻,体现了预防环境风险与损害的基本理念。《侵权责任法》中则没有使用"风险"的概念。《侵权责任法》第 15 条规定,如果危险确实存在,对他人人身、财产和社会公共利益造成现实威胁,但尚未发生实际损害的,可以提起诉讼要求"消除危险"。在环境侵权领域,可能发生的潜在危险即为风险,其盖然性比危险更低,无法预知。例如在"社会责任促进中心诉洛阳市某养殖合作社等环境污染责任纠纷案"[②]中,洛阳某养殖社未依法进行环境影响评价的项目,也未设计相应的污染防治设施和措施,长期大量排放污水,产生的废水渗入地下,严重威胁水源保护区水质的行为,即是具有"损害生态环境风险的行为"。未经环境影响评价的项目,可能会发生实际损害的后果,也可能根本不发生实际损害的后果。

司法实践中,只要行为人有违法行为,无论其是否已经带来实际的损失,相关主体就可以对要求其承担相应的法律责任,但要符合"重大"的标准。从责任法定的角度考虑,具有《环境保护法》第 63 条规定的可以处以行政拘留的 4 种情形,可以视为具有"损害社会公共利益重大风险"的污染环境、破坏生态的行为,包括:建设项目未依法进行环境影响评价,被责令停止建设,拒不执行的;违反法律规定,未取得排污许可证排放污染物,被责令停止排污,拒不执行的;通过暗管、渗井、渗坑、灌注或者篡改、伪造检测数据,或者不正常运行防治污染设施等逃避监管的方式,违法排放污染物的;生产、使用国家明令禁止生产、使用的农药,被责令改正,拒不改正的。《环境保护法》第 60 条规定的企业事业单位和其他生产经营者超过污染物排放标准或者超过重点污染物排放总量控制指标排放污染物的行为,也可以视为具有损害社会公共利益重大风险的行为。

---

① 《环境民事公益诉讼司法解释》第 1 条规定,环境民事公益诉讼的对象包括"已经损害社会公共利益或者具有损害社会公共利益重大风险的污染环境、破坏生态的行为"。

② 参见河南省高级人民法院(2016)豫民辖终 154 号裁定书。

公益诉讼所针对的违法行为,依据《环境民事公益诉讼司法解释》第19条,应承担“消除危险”的责任。从这个层面上讲,“重大风险”的适用实际上是以“危险”为限,是依据诉讼中能够掌握的证据材料和现有的科学技术水平,能够判断可能发生的具体环境损害的重大危险,不包括无法确定具体环境损害及其可能性的情形。①

三、环境民事公益诉讼与相关诉讼的衔接

环境民事公益诉讼除了与前述生态环境损害赔偿之诉的衔接尚待明确以外,其与普通环境民事侵权纠纷案件、环境行政公益诉诉讼、刑事诉讼都有涉及相关证据、判决既判力、法律责任承担顺位等衔接问题。

在环境民事公益诉讼制度确立以前,有些环境侵权案件是由环境污染侵权私益受害人(或其代表)与代表环境公共利益的环保组织作为共同原告提起的,如2009年无锡市中级人民法院审理的江阴港集装箱公司环境污染案,朱某和中华环保联合会即为共同原告。2015年后司法实践中这类案例多为分案审理,其依据2017年修订后的《民事诉讼法》第52条,当事人一方或者双方为两人以上,其诉讼标的是同一种类、人民法院认为可以合并审理并经当事人同意的,原则上由同一法院在同一程序中合并审理。而具体到环境民事公益诉讼受理法院对于合并审理的选择权,受《环境民事公益诉讼司法解释》第10条的限制,对于基于自身人身、财产损害申请参加公益诉讼的私益救济人,需告知其另行起诉。该条款规定了《民事诉讼法》第52条的例外情形,环境民事公益诉讼与普通环境民事侵权纠纷案件因其所保护的利益不同、诉讼程序的差异等,不应合并审理。《环境民事公益诉讼司法解释》第30条还特别规定了因同一污染环境、破坏生态行为提起普通民事诉讼的原告,可以主张对于环境民事公益

---

① 参见最高人民法院:《关于环境民事公益诉讼司法解释理解与适用》,人民法院出版2015年版,第273页。

诉讼生效裁判中有利于原告的部分进行直接适用。允许私益诉讼搭公益诉讼的“便车”[①]，这也是提高审判效率，防止作出相互矛盾裁判的司法经验的结晶。

环境民事公益诉讼和行政公益诉讼衔接最为紧密的案例是行政附带民事公益诉讼案。如2016年“吉林省白山市人民检察院诉白山市江源区卫生和计划生育局、白山市江源区中医院环境行政附带民事公益诉讼案”[②]：白山中医院新建综合楼时，未建设符合环保要求的污水处理设施就投入使用。吉林省白山市人民检察院调查发现白山中医院通过渗井、渗坑排放医疗污水。经对白山中医院排放的医疗污水及渗井周边土壤取样检验，化学需氧量、五日生化需氧量等均超过国家标准。白山市卫生和计划生育局在白山中医院未提交环评合格报告的情况下，对其《医疗机构执业许可证》校验为合格。白山市人民检察院提起诉讼，请求判令白山市卫生和计划生育局于2015年5月18日为白山中医院校验《医疗机构执业许可证》的行为违法；白山市卫生和计划生育局履行法定监管职责，责令白山中医院限期对医疗污水净化处理设施进行整改；白山中医院立即停止违法排放医疗污水。本案中，中医院是民事公益诉讼案的被告，其医疗污水的排放污染地下水和土壤的违法事实，与行政公益诉讼案被告江源区卫计委未履行法定监管职责，违法核验该中医院《医疗机构执业许可证》的行为，本应分别立案。为了避免同案不同判，在同一程序中查明该案事实、认定相关证据，均衡相关行政公益诉讼和民事公益诉讼案件的裁判结果，白山市中级人民法院将其并案审理，并分别作出判决。

“公益诉讼人孟连傣族拉祜族佤族自治县人民检察院与被告谢

① 参见最高人民法院：《关于环境民事公益诉讼司法解释理解与适用》，人民法院出版2015年版，第14页。

② 参见最高人民检察院指导性案例第29号，该案也是最高人民法院发布的环境公益诉讼十大典型案例之一。

某侵权责任纠纷案”①即为刑事附带民事公益诉讼案例,但本案的争议焦点是当时尚无具体规定的管辖权问题。2018 年 3 月起,刑事附带民事公益诉讼有了更为明确的依据。《检察公益诉讼解释》第 20 条规定,人民检察院对破坏生态环境等损害社会公共利益的犯罪行为提起刑事公诉时,可以向人民法院一并提起附带民事公益诉讼,由人民法院同一审判组织审理,并明确了这类案件由审理刑事案件的人民法院管辖。

当两种类型的诉讼中存在某些共同的事实和证据问题时,通过附带诉讼的方式由同一审判机构审理,既节约司法资源,提高裁判效率,又能保证裁判的社会效果,在司法实践中是值得被积极评价的。刑事责任、行政责任、民事责任三种责任方式综合运用,以提高污染者的违法成本,达到防治危险废物污染为目的。实践中,要综合考虑案件原被告主体及其违法行为的复杂性,不宜追求程序上的简化。

四、共同原告和支持起诉

共同原告和支持起诉是环境民事公益诉讼的两种不同类型的诉讼参加人制度,其目的都是集社会之合力,简化复杂而专业的公益诉讼案件的诉讼进程。《环境民事公益诉讼司法解释》第 10 条第 2 款规定,环境民事公益诉讼立案公告之日起 30 日内,符合法定条件的、有权提起诉讼的其他机关和社会组织申请参加诉讼的,人民法院应当将其列为共同原告。

司法实践中,将有关机关和社会组织列为环境民事公益诉讼案件共同原告时,前者的原告资格常常受到质疑。一方面,人民检察院作为环境民事公益诉讼原告的前提是,履行诉前公告程序后,没有法律规定的机关和适格社会组织提起诉讼。另一方面,行政机关作为共同原告,其参与环境民事公益诉讼的法律依据有待进一步完善。在“重庆市人民政府、重庆两江志愿服务发展中心诉重庆藏金阁物业

① 参见云南省普洱市中级人民法院(2017)云 08 民初 38 号裁定书。

管理有限公司环境污染责任纠纷案”[①]中，重庆藏金阁电镀工业园位于重庆市江北区港城工业园区内，入住园区电镀企业产生的废水由藏金阁公司的废水处理站负责处理。2013 年 12 月，藏金阁公司与首旭公司签订了电镀废水的《委托运行协议》，首旭公司承接藏金阁电镀工业园废水处理项目。2016 年 4 月 21 日，重庆市环境监察总队执法人员在对藏金阁公司的废水处理站进行现场检查时，发现废水处理站中两个总铬反应器和一个综合反应器设施均未运行，生产废水未经处理便排入外环境，即通过港城园区市政废水管网进入长江。针对藏金阁公司和首旭公司违法排放废水造成生态环境严重损害的违法行为，重庆市环境监察总队依据排污许可证持有主体对藏金阁公司做出追缴排污费决定以及罚款处罚决定。藏金阁公司和首旭公司故意利用暗管实施超标废水偷排，其违法行为持续时间长、排放数量大，污染物对长江干流及其下游生态区域的环境影响处于扩散状态，所造成的生态环境损害严重程度难以估量，经重庆市人民政府委托重庆市环境科学研究院鉴定评估，二被告违法排放超标废水污染生态环境造成的生态环境损害费用共计 1441.6776 万元。重庆市人民政府和重庆两江志愿服务发展中心作为原告向人民法院提起环境公益诉讼。在本案中，行政机关和环保组织都是原告，但并非环境民事公益诉讼的共同原告。人民法院确认了重庆市人民政府作为本行政区域内生态环境损害赔偿权利人，提出生态环境损害赔偿之诉的权利，以及重庆两江志愿服务发展中心合法的环境公益诉讼主体资格，并阐明两原告基于不同的规定而享有各自的诉权，但鉴于案件事实相同、诉讼目的一致、被告相同、诉讼请求基本相同，特将分别立案受理的两案合并审理。在现阶段，环境民事公益诉讼与省级或地市级人民政府提起生态环境损害赔偿诉讼的司法衔接机制尚待明确期间，本案作为普通共同诉讼审理，无疑是此类案件的一个范本。

在社会组织提起环境民事公益诉讼的情形下，检察机关、负有环

① 参见重庆市第一中级人民法院(2017)渝 01 民初 773 号判决书。

境保护监督管理职责的部门及其他机关、社会组织、企业事业单位,可以依据《环境民事公益诉讼司法解释》第 11 条和《民事诉讼法》第 15 条的规定,通过提供法律咨询、提交书面意见、协助调查取证等方式支持起诉。在“中华环保联合会诉浙江新安化工集团等公司、李强、李兆福环境污染责任纠纷案”[①]中,东营市环境保护局是支持起诉人,作为依法负有环境保护监管职能的国家行政机关,东营市环境保护局通过履行自身职责,掌握环境监管的相关基础数据和相关技术标准,并据此对案件的专业知识提供了咨询与帮助,对环境状况分析及其环境治理提供了技术支持和治理建议,支持原告中华环保联合会提起环境民事公益诉讼。[②] 出庭支持起诉更多的案例来自检察机关履行诉前程序后,社会组织和其他机关提起的环境民事公益诉讼。

由于“支持起诉人”概念的使用、其诉讼地位、权利和义务都存在较大争议[③],司法解释规范环境民事公益诉讼支持起诉制度时,并没有援引这一概念[④]。实践中,法院对支持起诉机关的主体资格,通常依据支持起诉制度标准进行判定,而搁置其地位和权利、义务的争议。

比起严格的原告资格,法律对支持起诉的主体规定较为宽泛,没有限定在与原告有保护义务的主体范围内[⑤]。除了各级检察机关、各级环境保护主管部门可以支持起诉,社会组织、其他有关机关、企事业单位也可以支持环境民事公益诉讼的起诉。实践中,法院不要求支持起诉主体具有独立法人资格,只要提供设立内设机构的相关文

---

① 参见中国裁判文书网(2017)鲁民终 1577 号法律文书。

② 负有环境保护监督管理职责的部门支持起诉的作用和意义,参见杨朝霞:《论环保部门在环境民事公益诉讼中的作用——起诉主体的正当性、可行性和合理性分析》,载《太平洋学报》2011 年第 4 期。

③ 参见潘申明:《比较法视野下的民事公益诉讼——兼论我国民事公益诉讼制度的建构》,华东政法大学 2009 年博士学位论文,第 307 页。

④ 参见最高人民法院环境资源审判庭:《最高人民法院关于环境民事公益诉司法解释理解与适用》,人民法院出版社 2015 年版,第 164 页。

⑤ 参见丁慕英:《中国民事诉讼法教程》,中国检察出版社 1993 年版。

件，该内设机构负责人的任职证明和身份证明等作为确认其参加诉讼资格的审查文件，法人内设机构也可以参与支持环境民事公益诉讼，如环境资源法研究和服务中心支持起诉的一些公益诉讼案例①。但修订后的《民事诉讼法》还是没有赋予公民个人支持起诉的权利，理论上可以为原告提供精神鼓励、物质援助和法律帮助的公民个人或群体，在目前的环境民事公益诉讼制度中，依旧无法成为支持起诉的主体。②

五、司法鉴定

司法实践中原告代理律师反映较为强烈的鉴定难问题，并没有获得更多的支持。最高人民法院发布的环境公益诉讼典型案例中，"江苏省镇江市生态环境公益保护协会诉江苏优立光学眼镜公司固体废物污染民事公益诉讼案"③被视为法院在案件审理中积极采取委托鉴定、调查等方式，依照《固体废物污染环境防治法》的规定，依法确认案涉固体废物的属性，较好发挥了司法的能动作用。优立公司是江苏省丹阳市一家生产树脂眼镜镜片的企业。2006 年，丹阳市环境保护科技咨询服务中心作出的环境影响报告表认定，当地眼镜生产加工企业因树脂镜片磨边、修边工段产生的树脂玻璃质粉末废物为危险废物 HW13。2014 年 4 月至 7 月，优立公司将约 5.5 吨该类废物交给 3 名货车司机，倾倒于某拆迁空地，造成环境污染。丹阳市环境保护局对污染场地进行初步清理，将该废物连同被污染的土壤挖掘并予以保管，镇江公益协会遂向人民法院提起环境公益诉讼。其

① 环境资源法研究和服务中心，又称"污染受害者法律帮助中心"，成立于 1998 年 10 月 8 日。是经中国政法大学批准，司法部备案的民间环境保护团体。其支持环境公益诉讼的案例如：2017 年自然之友诉云南江川仙湖锦绣旅游物业发展有限公司环境民事公益诉讼，2016 年 12 月 21 日，自然之友、绿发会诉江苏常隆化工有限公司等三被告环境污染责任纠纷环境民事公益诉讼案。参见常州市中级人民法院民事判决书(2016)苏 04 民初 214 号。

② 参见最高人民法院环境资源审判庭：《最高人民法院关于环境民事公益诉司法解释理解与适用》，人民法院出版社 2015 年版，第 160 页。

③ 参见 2017 年 3 月 7 日最高人民法院发布《环境公益诉讼十大典型案例》。

他在司法鉴定方面的探索，还有待进一步推进。

作为特殊的民事诉讼案件，环境民事公益诉讼允许专家辅助人出庭就鉴定人作出的鉴定意见或者就因果关系、生态环境修复方式、生态环境修复费用以及生态环境受到损害至恢复原状期间服务功能的损失等专门性问题，作出说明或提出意见。根据《环境民事公益诉讼司法解释》第15条第2款的规定，经质证后专家辅助人的说明和意见可以作为认定事实的根据。

六、责任承担形式多样化

在环境民事公益诉讼中，针对生态环境的损害无法恢复的问题，除了停止侵害、消除妨碍、消除危险，司法实践中也一直在探求更为合理的解决方案，依据《环境民事公益诉讼司法解释》第18条，原告还可以请求被告承担恢复原状、赔偿损失、赔礼道歉等民事责任。

（一）人工修复环境与承担相应修复费用

修复受损害的生态环境是环境公益诉讼的一项重要功能。《环境民事公益诉讼司法解释》第20条规定，原告请求恢复原状的，人民法院可以依法判决被告将生态环境修复到损害发生之前的状态和功能。无法完全修复的，可以准许采用替代性修复方式。人民法院确定被告不履行修复义务时应承担的生态环境修复费用，可以通过鉴定或者按照第23条的标准，结合污染环境、破坏生态的范围和程度、生态环境的稀缺性、生态环境恢复的难易程度、防治污染设备的运行成本、被告因侵害行为所获得的利益以及过错程度等因素，并可以参考负有环境保护监督管理职责的部门的意见、专家意见等，予以合理确定。例如“河南省企业社会责任促进中心诉铜仁市某汞业公司等环境污染责任纠纷案”①，法院在认定被告某汞业公司应承担的环境修复责任时，根据专家出具的修复方案，可选择人工恢复措施：对事

① 参见河南省高级人民法院(2017)豫民终232号判决书。

故区域地表进行认真清理,彻底清除地表散落的颗粒状及粉状汞触媒,并按危险固废的相关要求由肇事方进行处置;受污染土壤采用客土法修复方式完成,即将污染土壤铲除后按危险品安全填埋,并从周边区域采取未污染土壤进行回填。同时判决被告如不履行环境修复义务,应当承担环境修复费用,并依据损害评价报告确定其环境监测和土壤修复的赔偿数额。本案适用了《推荐方法Ⅱ》[①]对恢复原状和赔偿损失两种主要生态环境损害侵权责任承担方式,提出的替代等值分析方法和环境价值评估方法,以及"虚拟治理成本法"。[②]

在"张某某等1721人与福建省(屏南)榕屏化工有限公司环境污染责任纠纷案"[③]中,福建省(屏南)榕屏化工有限公司(以下简称榕屏公司)自1995年投产后,对周边地区陆续造成污染,排放的废水、废气、废渣,对环境和人体造成严重损害。特别是排放的氯气,造成大片树林、竹林、果树、庄稼枯死,鱼虾不能生存。对此,有现场勘验报告和当地乡人民政府出具的《屏城乡溪坪村受榕屏公司污染情况》佐证,江西惠普会计师事务所据此提出了损失计算标准。张某某等1721人提起诉讼,请求判令榕屏公司立即停止侵害,赔偿农作物及竹、木等损失,清除厂内及后山废渣。本案是人民法院首次通过判决明确支持期间损失的赔偿请求。人民法院的判决除了赔偿山场林木、果树、毛竹和农作物等损失68.42万元以外,也同时要求榕屏公司承担修复生态环境的责任,在限期内对厂内及后山的含铬废渣进行清理,并按规范进行处置,对原后山的堆场进行封场。该案也为人工恢复受损生态系统提供了基础。

---

① 在对《环境污染损害数额计算推荐方法(第Ⅰ版)》进行修订的基础上,原环境保护部办公厅2014年10月24日印发了《推荐方法Ⅱ》。

② 2017年原环境保护部办公厅《关于生态环境损害鉴定评估虚拟治理成本法运用有关问题的复函》(环办政法函〔2017〕1488号)中明确了因生态环境损害观测或应急监测不及时等原因导致损害事实不明确或者生态环境已自然恢复时,可以适用虚拟治理成本法。

③ 参见2014年7月最高人民法院公布的九起环境资源审判典型案例。

(二)期间损害的赔偿责任

根据《推荐方法Ⅱ》,期间损失是指生态环境损害发生至生态环境恢复到基线状态期间,向公众或其他生态系统提供服务的丧失或减少,即受损生态环境从损害发生到其恢复至基线状态期间提供生态系统服务的损失量。《环境民事公益诉讼司法解释》第21条规定,赔偿责任的内容包括生态环境受到损害至恢复原状期间服务功能的损失。《生态环境损害赔偿制度改革方案》也将其列为生态损害赔偿范围。首例损害赔偿判决出自"北京市朝阳区自然之友环境研究所、福建省绿家园环境友好中心诉谢某等四人破坏林地民事公益诉讼案"①。法院认为,被告谢某等人的行为不仅严重破坏了林地的原有植被,还造成了植被受损至恢复原状期间生态服务功能的损失,因此除需要承担恢复林地植被的侵权责任外,还需赔偿生态环境被修复之前生态功能的损失共计127万元,用于原地成地生态修复。同时承担生态修复责任和期间损害赔偿责任,提高了破坏生态行为的违法成本,是保护生态环境的价值理念的体现②。在上文提到的"江苏省徐州市人民检察院诉徐州市某造纸有限公司环境污染侵权案"③中,由于河水的流动性,造纸公司污染物排放点的水质有可能好转,更多是污染物迁移向下游转移并逐步扩散,存在于整个生态环境系统。即使随着时间的推移,经生态系统的自然净化,污染物总量有可能减少,但在生态环境自净期间,环境的整体质量已经下降,生态环境的承载能力受到不利影响,对下游水生态造成损害,存在服务功能损失。因此,徐州市人民检察院要求某造纸公司将其污染的苏北堤河环境恢复原状并赔偿服务功能损失。本案中因河水流淌、污染物扩散,无法获得实际工程修复费用,法院根据《推荐方法Ⅱ》虚拟治理

---

① 该案是最高人民法院2015年12月29日发布的10起环境侵权典型案例之一。

② 参见王灿发:《新〈环境保护法〉实施情况评估报告》,中国政法大学出版社2016年版,第106~107页。

③ 参见江苏省高级人民法院(2016)苏民终1357号判决书。

成本法[①],最终确定被告应承担生态环境修复费用及期间损害赔偿共计105.82万元。后一部分责任用以赔偿被告行为造成生态环境破坏至生态功能被修复期间,不能向公众提供本应具有的生态服务功能的损失。

七、环境民事公益诉讼结案方式

环境民事公益诉讼的结案方式较为灵活。实践中判决、调解、和解的结案方式都有。例如"北京市朝阳区自然之友环境研究所诉山东某化工股份有限公司大气污染民事公益诉讼案"[②],便是由法院主持达成了调解协议。被告公司下属热电厂持续向大气超标排放污染物,并存在环保设施未经验收即投入生产、私自篡改监测数据等环境违法行为。2014年至2015年,多个环境保护主管部门先后对被告进行了多次行政处罚,山东省环境保护厅责成其停产整改、限期建成脱硫脱硝设施,环境保护部对该公司进行过通报、督查。自然之友诉请人民法院判令被告停止超标排污,消除所有不遵守环境保护法律法规行为对大气环境造成的危险;判令被告支付2014年1月1日起至被告停止侵害、消除危险期间所产生的大气环境治理费用,具体数额以专家意见或者鉴定结论为准等。人民法院审理本案期间,被告纠正违法行为,全部实现达标排放,监测设备全部运行并通过了东营市环境保护局的验收。经法院主持调解,被告自愿承担支付生态环境治理费300万元。调解或和解[③]结案在民事诉讼中的优势,如降低诉讼成本、利于后期执行等都可以充分体现出来。特别是涉及环境损害,除了常见的高额鉴定成本以外,修复环境的时间成本也明显低于对抗性诉讼。环境民事公益诉讼的调解,涉及重要的社会公共利益,

---

① 虚拟治理成本法的具体计算方法见《突发环境事件应急处置阶段环境损害评估技术规范》。

② 参见2017年3月7日最高人民法院发布的《环境公益诉讼典型案例》。

③ 依法达成和解协议后,以原告撤诉结案,无法依据司法判决调查统计。

因此法律对原告的处分权作了更为严格的限制，根据《环境民事公益诉讼司法解释》第25条，法院在双方当事人达成调解或和解协议之后，应依法公示调解协议内容，允许他人在一定期限内提出异议，公告期间不少于30日；公告期间届满后，法院应主动对调解协议内容是否损害社会公共利益进行审查，确保调解符合公益诉讼目的，生态环境损害能够得到及时有效救济，若认为原告相关处分损害国家利益、社会公共利益或者他人合法权益的，应当不予确认。

第五节 “非组织公众”参与环境公共决策诉诸法律的局限性

涉及公众参与的四类环境诉讼案例中，除公众环境信息知情权外，决策程序中其他形式的公众参与权尚不具备可诉性，公众参与的司法救济规则存在主体及范围等方面的适用困境。行政救济虽然理论上更便捷、更符合预防为主的环境治理基本原则，但实践中通过行政复议来保障公众参与权的效果并不显著。综合分析“非组织公众”参与环境公共决策诉诸法律，主要存在以下几方面问题。

首先是理念问题。社会公众对公众参与的认知及规范仍停留在提高环保意识的教育宣传阶段，主动参与环境决策的理念尚未形成，诉诸法律实现公众参与权的意愿不强。原环境保护部2014年的调查显示出中国公众的环境法制意识和维权意识都不足50%。[①] 环境意识应是公众参与机制建立的前提，并非公众参与机制建立的归宿。

---

① 数据参见《全国生态文明意识调查研究报告》，载《中国环境报》2014年3月24日，第2版。

缺乏专业知识不应成为公众实质性参与的阻碍。[①]

其次是规则问题。公众参与环境公共决策以及其他行政决策的规定还处于法律原则范畴,较少可规范或指导实践中公众参与行为的具体法律程序,时间、周期、责任机构、参与权限的规定大多过于笼统。各类型公众的参与模式与程序未做区分。随着环境问题的凸显,"非组织公众"要求环境信息公开的意识增强,实践中环境知情权中的"公众依申请获取环境信息"和"环境信息公开"保障范围差别较大,制度构建时绝不能以后者代替前者。无论是立法还是实践中,环境影响评价程序中的公众参与都称得上是中国公众参与的先锋,但由"环评"公众参与到"非环评"公众参与范围的进一步扩大还有很长的路要走。

鉴于环境法律、政府决策与公众表达之间的复杂互动关系,保证有效公众参与的制度,是避免因建设项目环评等环境公共决策引发群体性事件的关键,是当前中国环境法实施的重要路径。[②] 如2007年"厦门PX项目"、2009年"广东番禺垃圾焚烧厂项目"和2012年"四川什邡钼铜项目"等在邻避设施的建设选址过程中都存在无效公众参与的情形。[③]

再次是主体问题。新《环境保护法》中备受争议的公益诉讼主体资格限制,只是主体问题的冰山一角。更多的问题是,公众参与环境公共决策的行政程序中,基于主体规定不明确,在实践中对"公众"的

---

① 参见金自宁:《跨越专业门槛的风险交流与公众参与透视深圳西部通道环评事件》,载《中外法学》2014年(第26卷)第1期。不同观点见郑卫:《我国邻避设施规划公众参与困境研究——以北京六里屯垃圾焚烧发电厂规划为例》,载《城市规划》2013年(第37卷)第8期。其认为技术理性的城市规划传统、政府集权制的规划决策模式、城市规划实施机制过度行政化、邻避设施规划涉及利益的复杂性和公众参与主体能力建设不足是公众参与困境产生的主要原因。

② 参见陈海嵩:《绿色发展中的环境法实施问题:基于PX事件的微观分析》,载《中国法学》2016年第1期。

③ 参见吴宇:《建设项目环境影响评价公众参与有效性的法律保障》,载《法商研究》2018年(第35卷)第2期。

要求限制过多,有些公众参与程序甚至以专家研讨代替公众参与,“非组织公众”由于利益分散,更是难以在环境公共决策中真正实现“参与权”。在法律意义上只有环保组织和机构才是“公众参与”中“环境保护”的维护者,实践中常见的情形是环保组织和其他利益相关公众,特别是非组织公众,对同一公共决策存在差异性诉求。

自20世纪六七十年代环境保护组织兴起,在全球范围内的环境保护及可持续发展的立法与实践中都发挥了至关重要的作用。中国环保社会组织更是生态文明建设和绿色发展的重要力量。其在现行环境公众参与制度的框架下,在提升公众环保意识、促进公众参与环保、开展环境维权与法律援助、参与环保政策制定与实施、监督企业环境行为等方面的地位也日益凸显。不可否认,环境保护组织是“环境公共利益”的法定维护者,是一切环境事宜的“利益相关公众”,但其不能代替以非组织形式出现的利益相关公众或其他普遍性公众在参与行政决策中的地位和作用。“环保组织公众”、“利益相关公众”和“普遍性公众”作为参与公众,在环境公共决策中有不同的利益与诉求,应否以及如何保障不同类型公众与其地位及功能相适应的参与权限,如何协调公众在实践中的不同利益与诉求,仍有待进一步探索。

最后是保障形式和救济问题。现有的公众参与包括咨询、信息获取、听证、监督、公益诉讼等形式,但制度规范体系尚未建立,形式的多样化还没有充分体现,公众参与环境公共决策的功能和价值也由此受到了限制。在立法和实践中,“非组织公众”参与权的行政和司法救济途径都尚未明确。生态文明建设中公众参与环境公共决策,特别是“非组织公众”参与权保障制度,不等同于“公众参与环境保护”制度。

如果将环境信息公开首要法益视为公众环境知情权,政府环境信息公开进入司法程序之前,相对人依法还有其他几种救济途径:公民、法人和其他组织认为环保部门不依法履行政府环境信息公开义务的,可以向其上级环保部门举报。收到举报的环保部门应当督促下级环保部门依法履行政府环境信息公开义务。公民、法人和其他组织发现重点排污单位未依法公开环境信息的，有权向环境保护主管部门举报。接受举报的环境保护主管部门应当对举报人的相关信息予以保密，保护举报人的合法权益。公民、法人和其他组织认为环保部门在政府环境信息公开工作中的具体行政行为侵犯其合法权益的，包括向行政机关申请获取政府信息，行政机关拒绝提供或者逾期不予答复的；认为行政机关提供的政府信息不符合其在申请中要求的内容或者法律、法规规定的适当形式的，可以依法申请行政复议或者提起行政诉讼。

公众参与环境影响评价的救济制度，在现有司法实践中主要有两种类型：可能造成不良环境影响并直接涉及公众环境权益的工业、农业、畜牧业、林业、能源、水利、交通、城市建设、旅游、自然资源开发的有关专项规划的环境影响评价，和依法应当编制环境影响报告书的建设项目的环境影响评价都要求公众参与。根据《环境影响评价法》第5条的规定，公众应参与环境影响评价，可以参与环境影响报告书的制作、审查与监督等阶段的活动。前两个阶段的环境影响评价程序中的公众参与要求规定的较为具体，监督阶段的公众参与形式可参考其他针对环境行政决策行为的举报和行政诉讼。现行建设项目环境影响评价制度中“非组织公众”参与还处于象征性参与的阶段，参与的方式主要包括信息公开、听证会、座谈会等，且不具有直接的可诉性。根据《环境影响评价公众参与办法》第24条、第25条，公众举报环境影响评价书中违法行为的，生态环境主管部门应当依法处理，必要时，还可以通过适当方式向公众反馈意见采纳情况；对未充分征求公众意见的相关建设项目，应当责成建设单位重新征求公众意见，退回环境影响报告书。任何单位和个人对规划实施过程中产生的重大不良环境影响，都可以根据《规划环境影响评价条例》第6条，向规划审批机关、规划编制机关或者环境保护主管部门举报。

在环境保护领域，相对于实践中数量庞大的污染环境与破坏生态行为，行政执法机关受其人员数量、技术水平的限制，不可能对每一个违法行为都主动出击,予以制止或处罚,监管疏漏在所难免。而作为这些违法行为的受害者或亲历者,有权利也有动力向执法机关进行举报,以保护自身合法权益。从更广的范围来看,生态环境的保护与人民群众的切身利益息息相关,任何人都有权关心环境安全,法律也鼓励每个人亲身参与环境保护,但实践中由于私力救济受到法律的严格限制,通过法定途径积极向相关部门举报成为公众对抗环境违法行为的重要形式。

公众以环保举报的形式参与环境公共事务,作为公众参与的重要制度,是2014年修订的《环境保护法》的一个创设,这是原《环境保护法(试行)》中“依靠群众”方针的发展和具体化。环保举报制度的确立,对于实践中数量庞大的污染环境与破坏生态行为的发现和查处,避免监管疏漏,扩大公民、法人和其他组织在现有公众参与保障机制条件下的公众参与权都有非常积极的作用。在2012年《民事诉讼法》及2014年《环境保护法》修订以前的司法实践中,审理环境民事公益诉讼案件时,法院一般通过扩大解释原《环境保护法》第6条第1款关于“一切单位和个人都有保护环境的义务,并有权对污染和破坏环境的单位和个人进行检举和控告”的规定,认定提起公益诉讼的环境保护主管部门、检察机关或者环保类社会组织具有诉讼主体资格。[①] 修订后的《民事诉讼法》《环境保护法》对环境公益诉讼的起诉主体有明确的限制性规定,《环境保护法》第57条关于公民、法人和其他组织进行环境举报的接受机关也明确不包括法院。环境举报权,既不同于宪法所赋予的检举和控告权,也不能解读为提起环境公益诉讼的权利,立法者明晰了公众在环境保护事务中这三种不同的参与权。公民、法人和其他组织,不能援引环境举报条款提起环境公益诉讼,如何对举报程序进行救济,是个值得进一步思考的问题。

---

① 参见最高人民法院环境资源审判庭:《〈中华人民共和国环境保护法〉条文理解与适用》,人民法院出版社2014年版,第301页。

环境公益诉讼制度无疑是新《环境保护法》实施前后的热点。理论研究对于环境公益诉讼中的诉权进行了深入的讨论，并与司法实践形成了互动。[①] 无论是环境民事公益诉讼还是环境行政公益诉讼的制度和司法实践中，“非组织公众”都不能直接提起环境公益诉讼。环境行政公益诉讼的原告限于检察机关；环境民事公益诉讼的启动主体也仅扩大到以环境保护为宗旨的社会组织。环境公共决策中“非组织公众”参与权保障制度中的问题，在司法实践中进一步显露出来。作为环境公共利益损害的直接感受者，个体公众提起环境公益诉讼，保护环境公共利益，应是其参与环境保护的重要途径和应有之义。[②] 实践中虽有诉讼过程中听取利益相关非组织公众意见，以平衡群体利益，增强纠纷处理结果合理性的尝试。[③] 作为保障公众参与权的重要途径，环境公益诉讼中个体公众参与的资格和条件仍悬而未决。环境民事、行政和刑事诉讼的衔接和结合点尚不明确。[④] 通过“环境公共决策参与权”的行政和司法双轨救济制度，实现公众环境权和整体环境利益司法保障，将是环境公益诉讼制度发展的重要课题。

---

① 特别是赋予公众环境公益诉讼原告资格的正当性和价值意义的研究，参见刘素芳：《公众作为环境公益诉讼原告资格的审视与思考》，载《人民论坛》2016 年第 11 期；王家庭、曹清峰：《京津冀区域生态协同治理：由政府行为与市场机制引申》，载《改革》2014 年第 5 期。

② 参见张锋：《我国公民个人提起环境公益诉讼的法律制度构建》，载《法学论坛》2015 年(第 30 卷)第 6 期。

③ 参见巩固：《环境民事公益诉讼性质定位省思》，载《法学研究》2019 年(第 41 卷)第 3 期。

④ 参见王彬辉：《新〈环境保护法〉“公众参与”条款有效实施的路径选择——以加拿大经验为借鉴》，载《法商研究》2014 年(第 31 卷)第 4 期。

第四章　公众参与环境公共决策权利保障的国际法规范

20世纪60年代以来，随着人类活动对环境破坏加剧，日益严重的环境污染逐渐危及人类的社会经济发展、身体健康以至生命安全，环境问题日益成为国际社会普遍关注的焦点，人们环境意识和民主意识的普遍觉醒，掀起了持久不衰的全球环保主义运动，揭开了现代国际环境法时代的序幕。[①] 公众参与环境事务决策从一开始就是国际环境法的重要议题和目标。公众参与环境事务机制也与国际环境法的发展一道，经历了从“软法”到国际公约，从统一实体规范到构建程序规则的演变。

第一节　从“软法”到国际条约

不同于国内法中对于“软法”的概念和范围界

① Peter H. Sand 认为《斯德哥尔摩宣言》和《里约宣言》囊括了现代国际环境法时代，参见 Peter H. Sand, “The Evolution of International Environmental Law”, in Daniel Bodansky, Jutta Brunnée, and Ellen Hey, eds., *The Oxford Handbook of International Environmental Law*, Oxford, Oxford University Press, 2007, pp. 33 – 35。

定的争议[①],自20世纪80年代首次被使用,国际法学界对"软法"的界定逐渐形成了一个基本共识:"软法"是界于"硬法"与"非法律"之间的一个国际法的重要概念[②];"软法"的范围至少包括规范国际组织内部机构和成员的章程、规则、原则,以及规范国与国之间关系的一系列协议、指南、行为准则、宣言、号召、倡议、纲要等。[③] 这些以文件形式确定的,不具有法律约束力,但可能具有某些间接法律影响的行为规则,以产生实际的效果为目标。[④] 在公众参与环境事务相关的国际法领域,早期的"软法"承载了人类普遍环境观念和价值追求。其虽不具有强制力和约束力,但在统一国际社会环境保护的整体认识,宣誓国际社会道德和法律的目标,指引未来国际法的发展方向,指导国际交往和国内立法等方面都具有重要的意义。[⑤] 这其中最重要的国际法文件无疑是最早提出公民环境权的《斯德哥尔摩宣言》以

① 中国文献中有关"软法"的讨论多以弗朗西斯·施尼德(Francis Snyder)定义的"软法"(Soft Law)概念为起点,即"软法是原则上没有法律约束力,但有实际效力的行为准则"。参见 Francis Snyder, "Soft Law and Institutional Practice in the European Community", in Steve Martin, eds., *The Construction of Europe – Essays in Honour of Emile Noe*, Kluwer Academic Publishers, 1994, p. 198。如姜明安:《软法的兴起与软法之治》,载《中国法学》2006年第2期;罗豪才、毕洪海:《通过软法的治理》,载《法学家》2006年第1期。

② 软法在国际法中的作用和意义,参见 Gregory C. Shaffer and Mark A. Pollack, "Hard vs. Soft Law: Alternatives, Complements, and Antagonists in International Governance" Minnesota Law Review 94, 2010, pp. 706 – 799. Pierre – Marie Dupuy, "Soft Law and the International Law of the Environment", in *Michigan Journal of International Law* 12, 1991, pp. 420 – 435。

③ 国际法中的"软法"通常包括以"recommendations""notices""protocols""guidelines""codes of conduct""communications""checklists""declarations""rules"等命名的文件。参见 Bryan H. Druzin, "Why does Soft Law Have any Power Anyway?", in *Asian Journal of International Law* 8, 2016, p. 1。

④ Senden 将"软法"定义为 "rules of conduct that are laid dowen in instruments which have vot been attributed legally binding force as such, but nevertheless may have certain (indirect) legal effects, and that are aimed at and may produce practical effects." 参见 Linda Senden, *Soft Law in European Community Law*, Portland Oregon, Hart Publishing, 2004, pp. 111 – 113。

⑤ 参见万霞:《国际法中的"软法"现象探析》,载《外交学院学报》2005年第1期。"软法补充硬法对人与自然关系的调整的作用",参见姜明安:《软法的兴起与软法之治》,载《中国法学》2006年第2期。

及最早确立公民参与环境事务决策权利的《里约宣言》。

一、公众参与在国际环境法中的源起:《斯德哥尔摩宣言》

国际环境法和环境事项公众参与权有一个共同的国际“软法”源起,这就是《斯德哥尔摩宣言》。① 1972 年 6 月 5 日至 16 日,113 个国家以及大量的政府间组织和 250 多个非政府组织的代表共同参加了在斯德哥尔摩举行的联合国人类环境大会,②会议通过了三个不具有国际“软法”性质的文件:关于机制和金融安排的决议,包含 26 条环境与发展原则的宣言,以及人类环境行动计划。这不仅标志着国际环境法的诞生,也使公众参与环境治理成为重要的国际议题。③《斯德哥尔摩宣言》将人类有权在一种能够过着尊严和幸福生活的优良环境中,享有自由、平等和充足的生活条件的基本权利,并且负有保护和改善这一代和将来的世世代代的环境的庄严责任,视为首要原则。凡是促进或维护种族隔离、种族分离与歧视、殖民主义和其他形式的压迫及外国统治的政策,应该受到谴责,必须予以肃清。宣言第 1 条原则就把环境保护与人权准则联系起来,将环境权利提升到与其他人权同样的高度。宣言首次在全球层面表达了为当世后代的利益而保护和改善环境是人类基本责任的观点:“现在已达到历史上这样一个时刻:我们在决定在世界各地的行动时,必须更加审慎地考虑它们对环境产生的后果。由于无知或不关心,我们可能给我们的生活

① 《斯德哥尔摩宣言》的重要意义参见 Alexandre Charles Kiss, Dinah Shelton, *A Guide to International Environmental Law*, Leiden/Boston, Martinus Nijhoff Publishers, 2007, pp. 32 - 37。

② 联合国人类环境会议(United Nations Conference on the Human Environment)是基于联合国大会第 2398(XXⅢ)号决议而举行的。瑞典早在 1968 年的联合国经济及社会理事会(ECOSOC)中,就建议联合国要针对人类对环境的影响来举行会议。联合国经济及社会理事会在 1346 号决议对此表示赞成。《斯德哥尔摩宣言》文本见《联合国人类环境会议报告书》(文件号:A/CONF. 48/14/Rev. 1),第 3 ~ 8 页。

③ 《斯德哥尔摩宣言》对于“环境法中公众参与权的启蒙意义”,参见 Mei Wu, Öffentlich - keitsbeteiligung an umweltrechtlichen Fachplanungen, Baden - Baden, Nomos Verlag, 2013, S. 91。

幸福所依靠的地球环境造成巨大的无法挽回的损害。反之,有了比较充分的知识和采取比较明智的行动,我们就可能使我们自己和我们的后代在一个比较符合人类需要和希望的环境中过着较好的生活。改善环境的质量和创造美好生活的前景是广阔的。我们需要热诚而平静的心境,全心全力而井井有条的工作。为了在自然界里取得自由,人类必须利用知识,同自然合作,建设一个更良好的环境。为了当代和后世,护和改善人类环境,已经成为人类一个紧迫的目标,这个目标同争取和平、全世界的经济与社会发展这两个既定的基本目标共同和协调地实现。"[①]第 19 条原则提出为了实现前述目标,要求公民和团体、企业和机关平等地从事共同的努力,必须对年轻一代和成人进行环境意识教育,以更广泛地扩大个人、企业和社会在保护和改善人类各种环境方面提出开明舆论和采取负责行为的基础,俾对环境,顾到它对人类的充分含义,加以保护和改善。

斯德哥尔摩会议是对人类的环境影响的首次整体性评估,《斯德哥尔摩宣言》虽是未详述规范性立法的"软法",但其在全球多边层面对提高环境问题认识、推进国际环境行动主义,以及在国际环境决策界对经济和环境协调发展原则和公众参与权的确立都产生了重要而深远的影响。

二、公众参与以保护自然为目的:《世界自然宪章》

斯德哥尔摩会议召开 10 年后,联合国通过了强调将保护自然本身作为目的的《世界自然宪章》[②]。《世界自然宪章》由刚果民主共和国提议,得到了发展中国家的大力支持。《世界自然宪章》的实施部分,规定了公民参与环境决策的重要程序内容。第 15 条和第 18 条指出了收集和传播环境信息的重要性,第 15 条指出生态教育应成为

① 《斯德哥尔摩宣言》序言部分第六段。

② 1982 年 10 月 28 日联合国大会第 37/7 号决议正式通过的全球自然保护的纲领性文件。所审议联合国秘书长报告见联合国文件 A/36/539。

普通教育的一部分,第 18 条强调科学研究,以及不受任何限制地传播科研成果。第 16 条提出收集和散发环境信息与有效的公众参与之间的重要联系:“所有规划工作都应将拟订保护大自然的战略、建立生态系统的清单、评估建议的政策和活动对大自然的影响等列为基本要素;所有这些要素都应以适当方式及时公告周知,以便得到有效的磋商和参与”。第 23 条规定了个人有机会单独或与他人一起参与制定与他们的环境直接相关的决策,同时也强调了公众参与诉诸法律机制的重要性:“人人都有机会按照本国法律个别地或集体地参与拟订与其环境直接相关的决定;遇到此环境受损或退化时,应有办法请求补救”。《世界自然宪章》第 24 条明确指出个人有享受健康环境的权利,也有通过多渠道参与保护环境的责任。《世界自然宪章》之后,另一个对公众参与环境事务决策国际立法产生重大影响的是联合国大会第 45/94 号决议,①决议承认人人都有权利在适合其健康和福祉的环境中生活,并呼吁成员国以及处理环境问题的政府间和非政府组织进一步努力,确保拥有更加美好和健康的环境。在大会的呼吁下,联合国防止歧视及保护少数民族小组委员会通过 3 年的研究完成了关于人权与环境的最终报告。② 这份报告收集了各国宪法关于环境保护的规定,是对环境与人权关系最细致描述的联合国文件,也是国际环境法公众参与的重要文献。③

三、公众参与原则的确立:《里约宣言》《21 世纪议程》

第二次全球环境会议,是在《布伦兰特报告》④的催生下召开的。

---

① 1990 年 12 月 14 日联合国大会决议第 45/94 号。

② Review of Further Developments in Fields with which the Sub - Commission has been Concerned: Human Rights and the Environment,报告原文为英语和法语,见联合国文件第 E/CN. 4/Sub. 2/1994/9 号。

③ E/CN. 4/Sub. 2/1994/9, pp. 53 - 54.

④ 根据联合国大会 1983 年 12 月 19 日第 38/161 号决议设立的世界环境和发展委员会,于 1987 年 8 月 4 日,为大会编写了一份《发展和国际经济合作环境——世界环境与发展委员会的报告》。时任世界环境和发展委员会主席是挪威首相布伦特兰夫人,因而被称为《布伦兰特报告》。

这个由世界环境和发展委员会基于4年研究成果形成的报告,题目为《我们共同的未来》。报告系统探讨了人类面临的一系列重大经济、社会和环境问题,形成了"可持续发展"的重要概念,将其定义为"既能够满足当代人需要,又不影响子孙后代满足他们自身需要的发展"。[①] 在《布伦兰特报告》以前,"我们为后世子孙托管地球"[②]的观点已经被提出,最早的案例可以追溯到19世纪——1893年的太平洋海豹仲裁案,但"今世后代的发展权"并没有被当时的仲裁庭采纳作为裁决依据。[③]《布伦兰特报告》之后,国际法院在案件审理和判决中都考虑了"可持续发展"这个目标。如1997年匈牙利和斯洛伐克的加布奇科沃大毛罗斯项目案,判决第140段中提到国家在计划新活动时和在继续过去已经开始的活动时,都应该充分考虑这些新的准则和标准;可持续发展这一理念清楚地指出要使经济发展与保护环境相适应。[④] 以可持续发展为宗旨,报告第20条提出加强环境法治,鼓励社会组织参与环境事务决策;地方社团对决策最重要有效的参与可以帮助他们明确表达他们的意见和有效地实施他们共同的利益。[⑤] 另一个典型案例发生在菲律宾,一些未成年人与他们的父母成立了一个组织,对环境与自然资源部部长提出上诉,要求取消所有现存的伐木许可,从而防止森林退化。原告方的儿童表示他们代表了自己这一代人以及还未出生的后代。[⑥] 菲律宾最高法院认为代际责

---

① 报告原文见联合国文件 A/42/427。"可持续发展"被用来表示一系列价值理念,这些理念更好地考虑到了此前未曾发觉的传统发展方式对于环境的影响。

② Edith Brown Weiss, "Our Rights and Obligations to Future Generations for the Environment", *American Journal of International Law* 84, 1990, pp. 198 – 199.

③ Philippe Sands, *Principles of International Environmental Law I: Frameworks, Standards and Implementation*, Manchester and New York, Manchester University Press, 1995, pp. 199 – 200.

④ "加布奇科沃大毛罗斯(Gabčíkovo – Nagymaros)项目案"参见国际法院(ICJ)1997年2月25日关于该案的裁决报告,第7页。

⑤ 联合国文件 A/42/427, 第85 ~ 86页。

⑥ Minors OPOSA v. Secretary of the Department of Environment and Natural Resources, *International Legal Materials* 33, 1994, No. 168.

任在法律上是应该被认可的,案件中儿童们的立场是他们对于保护后代人权利的合法表达,法院授予其代表未来后代针对健康和生态环境的相关事项进行起诉的法律资格。

基于1989年12月联合国大会确定的环境与发展会议议程,[①]1992年6月3日至14日,联合国环境与发展会议于巴西里约热内卢举行。与会者来自183个国家和地区,比20年前的人类环境会议增加了60多个,其中有来自包括欧盟在内的50多个政府间组织和几百个非政府组织的代表。会议上,签署了有国际法律约束力的《联合国气候变化框架公约》[②]和《生物多样性公约》[③],还通过了三个“软法”性质的文书:《里约宣言》《21世纪议程:可持续发展行动计划》《关于森林问题的原则声明》。[④]

《里约宣言》包含一项序言和27项原则,明确了国际社会的新任务,即对现有环境方面规范期待的系统化,以及为可持续发展大胆奠定法律和政治基础。[⑤]《里约宣言》原则第10条直接提出了对公众参与环境保护相关事务权利的规范化要求:环境问题最好在所有关心环境的公民相关层面的参与下加以处理。在国家层面,每个人应有适当的途径获得公共当局掌握的有关环境问题的信息,包括其所在社区内有害物质和活动的信息;同时每个人应有机会参与各项决策进程。各国应广泛地提供信息,从而促进和鼓励公众参与。应提供采用司法和行政程序的有效途径,其中包括赔偿和补救措施。这

---

① 联合国大会第44/228号决议。

② 《联合国气候变化框架公约》(United Nations Framework Convention on Climate Change,UNFCCC),于1992年5月在纽约联合国总部通过,1992年6月在巴西里约热内卢召开的有世界各国政府首脑参加的联合国环境与发展会议期间开放签署。1994年3月21日,该公约生效。

③ 《生物多样性公约》(Convention on Biological Diversity,CBD),被视为可持续发展的关键文件,目前已有196个签署国。

④ 1992年12月22日联合国大会第47/190号决议核准了《里约宣言》,并敦促采取必要行动贯彻落实。

⑤ 《里约宣言》文本见《联合国环境与发展会议的报告》(文件号:A/CONF. 151/26/Rev. 1, Vol. Ⅰ),第3~7页。

是首次在国际法层面提出了公众参与环境事务决策程序的三个重要内容：即在环境问题上获得信息；公众参与；以及诉诸司法以及行政程序。《里约宣言》标志着公众参与原则在国际法的确立。其预见到新的程序权利的产生，在国际法框架下赋予个人在国家以及国际层面行使这一程序的权利，[①]对此后的国际实践和国际立法具有重要的指导意义。[②] 原则第 10 条是衡量国家标准兼容性的国际基准，具有法律的执行力。[③] 国际环境法基于这一原则的不断重申与规范性期望，使其成为具有法律约束力的规范性规定。[④] 从这个角度考量，以"软法"形式呈现的《里约宣言》第 10 条原则有关公众参与的原则，在 10 年内实现了"软法"到"硬法"的动态发展。[⑤]

《21 世纪议程》[⑥]作为宣言的实施方案，针对公众参与原则向各国提出了多角度具体化的建议。其中第 8 章要求各国将环境与发展问题纳入决策进程，改进制定决策程序，促使有关个人、团体和组织参与所有各级的决策，以期使社会经济和环境问题可以全面结合，保证大众更广泛地参与。在改善机制中，议程特别提示各国应确保大众获取有关资料，以协助征求大众的意见并使大众能有效参与。针对改善规划和管理制度，各国应逐渐设立程序以促进当地社区参与规划应付环境和工业事故的应急工作，并保持公开交流有关地方危险性的信息。在方案实施过程中，各国政府应在与各国机构和团体、

---

① See Philippe Sands, *Principles of International Environmental Law I: Frameworks, Standards and Implementation*, Manchester and New York, Manchester University Press, 1995, p. 99.

② See Dinah Shelton, "Soft Law", in David Armstrong, eds., *Routledge Handbook of International Law*, New York, Routledge, 2009, pp. 68 - 72.

③ 参见罗豪才、毕洪海：《通过软法的治理》，载《法学家》2006 年第 1 期。

④ 如 1998 年《在环境问题上获取信息、公众参与决策和诉诸法律公约》和 2010 年《联合国环境规划署制定在环境问题上获取信息、公众参与和诉诸法律的国家立法准则》等。

⑤ 关于"软法"的静态国际法渊源说与动态"国际法立法过程"研究，参见那力：《从国际环境法看国际法及国际法学的新发展》，载《法学评论》2009 年第 6 期。

⑥ 《21 世纪议程》文本见《联合国环境与发展会议的报告》(文件号：A/CONF. 151/26/Rev. 1, Vol. Ⅰ)，第 8 ~ 437 页。

新闻界和国际社会合作下促请社会大众和专业阶层注意，使他们认识到综合考虑环境与发展问题的重要性，同时应建立与公众直接进行意见交流的机制，优先考虑给予不同社会团体承担责任和作出可能贡献的机会。议程第三部分“加强各主要群组的作用”在序言中提出：要实现可持续的发展，基本的先决条件之一是公众广泛参与决策。此外，在环境和发展这个较为具体的领域，需要新的参与方式，包括个人、群组和组织需要参与环境影响评价程序以及了解和参与决策，特别是那些可能影响他们生活和工作的社区的决策。个人、群组和组织应有机会取得国家当局掌握的有关环境和发展的资料，包括关于对环境有或可能有重大影响的产品和活动的资料和关于环境保护措施的资料。议程倡议，当地政府应当与本地的妇女、儿童、青年、社区、非政府组织、工会、商业和工业、科学和技术界、农民等各种利益相关方交流信息和协同行动，在1996年前达成关于地区21世纪议程的共识，并在任何情况下都将环境议题置于优先地位。尽管《21世纪议程》在各国（地区）的落实状况和实际影响各有不同，但这个400余页的可持续发展行动计划，由于考虑了不同文化和制度，成为全球范围内各国政府、政府间组织、非政府组织在人类活动可能对环境产生影响的各个方面的综合行动蓝图。①

《里约宣言》是国际环境法的重要里程碑。② 在国家、区域和国际各层面的适用情况，成为随后国际环境法具体和细致审查的议题，也成为多次全球环境会议的一个基本规范框架。③ 里约会议20周年

---

① See W. M. Lafferty and K. Eckerberg eds., *From the Earth Summit to Local Agenda 21: Working towards Sustainable Development*, London, Earthsan, 1998.

② See Peter H. Sand, "The Evolution of International Environmental Law", in Daniel Bodansky, Jutta Brunnée, and Ellen Hey, eds., *The Oxford Handbook of International Environmental Law*, Oxford, Oxford University Press, 2007, pp. 33 – 35.

③ 如2002年，在南非约翰内斯堡举行的可持续发展世界首脑会议上通过的重要文件之一《实施计划》，被认为进一步发展了《里约宣言》原则10，并且充分考虑了原则5、原则7和原则11。其中第128段呼吁各国：在国家层面确保能够获得环境信息，在环境问题上能够诉诸司法和行政程序，并且确保公众参与决策。

之际,2012 年 6 月 20 日至 22 日,联合国可持续发展会议又在里约热内卢召开。来自全球 192 个政府的国家元首和高级代表参加了"里约 +20"会议。斯德哥尔摩会议以来,随着参与国际环境会议的国家数量不断增加,全球环境问题的合作机制逐步确立。本次会议的主要成果是一个不具约束力的国际法文件,名为《我们想要的未来》。[①]文件重申了各国致力于可持续发展的政治承诺,并表达了致力于推动实现可持续未来的决心;重申了 20 年前《里约宣言》的所有原则,以及各国充分实施的决心。《我们想要的未来》强调了广泛的公众参与、获得信息以及诉诸司法和行政程序对于推动可持续发展至关重要;[②]鼓励适当地在区域、国家等层面采取行动,来促进在环境问题上获得信息、公众参与和诉诸法律。

这里需要明确的是:一方面,1992 年《里约宣言》延续了 20 年前在《斯德哥尔摩宣言》中体现的以人为本的视角,以人类处于可持续发展问题的中心为共识。[③] 这一立场,在今天以"物种和整个生态系统以及存在于自然客体间的关系等生态总体"[④]为重点的环境伦理学看来未免有些过时。另一方面,在《斯德哥尔摩宣言》中提到的人类对于环境的基本权利,并非"对环境的人权"。[⑤] 由于会议未达成基本共识,《里约宣言》将这一基本权利弱化为人类"应享有以与自然相和谐的方式过健康而丰富的生活的权利"。[⑥]

---

① 文件文本参见 A/CONF. 216/L. 1。

② 文件第 44 段、第 76(8)段、第 99 段和第 135 段,都反映了获得信息、公众参与和诉诸法律对实现可持续发展的重要性。

③ 《里约宣言》原则 1:"人类处在关注持续发展的中心。他们有权同大自然协调一致从事健康的、创造财富的生活。"

④ 参见[美]戴斯·贾丁斯:《环境伦理学——环境哲学导论》,林官明、杨爱民译,北京大学出版社 2002 年版,第 175 页。

⑤ 享有适当或健康的一般人权的认识,没有赢得国际社会的普遍支持。参见联合国人权事务高级专员 2011 年的一份研究报告,其在报告中无可奈何地指出,认识到享有健康环境的人权面临很多"困难问题"。

⑥ 参见《里约宣言》原则 1。

四、国际环境“软法”中的公众参与对国际法与国内法的影响

以“软法”形式呈现的《斯德哥尔摩宣言》《里约宣言》,不同于下文即将讨论的国际条约,其中有关公民参与环境事务决策的基础性原则和基本程序要求获得了世界各国的普遍认可。这与国际环境“软法”自身的特点和优势是分不开的,其简便的订立程序,灵活的适用机制,为不堪条约机制重负的各国政府留下较为充分的自主空间。[①] 因其体现的是人类普遍道德观念,内容更易达成一致,签署国有遵守的义务,一旦违反,将受到国际社会的谴责、惩罚,这也正是国际法效力和作用的重要来源。在“软法”的制定、实施和动态演变中,人们自觉保护生态环境的意识不断得到加强,认识层面的不断提高推进公众参与环境决策相关国际法的进一步发展。[②] 在公众参与环境决策的程序问题上,部分涉及各国的根本利益,部分难以形成条约等有法律约束力的文件,发达国家和发展中国家即使在国际会议上形成了高度共识,也不能抹平国家间立场的冲突,而各方都能接受和适用的原则,最终往往基于各国共同意愿的妥协,通过“软法”的形式得以发布。[③] 此外,相较于国际条约和国际习惯等其他国际法形成所需要的巨大时间和谈判成本,国际环境“软法”以其普遍性的形

---

① 参见万霞:《国际法中的“软法”现象探析》,载《外交学院学报》2005 年第 1 期。

② 有关“软法”对于促进人与自然和谐相处的作用,参见姜明安:《软法的兴起与软法之治》,载《中国法学》2006 年第 2 期。

③ 国际环境“软法”性文件的作用,甚至超过国际环境条约,这是在国际环境政策和法学界的一个普遍观点。联合国环境与发展大会秘书长莫里斯·斯特朗曾说过,国际上,政治承诺比法律重要。参见中国环境报社编译:《迈向 21 世纪——联合国环境与发展大会文献汇编》,中国环境科学出版社 1992 年版,第 48 页。转引自郭冬梅:《〈气候变化框架公约〉履行的环境法解释与方案选择》,载《现代法学》2012 年第 34 期。

式和较为迅捷的形成过程，为应对和解决环境问题带来了可能。①

《斯德哥尔摩宣言》《里约宣言》是目前为止，国际法文件中涉及公民参与环境保护的签署范围最广泛的两个重要文件，也是中国在国际法层面签署并遵守的重要公众参与准则。② 虽然不直接适用，但近年来公众参与程序在国内立法的规范化进程，体现出中国政府信守履行国际文件的承诺，遵循上述宣言所宣示的权利，积极行动的态度。1994 年通过的《中国 21 世纪议程——中国 21 世纪人口、环境与发展白皮书》（以下简称《中国 21 世纪议程》）③，更是将里约会议签署的《21 世纪议程》直接转换成为中国政府制订国民经济和社会发展中长期计划的指导性文件。其中明确要求推动各部门、各地方、社会各阶层的广大民众的广泛参与。④《中国 21 世纪议程》第 20 章“团体及公众参与可持续发展设五个方案领域”，对公众及各主要社会团体参与可持续发展作出战略安排，分别涉及：妇女参与可持续发展领域；青少年参与可持续发展领域；少数民族和民族地区参与可持续发展领域；工人和工会参与可持续发展领域；科技界在可持续发展中的作用领域。第 20 章明确了实现可持续发展目标必须依靠公众及社会团体的支持和参与。指出公众、团体和组织的参与方式和参与程度将决定可持续发展目标实现的进程。考虑到中国宪法和法律已经

---

① 传统国际法的渊源与形成为国际“软法”的形成与发展开辟了空间，国际“软法”是转化成条约或者被理解为习惯的基础，参见何志鹏、孙璐：《国际软法何以可能：一个以环境为视角的展开》，载《当代法学》2012 年第 1 期。See A. T. Cuzman and T. L. Meyer, “International Common Law: The Soft Law of International Tribunals”, *Chicago Journal of International Law* 9, 2009, p. 515.

② 中国对解决全球环境问题的原则立场和对促进可持续发展的主张，参见韩德培主编：《环境保护法教程》，法律出版社 2018 年版，第 342 ~ 344 页。

③ 1994 年 3 月 25 日，国务院第 16 次常务委员会讨论通过。《中国 21 世纪议程》共设 20 章，78 个方案领域。参见国务院：《中国 21 世纪议程：中国 21 世纪人口、环境与发展白皮书》，中国环境科学出版社 1994 年版。

④ 基于当时的背景，《中国 21 世纪议程》发布后，公众参与的重点首先强调的是环境意识教育，见国家科委副主任邓楠在第十八届太平洋科学大会上的讲话。参见邓楠：《〈中国 21 世纪议程〉：中国可持续发展战略》，载《中国人口·资源与环境》1995 年第 9 期。

对公众参与国家事务所作的规定,认识到公众参与在环境和发展领域的特殊重要性,白皮书强调有必要为团体及公众参与可持续发展制定全面系统的目标、政策和行动方案;提出团体及公众参与可持续发展需要新的参与机制和方式。团体及公众既需要参与有关环境与发展的决策过程,特别是参与那些可能影响其生活和工作的社区决策。也需要参与对决策执行的监督。此外,白皮书第3章在建立健全与可持续发展有关法律实施执行的监督体制中,除了要求扩大新闻监督作用,对违法行为及执法不严、违法不究等现象公开曝光,还提出建立健全公众和社会团体的监督机制,尤其要建立公众参与对违法行为处理过程的制度,公众和社会团体有权对执法提出建议。[①]

第二节　从实体规范到程序规则

一、环境权实体规范的困境

环境权的重要意义在于当环境价值和其他社会发展目标发生冲突时,强化环境价值的地位,使人们广泛认识到良好的环境是保证人类健康、尊严和福利的基本生活条件。[②] 历经《斯德哥尔摩宣言》和《里约宣言》的洗礼,人类对于环境的基本权利,即享有以与自然相和谐的方式过健康而丰富的生活的权利,随着国际环境法的发展逐渐确立,并得到国际社会的普遍认可。一方面反映在一些区域性国际

① 参见《中国21世纪议程:中国21世纪人口、环境与发展白皮书》第3.25条。

② See R. S. Pathak, “The Human Rights System As a Conceptual Framework for Environmental Law”, in Brown Weiss eds., *Environmental Change and International Law: New Challenges and Dimensions*, United Nations University Press, 1992. 转引自陈海嵩:《论程序性环境权》,载《华东政法大学学报》2015年第1期。

法文件中，如1981年《非洲人权和民族权宪章》[①]规定有利于人类发展的、令人满意的环境是所有人的权利；1988年《美洲人权公约经济、社会和文化权利附加议定书》[②]第11条有关对健康的环境的权利的条款规定每个人应有权在健康的环境中生活，有权享受基本的公共服务，并要求缔约国促进环境的保护、保持和改善。另一方面有关环境权的规定也越来越多地出现在各国宪法中，如1982年《葡萄牙共和国宪法》第66条规定，任何人都有权享有有益健康与生态平衡的人类生活环境，并对其有保护义务；1987年《大韩民国宪法》第35条规定，所有公民应当享有生活于清洁、舒适环境之权利，国家及国民均负有环境保护的义务；1988年《巴西联邦共和国宪法》第225条规定，所有人都有权享有一个生态平衡的环境，这是供人民使用并且为健康生活必备的公共物品，政府和公众有义务为当代和未来世代的人保护环境；1997年《南非共和国宪法》第24条规定，每个人都有权取得对其健康和福利无害的环境，每个人都有权利为了现在和未来世代的利益，采取立法或其他适当的措施保护环境。最新的研究报告显示，截至2016年，共有90个国家的宪法中规定了环境权条款，[③]这

---

① 《非洲人权和民族权宪章》(African Charter on Human and Peoples Rights)，也称《班珠尔人权和民族权宪章》，于1981年6月27日由非洲统一组织(2002年后更名为非洲联盟)于冈比亚班珠尔正式通过。1986年10月21日生效。截至2017年月15日，缔约国为54个。宪章原文本及缔约情况见非洲联盟官网：https://au. int/en/treaties/african - charter - human - and - peoples - rights, July 8, 2019. Art. 24: All peoples shall have the right to a general satisfactory environment favourable to their development。

② 《美洲人权公约经济、社会和文化权利附加议定书》(Additional Protocol to the American Convention on Human Rights in the Area of Economic, Social and Cultural Rights, Protocol of San Salvador)于1988年11月7日美洲国家组织大会通过。1999年9月29日生效。截至2011年9月14日，有16个国家批准。宪章原文本及缔约情况见美洲国家组织官网：http://www. oas. org/juridico/english/sigs/a - 52. html, July 8, 2019. Art. 11: Everyone shall have the right to live in a healthy environment and to have access to basic public services. The States Parties shall promote the protection, preservation, and improvement of the environment。

③ 参见吴卫星：《环境权理论的新展开》，北京大学出版社2018年版，第57～76页。

一数字比 1994 年增加了 50%。①

无论是国际法还是国内法,无论是理论界还是立法者,在早期注重的都是实体“环境权”。不可否认,各国宪法中的实体性环境权,在向人民宣示环境权的地位,培育更广泛的环境威胁的公共判断力,以及推动立法和司法对环境问题的关注方面都有着极为重要的作用。②然而,由于“环境权”这一概念本身的抽象性,导致其在规范层面上难以确认,在司法实践中障碍重重。③ 如“1973 年美国宾夕法尼亚州盖茨堡战役旧址建造瞭望楼建设申请案”④中,在建设单位向国家公园局提出申请的过程中,该州的州长与州检察长代表州民,主张按照《宾夕法尼亚州宪法》第 1 条第 27 款有关环境权的规定,以该建设将破坏该战场的自然与历史环境为由,诉请法院禁止该瞭望楼的建设。审理法院认定宾州宪法中的环境权规定仅是原则性的宣示,不能作为直接主张权利的依据。另一个早期的例子是“1976 年日本阪神高速公路噪声污染损害赔偿案”⑤。案件原告主张以环境权为法律依据,禁止超过一定限度的噪声、废气侵入居民区,并要求中止行车规定和阪神高速公路大阪西宫线的建设工程。审理本案的神户地方法院认为,环境权不仅没有实定法方面的根据,其构成要件、内容、法律效果等也极不明确,以此作为私法方面的权利予以承认,有损法律的

---

① 各国有关环境权的条款最早的研究见联合国 1994 年 7 月 6 日报告:Human Rights and the Environment, E/CN. 4/Sub. 2/1994/9, pp. 81 – 89。A. Fabra Aguilar and N. Popovic, “Lawmaking in the United Nations: the UN Study on Human Rights and the Environment”, *Review of European Community & International Environmental Law* 3, 1994, pp. 197 – 199。

② See C. P. Stevenson, “A New Perspective on Envitonmental Rights after the Charter”, *Osgoode Hall Law Journal* 21, 1983, pp. 397. “宪法中规定环境权的实效”参见[英]蒂姆·海沃德:《宪法环境权》,周尚君、杨天江译,法律出版社 2014 年版,第 93 ~ 95 页。

③ 参见王兆平:《环境公众参与权的法律保障机制研究》,武汉大学 2011 年博士学位论文,第 40 ~ 44 页。

④ See Commonwealth v. National Gettsberg Battlefield Tower, Inc., 454 Pa. 193, 311 A 2d 588(1973). 转引自吴卫星:《环境权理论的新展开》,北京大学出版社 2018 年版,第 103 页。

⑤ 参见朱谦:《环境权问题:一种新的探讨路径》,载《法律科学》2004 年第 5 期。

安全性。

“环境权”概念的抽象性和模糊性首先源自环境权主体范围的不确定:首先,是“民族”的、“人民”的还是“任何人”的环境权?[①] 是任何人还是“当代人以及未来世代”享有环境权?[②] 应当保障“人类”的还是“生态”的环境权?[③] 其次,是环境权客体的广泛性,即包含了环境要素、生态利益、人性尊严、健康、安全、福利等,并由此裂变出清洁空气权、清洁水权、生命权、健康权、优美环境享受权等不同形态。[④] 最后,是环境权内容不够具体,“普遍良好的”“清洁的”“健康的”“适当的”“适合生活的”“生态平衡的”之类的表述为权利的具体实现带来了困扰。[⑤]

二、环境权程序规则的确立

与联合国将环境权发展为一项基本人权的决心和努力不相匹配的是,以实体性环境权为主导的环境权理论在此后的国际立法中并

---

① 对环境权主体的集合化持反对意见的,参见 Philip Alston, “Peoples’ Rights: Their Rise and Fall”, in Philip Alston eds., *Peoples’ Rights*, Oxford, Oxford University Press, 2001, p. 282. Barry E. Hill, Steve Wolfson & Nicholas Targ, “Human Rights and the Environment: A Synopsis and Some Predictions”, *Georgetown In - ternational Environmental Law Review* 16, 2004, p. 378。“关于环境权是个人利益还是社会利益的讨论”,参见吕忠梅:《论环境法的本质》,载《法商研究》1997 年第 6 期。“有关环境权益之个人利益、集体利益和公共利益平衡的研究”,参见史玉成:《环境利益、环境权利与环境权力的分层建构——基于法益分析方法的思考》,载《法商研究》2013 年第 5 期。

② 这是“可持续发展”论中代际平等人的理念,参见杨朝飞:《环境保护与环境文化》,中国政法大学出版社 1994 年版,第 438 页。关于当代人和未来世代享有环境权的局限性,参见佘正荣:《生态智慧论》,中国科学出版社 1996 年版,第 230 页。

③ 近代法律推崇人人平等的“个人主义”,现代法律强调社会关系的“团体主义”,当代的环境法学者则强调“人类与生态共同利益”为中心,参见陈泉生等:《环境法哲学》,中国法制出版社 2012 年版,第 558 ~ 568 页。

④ 对“公民环境权客体和形式泛化”的批评,参见徐祥民:《对“公民环境权论”的几点疑问》,载《中国法学》2004 年第 2 期。

⑤ “实体环境权在司法实践中遇到的困境”,参见王兆平:《环境公众参与权的法律保障机制研究》,武汉大学 2011 年博士学位论文,第 40 ~ 44 页。“宪法中环境权可诉性的障碍”,参见吴卫星:《环境权理论的新展开》,北京大学出版社 2018 年版,第 101 ~ 104 页。

没有取得实质性进展。国际社会在建构实体性环境权上存在较多分歧。1992 年《里约宣言》在环境权上的态度甚至比 20 年前的《斯德哥尔摩宣言》更为隐晦,将人类在一种能够过着尊严和幸福生活的优良环境中,享有自由、平等和充足的生活条件的基本权利,弱化为人类应享有以与自然相和谐的方式过健康而丰富的生活的权利。① 与会各国并没有响应此前联合国第 68 次大会通过的第 45/94 号决议的呼吁,"所有人都有生活在能够满足其健康和福利所需要的环境下的权利"最终未能纳入里约大会法律文件。②《里约宣言》标志着有关实体性环境权的国际立法进入了停滞阶段,取而代之的是程序性环境权利蓬勃发展的时代。《里约宣言》中公民环境知情权、公众参与环境事务决策和诉诸司法及行政程序的原则,被此后的国际法文件不断地重申、丰富和具体化,最终形成了国际环境法中赋予公众广泛而具体权利的最重要程序体系——《奥胡斯公约》。《奥胡斯公约》既是这一环境程序权利体系的典型代表,也是迄今为止国际法在环境权和环境民主领域最大胆的探索。③《奥胡斯公约》的概念、体系和主要影响,将在本章的第三节重点阐述。

环境程序性权利并非《里约宣言》的首创,早在 1982 年《世界自然宪章》中就规定在规划工作中,应当包括拟定保护大自然战略、建立生态系统清单、评估决策和活动对大自然的影响,并将这些战略方案、清单列表和影响评价公之于众,以便得到有效的磋商和参与。④《世界自然宪章》第 23 条规定了个人有机会单独或与他人一起参与

---

① 参见《斯德哥尔摩宣言》原则 1 与《里约宣言》原则 1 的规定。

② 1990 年 12 月 14 日联合国大会决议第 45/94 号。

③ 连续两任联合国秘书长安南和潘基文的共同评价:"The most ambitious venture in the area of environmental democracy"。参见 Stephen Stec, et al., *The Aarhus Convention: An Implementation Guide*, New York and Geneva, United Nations 2000, p. v. Ebbesson Jonas ed al., *The Aarhus Convention: An Implementation Guide*, New York and Geneva, United Nations 2014, p. 3。

④《世界自然宪章》第 16 条。《世界自然宪章》文本见 1982 年 10 月 28 日联合国大会联大会议第 37/7 号决议。

制定与他们的环境直接相关的决策,同时也强调了公众参与诉诸法律机制的重要性。

三、更有效的环境程序性权利

一个有效的程序胜过上千次的宣告。[①] 由于程序性权利避开了环境品质的价值判断,比实体性环境权更容易被接受和实施,因而获得了更普遍的认可。20 世纪 90 年代后的国际环境法律文件不断重申、强调环境程序性权利和参与性权利。[②]

(一)《埃斯波公约》中的跨境公众参与

国际法中公众参与环境决策程序的真正具有具体执行层面意义的规定,最早可以追溯到 1991 年《埃斯波公约》。[③] 联合国欧洲经委会包括欧盟、美国、俄罗斯在内的 30 个成员共同签署了公约,[④]截至 2010 年 10 月 20 日,《埃斯波公约》在 45 个国家和地区获得批准和适用。[⑤] 公约成员包括 44 个国家和欧盟[以下简称缔约国(成员)]。公约规定了在规划早期阶段进行环境影响评估的义务,以及各缔约国(成员)对所有可能对跨界产生重大不利环境影响的项目上相互通

---

① See Andrew Harding, "Practical Human Rights, NGOs and the Environment in Malaysia", in Alan Boyle & Michael Anderson eds. ,*Human Rights Approaches to Environmental Protection*,Wotton – under – Edge, Clarendon Press, 1996,p. 243. 转引自陈海嵩:《论程序性环境权》,载《华东政法大学学报》2015 年第 1 期。

② 参见[法]亚历山大·基斯:《国际环境法》,张若思编译,法律出版社 2000 年版,第 23 ~ 24 页。转引自陈海嵩:《论程序性环境权》,载《华东政法大学学报》2015 年第 1 期。

③ 《跨境环境影响评估公约》(Convention on Environmental Impact Assessment in a Transboundary Context, Espoo Convention)于 1991 年 2 月 25 日于芬兰埃斯波通过,1997 年 9 月 10 日正式生效。

④ 其时,联合国欧洲经委会(UNECE)34 个成员中仅有塞浦路斯、列支敦士登、马耳他和瑞士没有签署。

⑤ 《埃斯波公约》于 2001 年和 2004 年分别经历了两次修订,第二次修订于 2017 年 10 月 23 日正式生效。公约文件、缔约国和生效情况,见联合国文件 Treaty Series, Vol. 1989, 1997, pp. 309 – 380,载联合国官网:https://treaties. un. org/Pages/ViewDetails. aspx? src = TREATY&mtdsg_no = XXVII – 4&chapter = 27&lang = en, 2019 年 7 月 9 日最后访问。

知和协商的一般义务。[①] 其中重要的一条是各缔约方应采取必要的法律,行政或其他措施来建立允许公众参与的环境影响评价程序。[②] 公约将享有公约中参与权的“公众”定义为一个或多个自然人或法人,以及各缔约国(成员)立法或实践认许的协会、组织或团体。[③] 协会、组织或团体的主体资格,是2001年公约第一次修订时补充的内容,这显然是受到了1998年《奥胡斯公约》的影响。通常由自然人或法人组成的协会、组织或团体本身便具有法律人格,因此,公约的原始文本应被理解为将不具有法律人格的协会、组织或团体也视为公众的范围。但是这种补充受国家立法或实践的限制,如果国家立法或实践有要求,协会、组织或团体只有满足了国内法的要求才能被视为公众。从这个层面上讲,修订后的《埃斯波公约》扩大了参与公众的范围。

《埃斯波公约》要求拟议活动原始国(成员),向可能受影响地区的公众提供机会参加有关拟议活动的相关环境影响评估程序,并确保向受影响国(成员)的公众等同于向本国公众提供平等的参与机会。[④] 这是国际环境法层面跨境公众参与的最直白表达。其中的“拟

---

① See Wiecher Schrage, The Convention on Envitonmental Impact Assessment in a Transboundary Context, in Kees Bastmeijer and Timo Koivurova eds., Theory and Practice of Transboundary Envitonmental Impact Assessment, Leiden * Boston, Martinus Nijhoff publicshers, 2008, pp. 29 – 52.

② 参见《埃斯波公约》第2条第2款,其中规定:” Each Party shall take the necessary legal, administrative or other measures to implement the provisions of this Convention, including, ... the establishment of an environmental impact assessment procedure that permits public participation and preparation of the environmental impact assessment documentation... ”

③ 《埃斯波公约》第1条第10项定义:“The Public” means one or more natural or legal persons and, in accordance with national legislation or practice, their associations, organizations or groups。

④ 《埃斯波公约》第2条第6款有关跨境公众参与的规定:“ The Party of origin shall provide, in accordance with the provisions of this Convention, an opportunity to the public in the areas likely to be affected to participate in relevant environmental impact assessment procedures regarding proposed activities and shall ensure that the opportunity provided to the public of the affected Party is equivalent to that provided to the public of the Party of origin”。

议活动”包括主管部门根据适用的国家程序所作出的决策中的“活动以及活动的重大改变”①。这一表述包含了项目和设施建设等范围，也被视为环境影响评价相关国际法文件中对于“拟议活动”的重要解释。公约列举了可能会造成重大的、不利的跨境影响的活动，并且规定环境影响评估程序中包括来自各个国家可能受影响地区的公众的参与。在环境影响评价文件准备阶段的公众参与是《埃斯波公约》中的一个重要程序规定，公约第 3 条第 1 款要求拟议活动原始国（成员）尽早告知所有它认为可能受到拟议活动影响的缔约方，且不能迟于向自身的公众告知该拟议活动的时间。根据公约第 4 条第 2 款，拟议活动原始国（成员）应向受影响国（成员）提供环境影响评估文件，相关缔约国（成员）应安排将文件分发给可能受影响地区的主管机关和公众，并在对拟议活动作出最终决定之前的合理时间内安排其通过主管机关或者以适当的形式直接向拟议活动原始国（成员）主管部门提交意见。公约规定可能产生跨境影响的起源国家告知受影响方，并且与其合作来安排如何向受影响的公众发布环境影响评估文件，以及受影响的公众如何提交意见，并要求拟议活动原始国（成员）对所提交的意见进行适当考虑。② 在《奥胡斯公约》之前，《埃斯波公约》中包含的关于公众参与的条款是欧洲经委会地区最先进的，它确认了在相关决策制定过程中，让边境各方有关公众进行参与的重要性。③

---

① 《埃斯波公约》第 1 条第 5 项。

② See UNECE, “Review of transboundary EIA provisions and initiatives in selected regional and multilateral environmental agreements”, *Information paper presented to the 9th meeting of the Espoo Convention’s Working Group on Environmental Impact Assessment*, Geneva, 3 - 6 April 2006.

③ See Jonas Ebbesson, “A Modest Promotion of Environmental Democracy and Justice in Transboundary Contexts: The Combined Impact of the Espoo Convention and Aarhus Convention”, *Review of International and European Community Environmental Law* 20, 2011, pp. 248 - 257.

（二）专项环境保护国际公约中的公众参与

除了环境影响评估中的公众参与，国际法中较早规定公众参与公共决策程序的制度主要涉及水土资源保护领域。1992 年欧洲经济委员会《水公约》①于赫尔辛基正式通过，截至 2018 年 8 月 31 日，共有 43 个国家批准适用。② 为预防、控制和降低所有与保护和利用越境水道相关的越境影响，《水公约》第 16 条要求在合理时间内免费为公众提供所有特定信息，包括水质量的目标、样本采集和合规检查的许可和结果等，以便接受公众的审查，并要求缔约方提供适当的设施，从而使公众能够以合理的价格从缔约方获得这些信息的副本。1994 年联合国通过的《防治荒漠化公约》③同样高度重视公众在防治荒漠化中的参与作用。公约的第一个原则就要求缔约方确保群众和地方社区参与关于防治荒漠化等影响的方案的设计和实施决策。规定了受影响国家有义务在非政府组织的支持下，提高当地群众尤其是妇女和青年的认识，并为他们的参与提供便利，设法在地方、国家和区域各级让非政府组织和当地群众，特别是资源的使用者，包括农民和牧民及他们的代表组织，有效参与国家行动方案的政策规划、决策、实施和审查。公约还强调了信息收集、分析和交流的重要性，要

① 《跨境水道和国际湖泊保护与利用公约》（Convention on the Protection and Use of the Transboundary Watercourses and International Lakes, Water Convention）1992 年 3 月 17 日于赫尔辛基通过。1996 年 10 月 6 日生效。文件原文见联合国文件 United Nations, Treaty Series, Vol. 1936, p. 269.

② 《水公约》签署及批准情况见 https://treaties. un. org/Pages/ViewDetails. aspx? src = TREATY&mtdsg_no = XXVII – 5&chapter = 27&lang = en，2019 年 7 月 9 日最后访问。

③ 《联合国关于在发生严重干旱和或荒漠化的国家特别是在非洲防治荒漠化的公约》（United Nations Convention to Combat Desertification in those Countries Experiencing Serious Drought and/or Desertification, Particularly in Africa, UNCCD），简称《防治荒漠化公约》，于 1994 年 6 月 7 日在法国巴黎外交大会通过。1996 年 12 月 26 日正式生效。公约原文件见 United Nations, Treaty Series, Vol. 1954, p. 3。截至 2017 年 12 月 29 日，公约共有成员国 197 个。中国于 1994 年 10 月 14 日签署该公约，并于 1997 年 2 月 18 日交存批准书，公约于 1997 年 5 月 9 日对中国生效。公约签署和批准生效情况见联合国官网：https://treaties. un. org/pages/ViewDetails. aspx? src = TREATY&mtdsg_no = XXVII – 10&chapter = 27&clang = _en，2019 年 7 月 12 日最后访问。

求以当地群众能够实际应用的形式,对不利的气候变异时期提供早期预警和先期规划,并为此而吸收地方社区参与。①

第三节　《奥胡斯公约》中的公众参与权保障

1998 年 6 月 25 日,在丹麦奥胡斯召开的第四届欧洲部长级环境会议上,通过了《奥胡斯公约》。② 公约于 2001 年 10 月 30 日正式生效。截至 2019 年 7 月,公约有 47 个缔约方,包括联合国欧洲经济委员会地区内的 46 个国家和欧盟。③《奥胡斯公约》是一种新型的环境协定。它将环境权利和人权联系起来,明确地表示人人都有权利在适合其健康和福祉的环境中生活,认识到我们肩负着对于子孙后代的责任,强调可持续、环境友好型发展有赖于政府能够在考虑环境因素并且征求公众意见的基础上做出有效的决策;将政府责任与环境保护联系起来,并且关注公众与公共决策机构在民主环境下进行互动,强调为了维护环境权利、履行环境义务,公民必须能够获得环境信息、参与环境决策,并就此诉诸法律,缔约方应为此提供必要的政策、法律和实际执行方面的保证。《奥胡斯公约》是环境问题上唯一一个赋予公众广泛而具体的权利并具有法律约束力的国际公约。④

一、《奥胡斯公约》的目标及意义

《奥胡斯公约》在第 1 条即规定了公约的总体目标和价值:为促

① 参见《防治荒漠化公约》第 3 条第 a 项、第 5 条第 d 项、第 10 条第 2 款第 f 项、第 16 条第 b 项、第 19 条第 1 款第 a 项。

② 《在环境问题上获得信息、公众参与决策和诉诸法律的公约》(Convention on Access to Information, Public Participation in Decision – Making and Access to Justice in Environmental Matters, Aarhus Convention),文本见 United Nations, Treaty Series, Vol. 2161, p. 447。

③ 《奥胡斯公约》的签署和批准情况见 https://treaties. un. org/Pages/ViewDetails. aspx? src = IND&mtdsg_no = XXVII – 13&chapter = 27&clang = _en, 2019 年 7 月 11 日最后访问。

④ Ban Ki – Moon, "Foreword", in Ebbesson Jonas et al., *The Aarhus Convention: An Implementation Guide*, New York and Geneva, United Nations 2014, p. 3。

进保护今世后代在适合其健康和福祉的环境中生活的权利,每个缔约方应按照公约的规定,保障其在环境相关事项上获取信息、公众参与决策和诉诸法律的权利。《奥胡斯公约》的核心概念仍是健康的环境权,其规定的公众参与是保证享有健康环境权利的重要工具,这在公约序言中有充分展现。[①] 公约再次重申了《斯德哥尔摩宣言》原则1的环境基本权利和《里约宣言》原则10在环境问题上的公众参与权,并将这两个相关概念放在人类健康和可持续发展的背景下,强调为了实现可持续发展,必须充分考虑环境因素,而且必须有牢固的环境价值观基础。《奥胡斯公约》回避了对环境权的构成和含义的争论,将其作为一个已经被接受的事实,与包括信息和决策相关权利在内的实际的、易于理解的权利之间建立起联系,[②]要求缔约方采取措施,以保证当代和未来人在足够健康和福祉的环境中生活的权利。自《斯德哥尔摩宣言》以来,《奥胡斯公约》是首个为代际公平环境权理念设定具体法律义务的、具有法律约束力的国际法文本。[③] 其以实现“今世后代”的健康环境权为终极目标,而这一目标又是通过保障程序性环境权的必要途径来实现的。《奥胡斯公约》要求缔约各方建立一个落实公约内容的明确的框架,确保各参与元素间互相兼容,指导公众使用公约规定的权利,推动环境教育、加强环境意识,支持环保团体积极参与环境事业,同时确保按照公约规定行使权利的人不致因此而遭受任何形式的处罚、骚扰或歧视。[④]

《奥胡斯公约》虽然是欧洲经济委员会设立的国际公约,但是对

---

① 序言的重要意义见 Hans – Dietrich Treviranus, “Preamble”, in: Rudolf Bernhardt, Peter Macalister – Smith, eds., *Encyclopedia of Public International Law Vol. III.*, Amsterdam, North – Holland, 1997, p. 1097。

② E/CN. 4/Sub. 2/1994/9.

③ Ebbesson Jonas et al., *The Aarhus Convention: An Implementation Guide*, New York and Geneva, United Nations 2014, p. 30.

④ 参见《奥胡斯公约》第3条。

所有联合国成员国开放。[①] 缔约方多次明确支持本地区以外国家加入,并在缔约方会议通过决定确立了核准加入公约的简单程序。[②] 在2002年第一次缔约方会议上通过的《卢卡宣言》第2条指出,公众参与是各级政府良好治理的基本要素,是实现可持续发展的根本。在响应公众需求、尊重人权和法治的现代民主体制运行中必不可少;获得信息、公众参与和诉诸法律是代议制民主的基石。[③] 公约清楚地表明公约的规定是底线,不是上限。缔约方可以采取比公约条款更严格的措施,使公众更容易获得环境信息、更广泛地参加环境决策以及更方便地诉诸法律。[④] 任何超出公约规定的现有权利保障措施都可以保留,并呼吁缔约方促进在国际环境决策过程中和在涉及环境的国际组织框架内应用《奥胡斯公约》的原则。《奥胡斯公约》倡导了在环境领域更民主的价值观与实践,同时被赋予更高的期望。[⑤]

《奥胡斯公约》强调公众参与决策,推动责任型政府,以应对当今世界包括气候变化、生物多样性锐减以及空气和水污染等众多环境挑战。改善环境信息获取途径和公众参与环境公共决策,最直接的作用是提高决策的质量和执行的效果。公众通常对于当地的情况有特殊的了解,对于拟定的活动可能产生的实际影响也会有特别的认识,其反馈的意见可能影响对替代方案的考虑,从而提高决策的质

---

① ECE/MP. PP/2/Add. 1 (Lucca Declaration), paras. 32 - 33; ECE/MP. PP/2005/2/Add. 13 (decision Ⅱ/9); ECE/MP. PP/2008/2/Add. 16 (decision Ⅲ/8), objective Ⅱ. 4.

② ECE/MP. PP/2011/2/Add. 1 (decision Ⅳ/5).

③ 2002年10月21日至23日,《奥胡斯公约》缔约成员在意大利卢卡,召开了第一次缔约方会议,会上通过了《卢卡宣言》(Lucca Declaration),这里参考ECE/MP. PP/2/Add. 1, para. 2。类似观点见Report of the World Summit on Sustainable Development, Johannesburg, South Africa, 26 August - 4 September 2002 (United Nations publication, Sales No. E. 03. Ⅱ. A. 1 and corrigendum), chap. I, resolution 2, annex。

④ 《奥胡斯公约》第3条第5款和第6款共同规定了公约的规定是缔约方为实现在环境问题上有效的获取信息、公众参与决策和诉诸法律的最低要求。

⑤ 2008年6月11～13日,《奥胡斯公约》缔约成员在里加召开了第三次缔约方会议,会上通过了《里加宣言》(Riga Declaration),这里参考ECE/MP. PP/2008/2/Add. 1 (Riga Declaration), para 24。

量;环境公共决策结果适当考虑参与公众的关切,公众自然更加支持最终的决策结果。参与决策制定的公众了解决策中遇到的困难和限制,见证了对包括环境保护在内的各种相关利益的考虑和平衡,将成为实施相关决策最好的倡导者;透明的决策制定过程确立了决策管理者的责任,其作出的公共决策也将受到更多的尊重,决策的执行效率也会得到提高;公众参与程序的不断实践和宣传,将使公众对于环境友好型决策的支持更为成熟,产生增强公众环境意识的附加作用;赋予公众表达关切,及其意见得到考虑的机会,能够从整体上提高公众对社会的信心。[①]

二、公众参与环境公共决策的基本概念

为了实现公约的目的,《奥胡斯公约》第2条对公众参与公共事务决策的几个重要概念进行了明确界定。

(一)保障公众参与的责任主体

公约主要规定了缔约方和公共当局的责任,根据公约的定义,排除了行驶司法或立法职能的机关或机构。公共决策机关首先包括国家各级政府,不局限于环境相关事务的主管机关,包括承担所有智能的政府机关和监察部门。其次包括根据国家法律行使包括与环境有关的具体职责、活动或服务在内的各种公共行政职能的自然人或法人。由政府职能机关通过立法或法律行为设立的公共事业公司属于本项的范畴,如水务公司或从事核能产业的国有企业。[②] 最后,鉴于公共职能私有化的趋势,公约对决策机关的定义也包括在以上两项范围内的机构或个人制约之下在环境方面有公共责任或职能或提供公共服务的任何其他自然人或法人。这里的授权不来自国家法律,

① 参见《奥胡斯公约》序言第9、10段。

② 参考履约委员会在第ACCC/C/2004/01号函的调查裁定。ECE/MP. PP/C. 1/2005/2/Add. 1, para. 17。

范围扩大为公共职责或职能，这些自然人或法人可能是服务提供者，也可能是受到政府机关或其他依法行使公共职能的机构的限制的企业，这里也包括私营公司，但对其具体活动领域有所限制。只有在环境方面有公共责任或职能，或者提供与环境相关的公共服务的自然人或法人属于本项的范畴。

（二）公众参与的权利主体

《奥胡斯公约》将“公众”的范围界定为一个或多个自然人或法人，以及按照国家立法或实践，兼指协会、组织或团体。而“所涉公众”则是正在受或可能受环境决策影响或在环境决策中有自己利益的公众，其中包括所有满足国家法律要求推进环境保护的非政府组织。

其中“公众”的定义适用“任何人”原则，即不受任何条件和限制的约束。通过法律的概念理解其背后的思想，当公约在赋予“公众”权利，但没有对哪些公众可以享受这些权利进行进一步限制时，无论公众个人是否受到“影响”或者是否有相关利益，都有权行使这些权利。① 根据《奥胡斯公约》第3条第9款，任何人不能因为国籍、居所、公民身份或注册地等因素被排除在“公众”的定义之外，不具有公民或居民身份的个人也不受歧视地享有公约中规定的权利和利益。②

相应的“所涉公众”指正在受或可能受环境决策影响或在环境决策中有自己利益的公众。③ 倡导环境保护并符合本国法律之下任何相关要求的非政府组织应视为有自己的利益，即为公约规定的“所涉

---

① 如《奥胡斯公约》第4条、第5条、第6条、第7条第9款、第8条规定的参与权主体。

② “不歧视原则”，参见 Jonas Ebbesson，“A Modest Promotion of Environmental Democracy and Justice in Transboundary Contexts：The Combined Impact of the Espoo Convention and Aarhus Convention”，*Review of International and European Community Environmental Law* 20，2011，pp. 248－257。

③ 如《奥胡斯公约》第6条、第9条第2款规定的参与权主体。

公众"。① 这一概念延续了《埃斯波公约》的表述方式，强调了依照传统不被视为利益相关公众的环境组织的主体资格。《奥胡斯公约》中的"所涉公众"同样不能因为国籍、居所、公民身份或注册地等因素被排除在定义之外。如果可能受到某个拟议活动影响的区域跨越了国境线，邻国的公众也是"所涉公众"，曾经类似表达过在程序中具有自身利益，或对程序有担忧的外国或国际非政府环境组织也属于"所涉公众"。② 正因如此，公约中的"所涉公众"常常能发挥出极大的影响。例如，有关核电站建设项目，决策机关要考虑来自多个国家的数以十万计的所涉公众。③ 公约对于"有自身利益"的标准超出了法律文本中常见的利益标准，既包括"合法利益"也包括"事实利益"。公约授予合法利益和事实利益以同等地位，不仅为合法利益和权利受到或可能受到拟议活动的损害的公众提供权利保障，公众参与与诉诸司法程序同样适用于在决策过程中有不明确的利益的群体。④

根据《奥胡斯公约》第 2 条第 5 项，如果满足本国法律要求的非政府组织的法定目标包括倡导环境保护，即视为所涉公众。这里所指的环境保护包含公约有关"环境信息"中隐含的环境定义。只要非政府组织的目的属于第 2 条第 3 款中所隐含的环境定义的任何一方面，就满足了"倡导环境保护"这一要求。例如，如果一个非政府组织致力于提倡保护健康受到水源性疾病影响的群体的利益，那么该非政府组织即被视为满足第 2 条第 5 款的定义。公约并不要求相关组织明确以"倡导环境"为目标而设立。表面上以其他目的成立的非政

---

① 参见《奥胡斯公约》第 2 条第 5 项："The public concerned" means the public affected or likely to be affected by, or having an interest in, the environmental decision - making; for the purposes of this definition, non - governmental organizations promoting environmental protection and meeting any requirements under national law shall be deemed to have an interest。

② ECE/MP. PP/C. 1/2005/2/Add. 3, para. 26.

③ 如位于比利时和荷兰边境的 Doel 核电站，原定运营时间为 40 年，至 2015 年退役，但比利时有关当局决定延长运营时间至 2025 年。作为该国最老的核电站，因不符合西欧核监管机构（Wenra）制定并颁布的适用于现有核电站的新安全标准而引起大规模的抗议。

④ 参见《奥胡斯公约》第 6 条。

府组织所组织的活动有时可能也会倡导环境保护。这类组织可以采取多种形式,包括非营利性的公司、慈善基金会和互助社等进行注册,也可以法律承认的非正式团体。①

对非政府组织有“满足本国法律相关要求”的规定,不应解读为各缔约方的裁量权。② 缔约方制定对非政府组织的国内法要求,应以客观、适当为限。鉴于非政府组织在公约实施过程中起到的不可或缺的作用,缔约方的法律框架应当依照公约第 3 条规定的基本原则,鼓励非政府组织的组建和积极参与公共事务。③ 从这个角度出发,为非政府组织设定最低人数、对其操作进行财务审计,或者注册程序过于复杂繁琐都被视为违反公约基本原则。④ 公约中没有明确规定是否只要参与了第 6 条第 7 款中的公众参与程序,就被视为“所涉公众”,但任何参与听证会或第 6 条第 7 款中的公众参与程序的个人都有机会依据公约第 9 条第 2 款的规定诉诸法律,此时提起诉讼请求的个人属于公约“所涉公众”的范畴。

(三)环境知情权的客体

除了对主体的界定,公约还为“环境信息”这个重要概念划了一个非常宽泛的范围。根据《奥胡斯公约》第 2 条第 3 项,环境信息可能以不同的物质形式存在,具体包括书面、影像、音响和电子形式。因此,纸质文件、相片、图片、视频、录音和电脑文档都是可能承载信

---

① “爱沙尼亚的行政法中的特别认许”,参见 Section 5, Administrative Procedure Code, 21. 06. 1993. D. Galligan and D. Smilov, Administrative Law in Central and Eastern Europe, 1996 – 1998, Budapest, Central European University Press, 1999, p. 85。

② Ebbesson Jonas et al., *The Aarhus Convention: An Implementation Guide*, New York and Geneva, United Nations 2014, p. 58.

③ Jane Holder and Maria LEE, Environmental Protechtion, Law and Policy: Text and Materials, Cambridge University Press, 2007, p. 129.

④ 如土库曼斯坦《公共协会法案》,将外国公民和不具有公民身份的人排除在建立和参与非政府组织的群体之外,即构成了对这些人的不利歧视。ECE/MP. PP/C. 1/2005/2/Add. 5, paras. 16 – 21。

息的形式,既包括现存的,也包括未来发展的物质形式;既包括已完成的文件,也包括未经处理的、原始的信息与文件。这是一个比一般性信息公开要求更高的规定。[①] 其中包括下列三种类型的信息:

第一类是各种环境要素的情况。公约使用非穷尽清单列举了诸如空气和大气层、水、土壤、土地、地形地貌和自然景观、生物多样性及其组成部分,包括转基因生物,并将环境要素和这些要素的相互作用都视为重要的环境信息。这里的"自然景观"指的是任何有特定价值的自然物体,不仅包括官方认定的保护区,也包括在当地具有重要性、具有特定自然、历史或文化价值的森林、树木或公园等。出于多种原因,地形地貌和自然景观的保护已经成为环境保护的要素,包括美学价值、独特历史或文化区域的保护,或对土地传统用途的保护等。"生物多样性及其组成部分,包括转基因生物"则需要其他国际文件的进一步定义。根据《生物多样性公约》第 2 条,生物多样性指所有来源的形形色色生物体,这些来源除包括陆地、海洋和其他水生生态系统及其所构成的生态综合体外,还包括物种内部(如基因等)、物种之间和生态系统的多样性。[②] 公约将转基因生物规定为生物多样性的组成部分,但国际法中有关转基因的定义尚未统一,这也影响了公约在这一领域的具体适用。[③]

第二类是可能影响环境要素的各种因素,例如物质、能源、噪声

---

① 在《奥胡斯公约》之前,欧洲初审法院在审理的世界自然基金会欧洲政策办公室起诉欧盟理事会的第 T-264/04 号案件中,因适用《透明度条例》,欧盟机构只有义务公布官方文件形式掌握的信息。Judgement of the Court of First Instance (Fourth Chamber) of 25 April 2007. Sofia de Abreu, Ferreira, "The Fundamental Right of Access to Environmental Information in the EC: A Critical Analysis of WWF-EPO v. Council", *Journal of Environmental Law* 19, 2007, pp. 399-408.

② "生物多样性"的定义,参见 Glowka, A Guide to the Convention on Biological Diversity, p. 16。

③ 《卡塔赫纳生物安全议定书》中使用了"改性活生物体"(living modified organisms),而没有使用"转基因生物"(genetically modified organisms),Cartagena Protocol on Biosafety to the Convention on Biological Diversity, article 3。

和辐射；活动或措施，如协定[①]、立法、计划[②]和方案；以及环境决策中所使用的经济分析及假设。后者包括环境决策中使用的成本效益分析以及其他经济分析及假设。由于经济分析可能会对是否实施某项目的决定产生重大影响，因此，与环境价值量化相关联的，环境决策中使用的经济模型背后的假设也是重要的环境信息。

第三类是指可能受以上要素或因素影响的人类健康和安全状况、人类生活条件、文化遗址和建筑结构。由于健康的环境也是人类生活的基本条件，环境信息也应当包括可能受到环境状况变化影响的空气质量、水和食物的质量和可获取性、住宅和工作场所状况、相对财富和各种社会状况，因环境状况变化而引起的一系列疾病和健康状况，以及可能不受化学品、辐射等因素在内的有害物质影响的安全状况。“文化遗址”包含了具有文化价值的特定地点或物体。[③]

这三类环境信息可以是单独存在，也可能是互相关联的。第三类环境信息可能受到第一类环境信息中的元素或元素相互作用的影响。例如，有关水质量的环境信息，可以以水质标准的表现形式归入第一类环境信息；在哪里建设垃圾填埋场的决策，因可能改变区域水质量而成为第二类环境信息；因建设垃圾填埋场决策通过改变水质量而影响人类生活条件和健康状况的情况，则被视为第三类信息。

三、公约三大支柱：获取信息、公众参与和诉诸法律

获取信息、公众参与和诉诸法律是《奥胡斯公约》的三大支柱。为充分实现公约的目标，这三大支柱互相依赖、密不可分。获得全面、准确和及时的环境信息，一方面使公众了解发生在他们周围环境

---

① 有关家森林资金管理的土地租赁合同作为环境信息的裁定见 ECE/MP. PP/C. 1/2009/6/Add. 3，para. 29。

② 与土地使用和规划有关的独立的政府法令也构成“措施”的裁定见 ECE/MP. PP/C. 1/2006/2/Add. 1，para. 20。

③ 《世界遗产公约》第 1 条将文化遗址定义为：从历史、审美、人种学或人类学角度看具有突出的普遍价值的人类工程或自然与人联合工程以及考古遗址等地方。

中的事情，另一方面保证公众能够在获得足够信息的情况下进行参与。这三个支柱对于实现享受健康环境的权利至关重要，对于确保个人能够实现他们对于包括后代在内的其他人的责任也非常重要。有学者将其总结为环境权的具体化，基于知情权、公众参与权与司法救济权这"三权"形成的国际公约，无论从任何角度理解，都是环境法的重要进展，是公众参与环境事务的法律制度建设的重要成果。[①]

（一）公众获取环境信息

获取环境信息作为第一大支柱，是公众有效参与环境事务决策的前提，也是与公众参与决策同等重要的独立的权利。[②] 信息获取包括两部分内容：一是公约第 4 条规定的公众从公共当局获得信息的权利和公共当局回应请求、提供信息的责任。二是公约第 5 条规定的公众获得信息的权利和公共当局在没有收到特定请求的情况下收集、散发与公众利益相关的信息的责任。前者是"被动的"公众获取信息，后者是"主动的"政府信息公开。[③]

（二）公众参与环境事务决策

公众参与决策是《奥胡斯公约》的第二个支柱，是公约的目标和核心。

公共决策过程中充分考虑环境问题非常重要，在环境公共决策中要求决策机关掌握准确、全面和最新的信息，公众可以成为这些信息的主要来源。建立一个公众信赖的、公开、规律和透明的参与程序，公约建议缔约方可以在提高公众履行责任的能力的同时，为公众享受权利和履行义务创造必要条件。有效的公众参与依赖于第一个

---

① 参见那力：《论环境事务中的公众权利》，载《法制与社会发展》2002 年第 2 期。

② Vgl. Mei Wu, *Öffentlichkeitsbeteiligung an umweltrechtlichen Fachplanungen*, Baden – Baden, Nomos Verlag, 2013, S. 97.

③ Vgl. Thomas Schomerus and Ulrike Tolkmitt, "Informationsfreiheit durch Zugangsvielfalt?", DÖV 2007, 985(992).

支柱中确保公众参与决策时能够掌握充分的信息,以及第三个支柱中规定的通过诉诸法律而执行的可能性。

公众参与支柱分为三部分。第一部分是可能受有关具体活动的决策影响或在决策中有自己利益的公众参与环境公共事务决策,如关于某些大规模工厂的建议选址、建设等的决策,或者其他根据国家法律规定在环境影响评估程序中必须包括公众参与的活动。第二部分是公众参与拟订环境方面的计划、方案和政策,其中包括各个层面的行业或土地使用计划、环境行动计划和环境政策。第三部分涵盖的是公共环境事务决策之外,公众参与制定法律和规章的过程。公约规定了缔约方必须遵守的及时、充分和有效开展公众参与的最低责任标准。公众参与没有固定的形式。决策机关认真听取公众意见,并对接受公众意见持开放态度。公约鼓励缔约方通过其他机制促进公众参与,例如推进项目建设者与公众在初期进行互动交流,使公众提供的意见能够对于决策的实际内容带来实在的影响。公约在适用的基本原则中指出,公众参与环境事务决策的规定是最低要求,各方有权在决策时提供更广泛的公众参与权。

(三)公众参与权的法律救济

为确保公约获得信息和公众参与的标准,以及国内环境法律的条款得以贯彻落实诉诸法律,《奥胡斯公约》在第9条规定了公众可以诉诸法律的程序,这在一定程度上加强了公约的约束力。将公众参与诉诸法律的目标,是向公众提供程序和补救办法,保障公众获得环境信息和参与制定环境决策的权利,同时落实国内与环境有关的法律。与环境相关的基本人权和基本的公民责任是相互交织的,但是只要个人没有资格在公民社会采取行动,这些权利和义务都不会实现。公众参与权的法律救济制度,可以为非政府组织和"非组织公众"执行权利营造一个公平的环境,推动获取信息支柱和公众参与支柱在国内法体系中的执行。公众帮助执行环境法律的能力,也是政府工作的重要资源。《奥胡斯公约》第9条明确规定了关于获得信息和公众参与具体活动的决策如何诉诸法律,同时要求在与环境有关的其他决策、作为和不作为情况下,公众也有诉诸法律的权利。

四、环境信息公开及公众环境知情权的保障

(一)公众获取环境信息

从公共决策者的角度审视,依申请而公开环境信息,是相对“被动”的信息公开方式。从公众参与程度的角度审视,在良好的机制保障下,这种形式却可能比政府“主动”信息公开发挥更强的作用。《奥胡斯公约》第4条制定了一个公众从公共当局获得环境信息的框架,规定了提供信息或驳回提供信息的标准和程序。要求缔约方建立一个体系,使公众能够向公共当局提出环境信息申请,并在合理的时间内获得该信息。对于环境信息获取申请没有形式的要求,可以是书面的,也可以是口头的。公约不要求,但鼓励在获取信息的申请中明确法律依据和信息类型,以避免环境信息获取延迟。[1] 根据《奥胡斯公约》第4条第1款的规定,公共当局必须提供含有构成这种信息的真正文件的复制件,而不是公共当局制作的总结或节选,从而确保公众能够获得完整的、准确的、连贯的具体信息。公共政策由立法机构制定,由政府执行,社会中的权利与责任体系也应有进一步监督滥用权力的行为。信息的公开性能够确保公众个人可以对公共决策管理者行使职权的方式进行检查,只要公众的需求不侵犯其他人的权利。

1. 普遍公众的知情权

环境信息获取权是所有人的权利。根据《奥胡斯公约》第4条第1款,被申请机关提供环境信息不能为提供信息附加任何条件,如要求申请人提供请求信息的正当理由,或陈述如何使用该信息等,不能以信息不涉及申请人利益为理由而驳回请求。公众提出获取环境信

---

[1] ECE/MP. PP/C. 1/2009/2/Add. 1, para. 34.

息的申请无须声明涉及何种利益，体现了信息获取权的广泛性。公众可以要求公共当局以某种具体的形式提供环境信息(如纸质、电子媒体、录像或录音，等等)，除非以另一种形式予以提供是合理的；或者该信息已经以另一种形式公开提供。前一种情况应说明理由，而所谓另一种形式应与所指定的信息形式具有相同功能。比如，一般意义上得到文件复印件与查阅文件原件有明显的功能性差异，则不符合这种例外情形。后一种情况则要保证信息申请人可以轻易地获得该信息。这种例外常见于信息包含在公共图书馆可以找到的政府出版物中，但是否能保证申请人轻易地获取，还要视具体情况分析。在西班牙的一个环境信息申请案件中，信息申请人要求提供 CD - ROM 电子信息，而公共机构提供了信息的纸质副本。600 页的完整纸质文件需要申请人支付 1200 欧元，这比所请求的电子信息模式的成本高出一百倍，如果要求相关计划副本，还需支付额外费用。为节约成本，申请人最终只要求了 34 页文件。本案因未按照指定形式提供信息，履约委员会裁定其极大限制了公众获取环境信息的范围。[①]

2. “尽快”提供信息的责任

面对公众获取环境信息的申请，公共当局有责任“尽快”提供信息。《奥胡斯公约》第 4 条第 2 款为“尽快”设定了最长期限，即信息申请提交后一个月内；在请求所指的信息量巨大、非常复杂的情况下，可以延长至两个月。需要延长期限的，公共当局有义务向申请人通报延长的期限及理由。期限的起算点，由缔约方的行政法律进行明确的规定。根据不同的信息获取形式，缔约方可以制定不同的时间期限。通常的做法是请求查阅的期限更短，可以是“立即提供”[②]；请求复制文件，则需要几天时间。[③] 第 4 条第 5 款还强调了按照“尽

---

① ECE/MP. PP/C. 1/2009/8/Add. 1.

② 如比利时布鲁塞尔的规定，参见 Belgium, Ordinance of the Brussels Region, article 5, para. 3。

③ 如挪威的规定为收到请求之后的两至三天，参见 Norway, Act No. 16 of 19 May 2006 relating to the right of access to documents held by public authorities and public undertaking。

快”这一标准及其期限,要求公共当局在不掌握请求所指信息的情况下,“尽快”告知申请人或转交该请求。由于存在延期或最终驳回获得信息请求的可能性,尽早告知请求状态对于实现获得信息的有效性非常重要。为此可以为第5款的“尽快”设定一个比第2款中“尽快”更短的回应期限,从而加速整个信息获取进程。信息获取与公众参与环境公共决策进程之间的时间期限往往是相互联系的,因此适当的期限规定,对于系统的正常运转至关重要。如果对获得信息请求的回复推迟了,就可能影响公众对决策进程的参与,实际上损害了公众的参与权益。

3. 驳回信息公开申请的限制

为了充分保障环境信息的知情权,《奥胡斯公约》对驳回信息公开申请的形式、期限和内容都做出了严格的限制。该公约第4条第3款规定了缔约方和公共当局可以驳回信息获取申请的三种情形:第一种情形,如果收到申请的公共当局不具备所指的环境信息,可以不受信息披露责任的约束,如果另外的公共当局可能掌握该信息,根据第4条第5款,公共当局有责任告知申请人哪个机构可能掌握该信息,或者可以直接将请求转交给掌握信息的机构,并告知申请人。在第一种情形下,具备信息的含义,不限于公共当局产生的信息或在当局职能范围内的信息。第二种情形,如果请求明显不合理或范围过于宽泛,公共当局可以驳回信息获取申请。在第二种情形下,“明显不合理”不能理解为所申请信息的数量和复杂程度。针对信息量巨大的申请,公共当局可以有延长回应时间、通过便捷形式提供或者根据第4条第8款的规定告知要求提供该信息的费用。[①] 第三种情形,如果该项环境信息申请涉及尚待完成的材料或涉及公共当局内部通信的材料,可以拒绝公开,但是仅限于国家法律或习惯做法将此情形按照例外对待的情况下,同时必须考虑能够因该信息的公开而获益的公众利益,并在书面陈述驳回理由时明确说明如何在决定的过程

① ECE/MP. PP/C. 1/2005/2/Add. 3, para. 33.

中考虑了公众利益。在第三种情形下，“尚待完成”指准备信息或文件的过程，并不指与制定该信息或文件的目的相关的决策制定过程。例如某决策的草案，即便与文件相关的决定还没有制定，也并不能直接将其归类于例外，应公开征求意见的诸如许可、环境影响评估、政策、项目、计划和实施条例等文件，不被视作该例外中的“尚待完成的材料”。此外，有关环境原始数据也不能以“材料尚未完成”，仍需处理或校正系数而免除公开。[①] 关于“内部信息”的规定，旨在保护政府工作人员的个人选择。在决策制定过程中，作为法定咨询方的公共当局表达的观点或声明不能够被视作内部信息。受公共当局的委托进行研究的独立机构所做的研究报告也不属于内部信息。《奥胡斯公约》将这些可以排除适用的情形视作选择性条款，即使缔约方接受了这些特殊例外情况，也可以允许公共当局在提供环境信息时进行自由裁量。公约强调允许并鼓励缔约方采用在获取信息方面为公众提供比第4条规定更广泛权利的措施。

公约还列举了基于公共或第三方利益考虑而驳回环境获取申请的一些情形，包括：涉及国家法律规定的公共当局工作事务的保密信息；涉及国际关系、国防或公共安全的信息；涉及司法审理、个人受到公正审判的权利或公共当局进行刑事调查或纪律调查能力的信息；涉及为保护正当经济利益，由法律规定予以保护的商业秘密或工业机密，但与环境保护有关的排放信息除外；涉及会对知识产权造成负面影响的信息；涉及国家法律规定应予保护的个人信息，且当事人不同意公开的；涉及无信息提供义务第三方利益的信息，且第三方不同意公开的；涉及珍稀品种养殖场所等环境信息。[②] 公约要求公共当局对这些驳回理由的解释应有所限定，明确每个案例中信息公开对相关利益会造成的实际损害，并阐明已经顾及因信息公开本应获益的公共利益和驳回信息公开申请所保护利益之间的平衡，并考虑到所

① ECE/MP. PP/C. 1/2012/12, paras. 75 – 77.

② 参见《奥胡斯公约》第4条第4款。

申请信息是否涉及向环境的排放。[①] 为了实现公约目的,第4条第6款针对例外免予公开的信息,要求公共当局进行信息分割,提供信息中非保密部分。

根据《奥胡斯公约》第4条第7款的规定,驳回信息公开申请应尽快并最迟在一个月之内,以书面形式作出,除非口头提出环境信息申请的申请人不要求书面答复。这意味着缔约方要确保所有环境信息申请人都清楚自己有权利要求收到的驳回以书面形式呈现。驳回申请的说明必须包括如何利用公约第9条的复审程序进行救济的途径,驳回申请的合法理由,以及根据缔约各方的具体情况要求指出驳回申请所依据的法律条款。[②] 由于信息的复杂性而有必要延长驳回期限的,最多延长至提交请求后两个月。并应在第一个月期限结束之前向请求人通报此种延长及延长的理由。《奥胡斯公约》没有规定在涉及第三方利益时,公共当局可以延长提供信息最后期限。

4. 降低公众获取环境信息的成本

《奥胡斯公约》认可公共当局收取提供信息的费用,但要求这个收费不得超过合理的数额,且应当向信息申请人预先提供一份可能收取的费用明细表,列出收费和免费的情况,并说明在什么情况下须先收到预付款才能提供信息。[③] 一个负担不起的环境信息,就丧失了自身的可取得性,"合理数额"应当理解为缔约方没有权利将所有成本转移到信息的申请人身上,信息提供费用应限制在生产信息的材料成本范围内,不包括信息调查时已纳入国家预算的间接成本。[④] 为使财务障碍不成为获取信息的阻碍,政府通常免收个人或非政府组

---

① ECE/MP. PP/C. 1/2009/2/Add. 1, para. 30 (c).

② See Ralph Hallo, eds., *Access to Environmental Information in Europe: The Implementation and Implications of Directive* 90/313/*EEC*, London, Kluwer Law International, 1996, p. 76.

③ 参见《奥胡斯公约》第4条第8款。

④ See Case C – 217/97, Commission of the European Communities v. Federal Republic of Germany, judgement of the Court (Sixth Chamber) of 9 September 1999, para. 47.

织获得信息的费用。收费明细表除了可以防止滥收费,也向公众预告了获得信息的成本,从而可以提高环境信息的申请效率。

(二)公共环境信息的收集与传播

对于重要的环境信息,因其具备提供给公众的紧迫性和必要性,仅通过依申请而公开的途径是不充分的。《奥胡斯公约》第5条规定了缔约方和公共当局收集和传播特定环境信息的义务。这些信息包括:与公共当局职能相关的环境信息,关于拟议的和正在进行的、可能对环境造成重大影响的活动的信息,紧急情况下的信息,关于环境状况的信息,产品信息,污染物排放和转移信息,法律、法规、政策、协定和其他与环境有关的文件的信息,以及关于如何获取环境信息的信息。

1. 建立重要环境信息的管理制度

公共当局有责任收集、掌握,并及时更新与自身职能相关的环境信息。能够充分了解拟议和正在进行的可能对环境造成重大影响的活动,在人类健康或环境面临人类活动或自然原因造成的任何迫在眉睫的威胁的情况下,立即毫不迟延地向可能受影响的公众发布所掌握的一切能够帮助公众采取措施预防或减少此种威胁造成的损害的信息,是公共当局的重要责任。[①] 公约要求各缔约方以立法的形式确保公共当局以透明的有效的方式向公众提供环境信息。为了实现公约要求的有效性,公共当局应向公众充分介绍其所具备的环境信息的类型和范围,提供此种信息的基本规定和条件以及获取这种信息的手续;缔约方要建立和保持公开清单、登记册或档案等切合实际的制度安排;为公众免费提供清单、登记册或档案中包含的环境信息提供制度保障。

2. 国家的环境信息责任

根据公约的要求,各缔约方应在不超过3~4年的间隔定期发布

---

① 参见《奥胡斯公约》第5条第1款。

关于环境状况的国家报告，其中包括关于环境质量的信息和关于环境所受压力的信息，如立法和政策文件，关于环境问题的国际条约公约和协定，以及关于环境问题的其他相关的重要国际文件。[①] 此外，还要公布其认为在制订重大环境政策建议方面具有相关意义和重要性的事实和关于这些事实的分析报告，公布或以其他方式提供关于其在公约范围内的问题上与公众相互联系的说明材料，以及以适当的形式提供关于各级政府在环境方面履行公共职能或提供公共服务情况的信息。[②]

第 5 条第 8 款要求缔约方建立机制，确保向公众提供充分的产品信息。无论是缔约方、生产者或者销售者在公开信息时，必须使消费者能够在环境方面作出明智的选择。这里比较常见的例子是生态标签或绿色标志。这可能是具有深远影响的一个条款，一方面促进公众获得环境信息，另一方面促进企业或其他私主体主动自愿公开环境信息。[③]

要有效地使用公众参与这个工具，公众不仅需要了解与某一个决策过程相关的信息，也需要了解与他们参与决策过程的机会相关的信息。[④] 这意味着公众应该实际理解向他们公开的公众参与程序，包括他们能够有效使用这些机会的不同方式，以及他们参与可能带来的结果的性质，使得公众可以有效使用这些机会。

3. 污染物排放与转移登记制度

为鼓励防止和减少污染，《奥胡斯公约》第 5 条第 9 款要求各缔

---

① 参见《奥胡斯公约》第 5 条第 4 款。

② 参见《奥胡斯公约》第 5 条第 5 款、第 7 款。

③ See Ebbesson Jonas ed al. , *The Aarhus Convention: An Implementation Guide*, New York and Geneva, United Nations 2014, p. 113.

④ 参见《奥胡斯公约》序言第 12 段。

约方逐步建立污染清单和登记册，即建立“污染物排放与转移登记制度”。[①] 建立一个可能进入空气、水和土壤中的有害排放，以及向异地转移进行处理和处置的废物的数据库，将各种有害物质的产生、排放、进一步使用和处理过程作为原始数据，以分析报告的形式向公众公布。根据第 5 条第 9 款，缔约方的污染物清单或登记册必须保持一致、覆盖全国、结构完善、计算机化，并对公众开放。一方面，一个连贯的、区域性的污染物排放和转移登记制度系统，可以用于判断许可条件的合规性，或者分析污染控制法的有效性。即便仅仅公布向环境中排放的化学品数量，也会引导公众开始参与关于持续的环境污染的决策过程，使投资者和消费者可以更好地评估公司的环境绩效，并在全球市场中做出更明智的选择。[②] 另一方面，污染物排放与转移登记制度，为污染物排放施加下行压力，通过降低排放，企业可以公开显示其改善环境的决心，从而促进可持续发展。[③]

4. 充分利用信息技术等现代化手段

信息技术的进步正在改变政府和公众创造、储存、传输和获得信息的方式。《奥胡斯公约》特别关注新的信息形式，包括电子数据库。体现在序言、总则的第 3 条以及关于获得信息的第 4 条和第 5 条中。考虑到信息技术的发展，尤其是向电子形式的转变，以及通过网络和其他系统传输的能力。公约第 5 条第 3 款要求缔约方通过利用电子

---

① 这一制度于 2003 年 5 月，在基辅召开的第五次欧洲部长级环境会议上，通过《污染物排放和转移登记制度议定书》（a Protocol on Pollutant Release and Transfer Registers to the Convention on Access to Information, Public Participation in Decision – Making and Access to Justice in Environmental Matters, PRTRs）的形式被确立下来。该议定书于 2009 年 10 月 8 日生效。截至 2016 年 5 月 2 日，该议定书共有 36 个缔约方。文件文本见 United Nations, Treaty Series, Vol. 2626, p. 119. Doc. MP. PP/2003/1。缔约方情况见：https://treaties. un. org/Pages/ViewDetails. aspx? src = IND&mtdsg_no = XXVII – 13 – a&chapter = 27&clang = _en, 2019 年 7 月 15 日最后访问。

② See Ebbesson Jonas ed al. , *The Aarhus Convention: An Implementation Guide*, New York and Geneva, United Nations 2014, p. 114.

③ See Guidance on Implementation of the Protocol on Pollutant Release and Transfer Registers, ECE/MP. PP/7, Foreword, p. 14.

信息系统进一步加强信息的收集和传播,除了尽量提供电子版的环境信息,还要确保建立的电子数据库便于公众获得信息。所谓便利化的要求,包括:使用电信网络来促进公众直接获得信息库,避免需要公共当局操作员的情况;建立使公众能够检索信息的电子数据库;建立结构完善的、人性化的、能够提供不同类型信息的数据库,如污染物种类、物种、国家的地区等;建立互相关联的数据库,使相互联系紧密的环境信息可以实现统一查询,数据库间形成一个可以立即检索的更大的数据集合。这里需要注意的是,即便已经存在一个强大的数据集合,也要保障不能通过电子信息手段查询的公众,获取环境信息的权利。

五、公众参与有关“拟议活动”的决策

《奥胡斯公约》第 6 条规定了公众参与有关具体活动决策的基本要求,明确具有充足法律保障的高水平公众参与在具体的决策制定类型中的适用性。其中第 1 款第 1 项和第 2 项共同建立了判断对于某些拟议活动是否适用第 6 条的标准。前者通过附件一列出了可能对环境造成重大影响的活动的清单,涵盖 21 大类具体活动,[①]涉及的是“关于是否准许的决定”;后者设立了缔约方在未列入附件一中的可能对环境造成重大影响的活动中使用第 6 条的责任,涉及的是关于拟议活动的“决策”。第 1 项中的决定一般需要准许或批准程序,比如批准一个拟议项目、活动或行为的决策,这其中也包括与安全和排放相关的二次决策;再如自然资源使用许可和排污许可等。相比而言第 2 项中的活动类型通常无须进行完整的准许程序,相对灵活,从而将公众参与的具体决策程序拓展适用到环境方面的重要性得到认可的其他决策类型。公约并不强制建立一个正式的许可或批准程序,但是一旦建立这类程序,必须执行第 6 条规定的公众参与程序。

---

① 参见《奥胡斯公约》附件一。

(一)相关"拟议活动"的范围

"拟议活动"指有关当局根据适用的国家程序制定的环境事务公共决策中的活动和活动的重大改变,这里既包括项目,也包括装置建设;既包括活动的继续进行,也包括活动中发生的变化或延期,只要该变化或延期本身满足附件一中规定的标准或阈值。[①] 根据第6条第1款第2项判断一个拟议活动是否需要适用公众参与程序,不一定必须确定该活动肯定会对环境造成重大影响,仅仅具有造成重大影响的可能性便使缔约方责任生效。

公约要求无论决策制定程序是否被要求包含环境影响评估,或者在国家法律下被视为"与环境相关的决策制定",只要该决策制定本身可能对环境产生重大影响就应当适用公众参与。[②] 环境影响评价不是公约要求的公众参与的必要组成部分,但如果依据国家法律规定在环境影响评估程序中要开展公众参与时,其公众参与程序必须符合第6条的规定。[③]

尽管环境影响评估过程揭示出拟议项目可能会对环境造成的负面影响后,公共决策的结果仍有可能决定项目实施,基于环境影响评估程序对拟议活动的进程造成的环境影响所进行的详细审查,不能忽视评估结果对于决策本身的重要作用。根据第6条第10款的规定,如果"拟议活动"实施条件因行政程序的更新或升级而改变(如行政许可条件的升级等情况),也要酌情参照"拟议活动"开展公众参与程序。

第一项范畴内的一些活动可能免于执行第6条规定的公众参与。第一类是持续时间少于两年,完全或主要为研究开发和试验新

---

① 参考《埃斯波公约》第1条第5款的定义,《奥胡斯公约》附件一第22段。

② ECE/MP. PP/C. 1/2010/4/Add. 1, para. 46.

③ 参见《奥胡斯公约》附件一第20段。根据裁定ECE/MP. PP/C. 1/2009/8/Add. 1, para. 82,奥胡斯公约履约委员会认为:"决定不需要进行环境评估的做法不构成违反公约规定,即便这样的决定可能会违反关于环境影响评估的国家或国际法律。"

方法或产品而实施的项目。[①] 如果研究项目可能对环境或健康造成重大的不利影响，第6条将自动适用。第二类是国防类项目。当拟议活动为国防目的服务，适用公众参与的规定会对国防造成不利影响，缔约方可以规定国防例外条款，并通过设立使用该例外的明确的国家法律标准，要求在具体情况下审查是否会对国防造成不利影响。[②]

另一类重要的环境公共决策与转基因生物有关。[③] 由于在1998年公约谈判过程中，未对于“有目的有计划地将转基因生物释放到环境中的做法”的适用程度达成一致，当时搁置了该项讨论。根据《转基因生物修正案》第6条第11款、第6条的规定，不适用于是否准许有目的有计划地将转基因生物释放到环境中以及将其投放市场的做法的决定。但是，该条款前有“在不影响第3条第5款的前提下”表述。第3条第5款规定，缔约方可以采取措施提供比公约要求更高的更多获得信息渠道，在决策过程中更广泛的公众参与，以及在环境问题中更广泛地诉诸法律的渠道，这意味着，缔约方始终可以对于转基因生物决策适用比第6条规定更广泛的要求。修正案已有31个缔约国，但尚未批准生效。[④] 目前仍适用的原第6条第11款要求公约适用于关于是否准许有目的有计划地将转基因生物释放到环境中的做法的决定。同时，也附加了“在可行和适当的前提下”的义务，即在国家法律的框架内履行提高相关决策透明度和加大公众参与的责任。

（二）“充分、及时和有效”地信息告知

环境信息公开程序的目的是保障公众的环境知情权，环境决策

---

① 参见《奥胡斯公约》附件一第21段

② 参见《奥胡斯公约》第6条第1款第3项。

③ 参见《奥胡斯公约》第6条第11款。

④ 有关修正案的签署、批准及生效情况见联合国官网：https://treaties. un. org/Pages/ViewDetails. aspx? src = TREATY&mtdsg_no = XXVII - 13 - b&chapter = 27&clang = _en, 2019年7月19日最后访问。

程序中信息告知的目的是保证公众能有效参与环境公共事务决策。因此对相对公众范围、信息告知内容和形式,以及信息告知的期限都有特别性规定。《奥胡斯公约》第6条第2款设立了告知所涉公众必要的信息、以保证其有效参与环境决策制定的最低标准。在一项环境决策程序的初期应"充分、及时和有效"地酌情以公告或个别通知的方式向所涉公众告知各种信息,特别是:说明拟议的活动以及有待决定的申请,尽可能包括能够帮助公众充分理解拟议活动的范围和潜在后果的所有信息;说明可能作出的决定或决定草案的性质,如批准、许可等;说明负责作出这种决定的公共当局;说明所计划的决策程序;说明对该活动要按国家(或跨界)环境影响评估程序办理。在说明所计划决策程序中,应尽可能涵盖程序的启动、公众参与的机会、准备举行公开听证会的时间和地点、可以向哪个公共当局索取有关信息,以及说明存放有关信息供公众查阅的地点、可以向哪个公共当局或任何其他官方机构提交意见或问题、转达意见或问题的时间安排及具备哪些与拟议活动相关的环境信息。[①]

该条款规定了两种告知公众的方式——公告和个别通知。公告意味着利用正常的广泛传播信息的方式,向尽量多的公众散发信息。公告的方式可能包括在报纸或其他一般可获得的印刷媒体上发表,通过大众媒体传播,通过电子方式或在交通和人员密集的地方张贴公告,如在一定范围内张贴广告,在当地报纸发布公告,以及在所计划的活动当地或者所涉公众经常出现的地方进行告知等。[②] 个别通知意味着适当的情况下单独向某些类别的人传达信息。在个人的利益可能受到决策影响的特定区域内公众,或者对于不位于拟议活动附近,但满足"所涉公众"要求的非政府组织来说,个别通知尤其重要。

---

① 参见《奥胡斯公约》第6条第2款第4项。

② EC Council Directive 85/337/EEC of 27 June 1985 on the assessment of the effects of certain public and private projects on the environment, article 6, para. 3.

针对公告方式的理解,应以确保告知的范围要涵盖所涉公众为目标,可以同时使用几种不同的方式,或者有必要的话进行重复通知,提升告知的效果。[①]"有效地"告知公众,意味着使所有可能相关的公众能够有合理的机会去了解拟议活动和他们自身参与决策的可能。[②]"充分地"告知,意味着公告有效覆盖了与决策相关的所涉公众,且内容准确、充分,适当描述可能进行的决策的性质。[③]"及时地"告知,要求在环境相关的决策制定进程中的早期告知公众,以便公众能够有时间评估相关文件并进行准备,实现有效参与环境决策。[④]第6条第3款明确要求公众参与程序的每一个阶段都必须有充足合理的时间范围,以便公众有时间消化理解根据第2款的要求提供的信息、向公告中确定的公众当局索取更多的信息、审查提供给公众的信息、准备参加听证会或准备意见,以及准备好有效参与所有这些程序。这一规定事实上也为公共当局提供了充足的时间对公众参与程序进行管理,对公众提供的信息进行处理。第3款中合理的时间范围,应理解为根据拟议活动的性质、复杂性和规模,公众应该有充足的时间了解文件和提交意见。[⑤]例如,在一个大型垃圾填埋场的建设项目决策中,仅仅为公众提供10个工作日熟悉环境影响报告文件、准备参与决策进程是不符合公约规定的合理时间范围的。[⑥]关于公众参与时间范围的起算时间的规定,由于因不同形式的告知会有所差异,从根据国家法律要求发出最后告知的日期算起,更符合公约的要求。

---

① ECE/MP. PP/2008/5, para. 56;ECE/MP. PP/2011/11/Add. 1, para. 70.

② ECE/MP. PP/2008/5/Add. 6, para. 67. ECE/MP. PP/C. 1/2009/4/Add. 1, para. 41.

③ ECE/MP. PP/2008/5/Add. 6, para. 66.

④ ECE/MP. PP/2011/11/Add. 2, para. 89. ECE/MP. PP/2011/11/Add. 1, para. 67.

⑤ ECE/MP. PP/2008/5, para. 60.

⑥ ECE/MP. PP/2008/5/Add. 6, para. 70.

(三)及早有效参与决策程序

在规定了合理时间期限的基础上,决策责任机关应及早安排公众有效参与决策程序。“及早”意味着所有的选择或替代方案都是开放的,公众可以有效参与。通常情况下,公共当局针对与拟议活动有关的可能做出的决定会有一个既定立场。依据公约的要求,客观上,公众参与程序应当处于决策机关信息收集和处理的时间阶段;主观上,决策机关对改变立场或观点的可能性应持开放态度。任何缩小或减少选择方案的措施都预先限制了公众参与的影响,都是违反有效公众参与原则的。[①] 公众参与程序不是一次性的,也不是孤立的,而应当涵盖决策制定的整个过程。环境公共决策中,复杂的活动可能需要一系列的许可,其中每个制定可能对环境造成重大影响的决策阶段,都应当“及早”开展公众参与。[②] 公众参与讨论的内容,可以是“拟议活动”范围内的、批准某个具体活动的基本参数和位置、技术设计,以及技术细节等问题的各种独立的决策,其范围标准是不能实际减少公众的意见,以对拟议活动如何降低环境影响的公开讨论,代替是否批准拟议活动的公众参与。[③] 有关环境影响评价程序中,是否在确定环境影响评价范围或是筛选环境影响评价因子阶段要求公众参与,不是强制性规定。[④]

(四)鼓励在公共决策程序之前的公众参与

准备申请项目建设、开发或某项活动审批的单位,可以在公共决策程序之前采取一些行动来提高公众参与的效率。从而帮助解决申请人与所涉公众之间的误解、减少两方之间的冲突,缓解公众当局解决这些问题的负担。《奥胡斯公约》第6条第5款特别提出,缔约方

---

① ECE/MP. PP/2011/11/Add. 2, para. 117 (a) (iii).

② ECE/MP. PP/2008/5/Add. 6, para. 71.

③ ECE/MP. PP/C. 1/2007/4/Add. 1, para. 79.

④ ECE/MP. PP/C. 1/2005/2/Add. 4, para. 11.

应在法律中明确规定,鼓励申请人承担一些与公众交流的责任。[①] 这个预先公众参与程序,主要包括三个步骤:[②]第一步是在提交申请之前确定所涉公众,当然这并不意味着确定参与公共事务决策程序中所涉公众的范围;第二步是让申请人与所涉公众进行讨论,以此增强公众对拟议活动的目标和参数的理解,加强申请人对公众关切的性质的理解。申请人与公众的直接交流不但可以减轻公共当局的负担,也缩短了信息传播的距离,提高了信息的可信度。进行许可申请之前,申请人与公众的对话能够帮助减少分歧。第三步是让申请人向公众提供信息说明申请的目的。申请人甚至能够在提交申请之前根据公众的反应对申请进行修改,从而提高决策过程的效率,减少公共当局的负担。

(五)免费、尽快检索决策相关信息

依据《奥胡斯公约》第 6 条第 6 款的要求,公众有权免费和尽快检索参与公共决策程序阶段所具备的所有形式的相关信息。其中免费是针对检索信息,如果需要复印参照公约有关信息获取的规定,是可以适当收取合理费用的。可查阅文件的时间从决策相关信息告知公众起算,至少持续到第 6 条第 7 款规定的提出意见阶段,为使公众有机会真正获得“所有与决策相关的信息”,这个决策相关信息的获取阶段,应当与决策制定过程中收集信息的阶段重合。“公众参与阶段”之外的时间里,则不适用第 6 条第 6 款规定的检索信息的权利,需要申请信息的公众可以主张公约第 4 条中规定的获得信息的权利。[③] 例外驳回申请的理由,可以参考公约第 4 条第 4 款和第 5 款的规定。[④]

---

① ECE/MP. PP/C. 1/2009/4/Add. 1, para. 49.

② 这三个非强制性的步骤应当以法律的形式体现,参见 Ebbesson Jonas ed al., *The Aarhus Convention: An Implementation Guide*, New York and Geneva, United Nations 2014, pp. 146 – 147。

③ ECE/MP. PP/C. 1/2009/8/Add. 1, para 96. ECE/MP. PP/C. 1/2005/2/Add. 3, para 32.

④ 参见本章第三节第一段的内容。

不同于环境信息知情权的规定，这里的尽快获取的信息范围不限于环境信息。最低要求清单至少应包括：关于拟议活动的地点以及物理特点和技术特点的说明包括关于预计会产生的残余物和排放的估计；关于拟议活动对环境的重大影响的说明；关于设想采取哪些措施预防或减少包括排放在内的各种影响的说明；关于以上内容的非技术性的概述；关于申请人所研究过的主要替代办法的概要；根据国内立法在向所涉公众告知或通知信息之时，申请单位向公共当局交送的主要报告和咨询意见。《奥胡斯公约》在第6条第6款中列出了国内法中最低要求清单的必要内容，但公共当局还需同时履行公约第4条的规定信息公开责任。其中“关于拟议活动对环境的重大影响的说明”是建立在通常环境影响评估文件的基础之上的，参照《埃斯波公约》附件二中关于环境影响评估文件的最低内容要求，这些文件至少包括：对于拟议活动及其目的的描述；对于与拟议活动相关的合理的替代方案以及不采取行动的替代方案的酌情描述；对于可能遭受拟议活动产生的重大影响的环境，以及其替代方案的描述；对于拟议活动可能造成的环境影响、其替代方案和重要性评估的描述；对于降低对环境不利影响的措施的描述；对于使用的预测方式和基本的假设，以及相关的环境数据的明确说明；对于整理被请求信息过程中遇到的知识缺陷和不确定性的说明；对于监督和管理项目，以及项目完成后分析计划的酌情概述；包括地图、图表等适当的可视图像在内的非技术性总结。

《奥胡斯公约》特别考虑了“非组织公众”面对专业技术性强的环境决策相关信息理解上的困难，强调所涉公众可以获取的信息还要包括第1项至第3项信息的非技术性概述。非技术性的概述必须包含第1项至第3项的所有内容要点，[①]以帮助所涉公众消化并理解

① 如《匈牙利环境基本保护法》(Act LIII of 1995 on General Rules of Environmental Protection)第13条的规定，环境影响评估文件的非技术性概述应包括：关于活动“本质”的说明；预计产生的环境影响；影响区域的描绘；环境影响的评估；预计对受影响的社区的生活标准和社会环境的影响；计划采取的环境保护措施。

文件中包括的技术性很强的信息。

（六）公众在参与程序中表达意见

任何公众都有权在公众参与程序提出任何意见、信息、分析或见解。《奥胡斯公约》第6条第7款要求保障所有公众的表达权，尽管在决策信息告知和决策信息检索程序中所涉公众具备更有力的权利。非所涉公众不能作为公共决策机关拒绝考虑公众意见、信息、分析或见解的理由。[①] 根据第6条第8款，每条意见都应适当被考虑。但在决策制定中公众意见、信息、分析和见解的重要性仍由决策者确定。

公众对环境公共事务决策提出意见、信息、分析和见解可以采用两种形式：书面形式、公开听证会或对申请人的询问。公开听证会或问询为利益相关方提供了对话的平台，还为申请人提供了回答问题和意见的机会。但其不是公众提出意见的唯一途径，公约要求保障公众书面提交有关意见的权利。这种书面形式及其相关性不受格式或内容上的限制，只要公众认为相关，就可以提出。[②]

（七）公众参与结果的效力

《奥胡斯公约》第6条确立了在制定与具体活动相关的决策的过程中，针对这些活动可能产生的环境影响进行审查的制度，《奥胡斯公约》要求公众与环境问题相关的意见必须得到考虑，缔约方的法律必须允许环境方面的考虑作为决策制定的依据。[③] 如果国内法要求公共决策作出，应当以书面形式且说明理由，则其中说明理由的内容应当包括对考虑公众参与情况及结果的阐述。适当考虑公众意见，又不要求接受，并根据其意见改变决定，是赋予公共当局裁量权较大

① ECE/MP. PP/2008/5/Add. 6, para. 80.

② ECE/MP. PP/2008/5/Add. 6, para. 80.

③ 参见《奥胡斯公约》第6条第8款。

的一条规定，因此在实践中也遇到了较多问题。[①] 对此条款的理解和适用，还是要回到公约的目的和原则，有关当局有必要认真考虑公众参与结果并在决策、政策和法律的制定过程中加以解决，在不采纳相关意见时，要提供实质性的依据说明为什么驳回建议。

（八）决策结果的发布

任何公众都有权获悉环境公共事务决策的结果，因此公约要求，每个缔约方应确保在公共当局作出决定后，及时按照适当程序通知公众。[②] 这个及时适当的程序是依据国内法规定的程序，各国可以结合本国诉讼时效等规定合理适用。[③] 这里所谓的"合理"，是指能保证有可能就决策的某一方面起诉的公众有机会起诉。例如，如果起诉时间根据国内法的要求，从通报之日起算，延迟通报就可能会影响诉讼问题。而如果此时所决策的项目已经开始施工，则会造成无法保存现状或恢复现状成本较高的隐性问题。

《奥胡斯公约》第 6 条第 9 款要求允许公众应当可以查阅决定的案文并了解决定所依据的理由和考虑。这里的主体不受所涉公众和参与了决策程序的公众的限制，保障所有公众的知情权。本条款也是环境公共决策合法化的重要表现，通过提供决定所依据的理由和考虑，决策者可以证明其检查了参与方提出的证据并考虑了他们的观点。由于考虑到决策的文章篇幅，全文可不必包含在告知公众所作决定的通知中，但必须在通知中指明公众可以查阅决定的全文。"所依据的理由和考虑"有何种程序标准，公约中没有进一步规定，[④] 但形式上应当考虑到公约第 9 条第 2 款发起复审程序的相关时间范

---

① 如 ECE/MP. PP/C. 1/2009/4, para. 29; ECE/MP. PP/C. 1/2009/8/Add. 1, para. 98; ECE/MP. PP/C. 1/2009/8/Add. 1, paras. 99 - 100。

② 参见《奥胡斯公约》第 6 条第 9 款。

③ ECE/MP. PP/2008/5/Add. 6, paras. 81, 82, 84.

④ ECE/MP. PP/2008/5/Add. 6, para. 81.

围和其他要求,保障诉权的同时也作为进一步控制决策质量的手段。[①] 公开决策所依据的理由及考虑,不仅可以增加决策的可靠性,提高公众对该政策执行的支持度,也可以为未来决策者在遇到类似情况时提供参考,以及帮助机构制定清晰明确、连贯一致的决定。

六、公众参与计划、方案和政策

《奥胡斯公约》第7条规定了缔约方的一系列义务,保障公众能够参与制订与环境有关的计划、方案和政策。虽然第7条详细表述了第6条中的几个条款,如计划和方案,但对当局的义务和公众的权利的定义不如第6条清晰。第7条让缔约方得以更加灵活地在环境决策方面找到公众参与的适当的方法。缔约方在第7条和第8条中规定的决策过程中有更大的灵活性,尤其是关于政策和法律草案的责任。

(一)公众参与环境有关的计划和方案

1. 决策类型

公约第7条指的是与环境有关的计划和方案,而不是对环境可能产生影响的计划和方案。计划和方案在国际法中的解读不尽一致。根据各国的实践,与环境有关的计划和方案可以包括可能对环境产生重大影响且需要战略环境评估的计划、方案和政策,如国家和地方政府出台的环境行动计划和环境健康行动计划;可能对环境产生重大影响但不需要战略环境评估的计划、方案和政策,如为达到降低污染目标实施的刺激方案;可能对环境产生影响但影响不重大的计划、方案和政策,如涉及小规模区域的使用;以及其他旨在保护环境的计划、方案和政策。

2. 公众参与程序及保障

缔约方必须在最低限度内为公众参与制定与环境有关的计划和

① ECE/MP. PP/2008/5/Add. 6, para. 84.

方案做实际安排。《奥胡斯公约》第 7 条要求缔约方建立一个透明和公平的框架，保证广义的"公众"，即任何人有真实有效的机会参与决策。这个框架可以利用必要的法律、监管手段，也可以是其他措施。公共决策机构要为公众提供必要信息，包括通知公众程序的启动和参与的可能性，以及提供与制订计划和方案有关的信息，例如，在制定重大环境政策建议方面具有重要意义的事实和关于这些事实的分析报告。在这个透明、公平的框架内，要适用公约关于公众参与具体环境项目决策的有关规定。例如根据第 6 条第 3 款的规定，公众参与程序在不同的阶段应有合理的时间范围，留出足够的时间，以便通知公众，让公众能够准备好有效参与环境决策。根据公约第 6 条第 4 款和第 8 款，每个缔约方应安排公众及早参与，准备各种方案以供选择，同时确保公众参与的结果在决策中得到应有的考虑。

3. 确定参与公众

参与有关环境计划、方案制定的公众，由有关公共当局确定。基于公约"鼓励帮助广大公众认识和参与影响环境与可持续发展的决策"的目标，第 7 条并非限制参与公众范围工具，也不能将参与公众狭义理解为"所涉公众"，[①]而是简化参与程序、提高参与效率的方法。缔约方制订确定参与公众范围的标准，应当坚持程序的透明和公平，让公众能够表达自身利益。在一些国家的实践中，公共决策机构可以根据议题兴趣建立相关个人和非政府组织的永久性清单。

(二)公众参与环境有关的政策

不同于参与计划与方案的程序要求，公众参与环境相关政策的程序不适用《奥胡斯公约》第 6 条关于公众参与的时间范围和有效机会，以及确保切实考虑公众参与的条款。根据公约第 7 条在适当的

---

① See Jerzy Jendroska, "Public Participation in Environmental Decision - Making" in Marc Pallemaerts, ed. *The Aarhus Convention at Ten: Interactions and Tensions between Conventional International Law and EU Environmental Law*, Groningen, The Netherlands, Europa Law Publishing, 2011, pp. 123 - 132.

前提下,每个缔约方应设法使公众有机会参与制定与环境有关的政策。但对政策的理解,以及对政策中公众参与的要求,公约都没有明确解释。本条可根据第 3 条第 7 款关于促进在国际进程中和国际机构内应用公约的原则的要求执行。

七、公众参与诉诸法律

《奥胡斯公约》第 9 条要求提供充足的救济程序,保障公众参与国家与环境有关的法律赋予的权利。诉诸法律对于公众合法利益的保护和法律的执行是必不可少的。公众利益的保护和法律的实施是公约规定的其他责任的基础。诉诸法律是实施公约的主要途径,是另外两个支柱的保障。诉诸法律的规定本质上适用于所有环境法律涉及的事务,用以救济被驳回或未充分处理环境信息的请求,关于具体决策的决定、作为和不作为,以及所有其他个人或政府可能违反环境法的作为和不作为。前两个类型的环境事务决策必须由法庭或依法设立的类似法庭的机构进行复审,即司法救济途径;第三类情形可以通过司法程序也可以通过行政程序来实现。但无论是司法程序还是行政程序,都要遵循公约的基本要求。首先要确保程序公平、公正、及时,且费用不致过于昂贵;程序要有相应的充分的补救办法;要确保公众提供关于诉诸行政复审程序和司法复审程序的信息,同时考虑建立适当的协助机制以消除或减少经济障碍和其他障碍。根据公约的基本原则,公众在环境问题上诉诸法律,不应因公民身份、国籍或居所而受任何歧视。公众跨境诉诸法律的权利也应当受到保护。

(一)公众获取信息权的救济程序

《奥胡斯公约》第 9 条第 1 款要求缔约方确保任何人,凡认为其索取信息的请求未得到按照第 4 条的规定的处理,都能诉诸法律。公众在认为其索取信息的请求被忽视或不当驳回、未得到充分答复或者未得到第 4 条规定的处理的情形下,都有提出司法救济的权利。[①] 公约在第 4 条信息获取的程序中规定了很多具体和实质性的标准:比如第 4 条第 2 款规定的收到回复信息公开申请的时间;第 4 条第 1 款规定的回复的形式;第 4 条第 3 款和第 4 款规定的驳回请求的理由及说明。这意味着即使申请人可能已经收到了关于请求的回应或者所请求的信息,仍然有依据得到申诉。公众根据第 9 条第 1 款提出申诉时,不要求有实质或程序上的合法性。

任何人,包括一个或多个自然人或法人及其协会、组织或团体,如凡认为自己按照第 4 条所提索取信息的请求被忽视、部分或全部被不当驳回、未得到充分答复或未得到该条所规定的处理,都具有向申诉机构或司法机关对按照第 4 条所作的决定提出质疑的原告资格。[②] 为了减少时间和经济成本,公约还要求缔约方在司法途径之外,确保信息申请人能够求助于法律规定的由公共当局重新考虑或法庭以外的独立公正机构进行复审的"快速"而"不昂贵"的程序,比如行政复议程序[③]、专门的信息申诉机构[④]等。根据第 9 条第 1 款作的最终裁决必须对持有所请求信息的公共当局具有约束力。至少在根据本款拒绝提供信息的情况下应书面说明理由。

(二)所涉公众针对具体环境公共决策的救济程序

公众针对具体环境决策的诉诸法律的范围从第 6 条关于公众参与和决策的"任何决定、作为或不作为"延伸到公约的其他条款。第 9 条第 2 款不仅表明,公约第 3 条的总则和第 5 条关于收集和发布信

① 《奥胡斯公约》第 9 条第 1 款明确表示复审程序必须由法庭或其他"依法设立的独立公正的机构"进行。"独立公正"的机构不一定是法庭,但必须至少是准司法性质、有确保正当程序的保障措施、独立于任何政府机构且与任何私人主体没有任何联系的机构。

② ECE/MP. PP/C. 1/2005/2/Add. 1, para. 26.

③ See Poland, Act on Access to the Information on the Environment, Public Participation and the Environmental Impact Assessment of 2008.

④ 如英国信息专员办公室(Information Commissioner's Office, ICO)就是这样一个独立机构,其宗旨是维护公共利益的信息权利,促进公共机构的开放和个人的数据隐私。

息的条款也符合"其他相关规定"的标准,还意味着,第7条关于公众参与制定与环境有关的计划、方案和政策的规定描述了需要公众参与的其他程序,也应当可以进行复审。

具有原告资格的主体,根据第9条第2款的最低要求是有充分利益的所涉公众,或在缔约方行政诉讼法规定为一项先决条件的情况下,认定某项权利受到损害的所涉公众。换句话说,正在受或可能受环境决策影响,或者在环境决策中有自己利益的公众,[①]有资格对第6条规定范围内的任何决定、作为或不作为的实质和程序上的合法性提起复审。根据本章的分析环保组织应被视作有"充分利益"或者权利有可能受到损害。[②] 界定充分利益和对权利的损害必须符合"广泛让公众能在公约范围内诉诸法律"的目标。《奥胡斯公约》第6条范围内的公众实际参与决策程序指公众成员有所涉公众成员的身份。但这不能简单地理解为,只有参与了决策程序的个人,才有第9条第2款所指的诉诸法律的救济权。确认原告资格的标准可能包括"直接利益""充分利益""个人或法人利益",也可能需要从受合法保护的个人权利出发来考察,但在实践中不能做狭隘的法律解释。[③] 例如,法院将证明有直接利益、个人利益或者合法利益作为确定起诉资格的一般性标准,也不满足公约的要求。[④] 无论公众角色如何,都应当有参与初步行政程序(如表达言论、提出意见等)的起诉资格。[⑤]

根据《奥胡斯公约》第9条第2款的规定,针对具体环境事务决

---

① 参见《奥胡斯公约》第2条第5款。

② 欧盟法院在关于Trianel案中认定,根据第85/337/EEC号指令第10条第1款的规定,无论成员国如何选择批准一项行动,环境保护组织有权向法院或其他依法设立的独立公正机构要求复审程序,对该条款范围内的决定、作为或不作为的实质或程序上的合法性提出质疑。CJEU, in Case C-115/09, Bund für Umwelt und Naturschutz Deutschland, Landesverband Nordrhein-Westfalen eV v. Bezirksregierung Arnsberg (European Union), Judgement of the Court (Fourth Chamber) of 12 May 2011。

③ ECE/MP. PP/C. 1/2012/11, para. 76.

④ ECE/MP. PP/C. 1/2006/4/Add. 2., para. 40.

⑤ See Case C-263/08, Djurgarden-Lilla Värtans Miljöskyddsförening v. Stockholms kommun, Judgement of the Court (Second Chamber) of 15 October 2009.

策，以及其他公约规定的环境事务的参与程序的救济程序，缔约方可诉诸行政当局进行初步复审，但行政救济程序不能取代诉诸法庭的机会，必须保证诉诸司法的程序，并确保正当程序的保障措施独立于任何政府机构且与任何私人主体没有任何联系。由于在很多案件中行政救济可以快速地解决问题，避免上法庭，缔约方可以要求原告在诉诸法庭之前尝试所有可能的行政复审程序。通常情况下，个人可能先要向负责公众参与程序的公共当局请求复审，然后向更高级别的行政当局就该公共当局的决定提出复议，然后才能诉诸法庭。

公众有权对决定的实质或程序上的合法性提出质疑。根据第 9 条，缔约方必须确保。如果出现违法行为，即实质的合法性，或者公告当局违反了法律规定的程序，即程序上的合法性，本款范围内的所涉公众能够获得对任何决定、作为或不作为的复审。针对实质合法性的质疑包括例如没有对公众意见或公众参与结果酌情给予考虑。针对程序合法性的质疑包括政府限制公众参与公开听证会，在过程中极度拖延公开听证会的召开时间的决定和行为，没有通知所涉公众中的特定成员等。鉴于环境影响评估排查程序和相关标准也属于按照第 6 条第 1 款第 2 目所要求的界定，所涉公众也有权得到复审程序，质疑环境影响评估排查程序的合法性。①

（三）公众就违反环境法行为诉诸法律

《奥胡斯公约》第 9 条第 3 款适用的作为和不作为的范围相当广泛，而且允许缔约方灵活执行。公众成员可以直接通过诉诸法庭来直接执行环境法律，而不是简单地解决个人受到的损害；也可以通过接触参与行政程序来间接地执行法律。根据公约的规定，符合国家法律可能规定的标准的公众就违反与环境有关的国家法律的个人和公共当局的作为和不作为提出质疑，不必根据初步证据确定。也不局限于公约关于信息或公众参与的权利，决定因素应是所涉规定是

① ECE/MP. PP/C. 1/2012/11, para. 82.

否与环境有关。换句话说，本款所指的可诉作为或不作为，可能是违反规划法或海洋法中有关自然资源开采和船舶污染的规定。①

有关第3款中起诉资格的标准，公约允许缔约方灵活定义能够诉诸法律的公众。在国家法律中设立民众诉讼体系，让任何人都可质疑与环境有关的任何决定、作为或不作为，并非缔约方的强制性义务。但根据公约关于确保诉诸法律的目标，缔约方也不能利用满足国家法律的标准为借口，建立或维持严苛的标准阻碍公众对违反与环境有关的国家法律的作为或不作为提出质疑。② 公约鼓励关于环境问题的诉讼起诉资格的广泛性。

根据公约的规定，符合国家法律可能规定的标准的公众有资格诉诸法庭直接执行环境相关法律，缔约方也可以让公众有权发起行政程序或刑事程序。③ 针对不同性质的作为和不作为可以有不同的复审程序。缔约方必须确保公众在个人或公共当局有违法行为时直接执行法律。质疑作为和不作为的复审程序必须能够让公众就所控的违法行为的实质及程序上的合法性提出质疑。比如满足国家标准的公众可就一家企业超标排放提出质疑。相关个人和环境组织既可以选择将工厂的拥有人或运营人诉诸法庭，说明违法行为并获得补救办法，如诉请法院命令停止排污，也可以针对运营人在行政程序中寻求第9条第4款中规定的指令性补救。公众针对公共当局违反国家环境法的作为或不作为的质疑，也属于复审程序的范围。

---

① ECE/MP. PP/C. 1/2012/14, para. 83.

② ECE/MP. PP/C. 1/2006/4/Add. 2, para. 36.

③ 在《奥胡斯公约》的缔约国中，涉及环境的刑事执法，有授权某些组织或个人的例子（如《自然保护法案》），也有提供“公民执法人诉讼”程序（如《美国清洁空气法》）公民执法人可以收取货币罚款。See Ebbesson Jonas ed al., *The Aarhus Convention: An Implementation Guide*, New York and Geneva, United Nations 2014, pp. 198, 201.

(四)补救办法

《奥胡斯公约》第9条第4款明确了再诉诸法律时,公众可以获得的补救办法和裁决形式。补救办法的最低定量标准是充分有效,相对标准是指令性补救。第9条中公众参与诉诸法律程序的目标是矫正错误的决定、作为和不作为,最终为违法行为获得补救办法。充分的补救办法包括弥补过去的损失、预防未来的损害和恢复原样。有效的补救办法意味着能够切实有效地得以执行。赔偿措施就是一种充分的补救办法,虽然货币赔偿常常不足以弥补对环境的破坏,但仍然可以向受到损害的个人提供满意的补偿。货币赔偿也可由运营人向公共当局支付,用以修复所造成的负面影响。指令性补救,通过要求停止某项活动或违法行为,或者采取某项措施,防止或补救伤害。采取措施的指令可以是提供信息或地点、召开听证会等。指令性救济在环境案件中非常重要,环境纠纷多与对人类健康和环境产生影响的拟议活动有关。如果不及时应对,对健康或环境可能会造成无法逆转的损害,事后再多的赔偿也无以弥补。

(五)复审程序要求

《奥胡斯公约》第9条第4款要求缔约方确保诉诸法律的复审程序"公正、公平、及时,且不致过于昂贵"。公正的程序要求包括决策机构最终裁决在内的程序公正,免受偏见、偏好或自我利益的影响平等地适用于所有人,不应有种族、国籍等歧视。公平程序要求在适用法律时避免不必要的技术性的方式。及时的复审程序要求缔约方必须确保,法庭或其他复审机构在复审程序中坚持及时这一标准。例如,没有适当地通知公众的情况下开始法庭审理,不符合第9条第4款所指的公正程序的要求;没有向相关方通报法庭的裁决,则不满足公约公正和及时的要求。[①] "公平"针对原告而不是作为被告的公共机构而言。当公众上诉的环境问题涉及公众利益并败诉,在分配费

① ECE/MP. PP/C. 1/2006/4/Add. 1, paras. 28 – 29.

用时应考虑到所涉的公共利益。[①] 例如应当在项目执行前,而不是开工后决定是否采取终止项目的预防措施。[②]

在实践中,除严苛的起诉资格标准外,诉讼成本在许多国家仍是公众参与诉诸司法的主要障碍。公约要求的"不致过于昂贵的"复审程序,以保障公众,无论是个人或非政府组织,有机会提出质疑或执行国家环境法律。在关于费用判断标准上,重点是要保证案件双方的平等性,包括原告在实践中不得依靠免费提供法律援助的律师或初级律师,或者拒绝让败诉方支付程序费用,都违反公约的要求。缔约方可以通过豁免和费用抵扣等不同的机制来履行公约要求,比如律师费可以交给案件胜诉的一方,即"费用跟随结果规则"。国家不应该对有愿望参与决策的公众成员施加财务约束。序言第12段也提到了"自由使用"。"自由使用"可以理解为公众以免费的、公开的、不受干扰的和一视同仁的方式参与决策程序。这并不是说政府应该承担所有参与某一程序的公众成员产生的费用。然而,公众成员承担的费用应该是与参与任何程序相关的正常成本。国家不应该对有愿望参与决策的公众成员施加财务约束。《奥胡斯公约》对成本问题有更进一步的规定。

复审程序的裁决,根据公约第9条第4款,应以书面作出并公布,包括临时裁决和有约束力的最终裁决。司法的有效性,要求司法机构的独立性、公正性和职业诚信,同时能够保证其判决最终能够在社会上执行。《奥胡斯公约》的主要内容正是公众与政府之间关系的核心,从这个意义上讲,其已经超越了环境协定,是一个关于政府责任、透明度和反应能力的协定。

公约要求缔约方向公众告知诉诸法律的程序,每个缔约方必须在公众中促进环境教育和提高环境意识,特别是帮助公众了解如何

---

① ECE/MP. PP/C. 1/2010/6/Add. 2, paras. 44 – 45.

② ECE/MP. PP/C. 1/2009/8/Add. 1, para. 112.

诉诸法律的规定。[①] 缔约方可以通过不同的方式提供此类信息。例如,驳回索取信息的请求应介绍如何利用第 9 条所规定的复审程序。根据《奥胡斯公约》第 9 条第 5 款的规定,缔约方有义务考虑建立“适当的协助机制”来克服诉诸法律的障碍。这些障碍在实践中,通常体现为经济障碍、起诉资格的限制、信息不足、难以获得律师、不明确的复审程序、缺乏独立公正的决策者、执行裁决不力。第 9 条鼓励广泛地解释根据国家法律申请复审的个人范围,此种广泛的解释让任何有相关利益的个人或组织能够提出质疑,将极大地减少诉诸法律方面的基本障碍,实现公众参与权的同时,可以推动环境保护事业,解决环境执法机构人手不足的问题。

八、绿色经济与环境治理中的公众参与

《奥胡斯公约》为落实《里约宣言》第 10 条的公众参与原则作了重要贡献,是促进公众参与环境决策和与环境问题有关的法律诉讼的有效工具。然而正如《基希讷乌宣言》[②]所强调的,在平衡绿色经济发展与推进全球环境治理中,公约面临着时代的挑战。

根据公约的最后条款,签署批准《奥胡斯公约》的条件是开放的,然而目前的缔约国主要仍是联合国欧洲经济委员会成员,导致公约的影响力有一定的局限性。为了具体指导和促进各国实施公约中的规定,联合国欧洲经济委员会陆续出版了多种语言形式的与环境公众参与决策权相关的文件,为在世界范围内宣传公约的目标和内容,提高国家和公众意识做出了贡献。[③]

《里约宣言》后的近 30 年,有关环境的国际政策仍然是可持续发展的三个重要支柱(经济支柱、社会支柱、环境支柱)中的短板,有关

① 参见《奥胡斯公约》第 9 条第 5 款、第 3 条第 3 款。

② 《基希讷乌宣言》(Chisinau Declaration)于 2011 年 7 月 1 日在《奥胡斯公约》缔约方第四次大会上通过。文本见 ECE/MP. PP/2011/CRP. 4/rev. 1。

③ 参见王兆平:《环境公众参与权的法律保障机制研究》,武汉大学 2011 年博士学位论文,第 124 ~ 126 页。

环境问题的国际治理的效率仍有很大的进步空间。[①] 在国内层面做出好的环境决定与在国际层面实现环境治理是密切相关的。广泛的利益相关方有机会就可持续的未来提出自己的意见，影响决策进程。确保公众有效地参与国际和国内环境进程具有至关重要的意义。政府在定义其与国际议程的立场时，应当力求反映公众关于可持续发展的观点。[②]

创新和技术进步可以帮助减少生态足迹，但是创新和技术进步本身不会带来可持续发展和更好的生活质量。现在人们已经更多地认识到可持续发展带来的经济利益以及为社会带来的潜在的机遇。所有政策、战略和项目的决定都应全面反映环境的经济和社会价值，以及今天的行动对环境产生的影响。[③] 绿色经济和公众参与决策都不是一个自成一体的目标，而是一个实现可持续发展和社会福祉的工具。公民应当受邀参与设计和执行绿色经济计划以及选择实现可持续发展的最适合的线路图。[④] 开放、透明、广泛的参与和责任是《奥尔胡斯公约》的主要原则和目标。政府提供必要的刺激工具、信息和协助，确保决策程序透明，从而实现信息畅通、平衡和有效的公众参与的决心，同时也会受到社会和经济发展以及全球化的多重挑战。如何让所涉公众完全参与决策和决策程序应当是实实在在的，而不是程序上的过场，仍是《奥胡斯公约》面临的挑战。[⑤]

---

① ECE/MP. PP/2011/CRP. 4/rev. 1, para. 9.

② ECE/MP. PP/2011/CRP. 4/rev. 1, para. 11.

③ ECE/MP. PP/2011/CRP. 4/rev. 1, para. 6.

④ ECE/MP. PP/2011/CRP. 4/rev. 1, para. 7.

⑤ ECE/MP. PP/2011/CRP. 4/rev. 1, para. 4.

第五章　环境公共决策中"非组织公众"参与权实现之域外考察

第一节　欧盟法中的公共参与：对国际法的转化与突破

在公众参与领域，欧盟法一直保持着不断创新的领先姿态，包括德国、法国、瑞典在内的很多国家，有关公众参与的法律结构主要受到欧盟法的影响，例如《欧盟战略环境评估指令》①生效后，《德国空间规划法》②才开始要求在规划决策过程中进行公众参与。正如大量的文献对其的高度评价，欧盟

① 《欧盟战略环境评估指令》也称"2001/42/EG 指令"（Richtlinie 2001/42/EG des Europäischen Parlaments und des Rates vom 27.06.2001 über die Prüfung der Umweltauswirkungen bestimmter Pläne und Programme），见欧盟文件 ABl. L 197 vom 21.07.2001, S. 30. 特别说明：截至 2019 年 11 月 20 日，欧盟共 27 个成员国，共 23 种官方语言，本书有关欧盟层面的法律文件如无特殊说明选用德语版。

② 《德国空间规划》1997 年 8 月 18 日通过，1998 年 1 月 1 日起实施的法律文本，见 BGBl. I S. 2081，当时并没有公众参与的规定；2004 年 6 月 24 日基于《欧盟战略环境评估指令》而修订了有关公众参与的条款，见 BGBl. I S. 1359。该法新文本于 2008 年 12 月 22 日颁布，最新修订于 2017 年 6 月 20 日，法律文本见 BGBl. I S. 2986，BGBl. I S. 2808。

环境法有对公众参与极为开放的传统。① 自20世纪80年代初开始，公众参与被认为是欧盟法律的任务。② 然而至今欧盟仍没有系统的公众参与战略,欧盟法对公众参与的要求取决于每个欧盟指令的专业监管领域,这也为研究带来了一定困难。为了研究欧盟的公众参与制度,有必要仔细地研究各种指令中的相关规定。除了已经提到的《欧盟战略环境评估指令》之外,还有《欧盟环境影响评价指令》③《欧盟工业排放指令》④《欧盟公众参与指令》⑤《欧盟水框架指令》⑥

---

① Vgl. Michael Kloepfer, "Die europäische Herausforderung - Spannungslagen zwischen deutschem und europäischem Umweltrecht", *NVwZ* 2002, 645 (651).

② Vgl. Cupei, Jürgen, *Umweltverträglichkeitsprüfung* (*UVP*): *Ein Beitrag zur Strukturierung der Diskussion – zugleich eine Erläuterung der EG – Richtlinie*, Köln, Heymann, 1986, S. 72 ff.

③ 《欧盟环境影响评价指令》也称"2011/92/EU 指令"(Richtlinie 2011/92/EU des Europäischen Parlaments und des Rates vom 13. 12. 2011 über die Umweltverträglichkeitsprüfung bei bestimmten öffentlichen und privaten Projekten, Kodifizierter Text), 见欧盟文件 ABl. L 26 vom 28. 01. 2012, S. 1。

④ 《欧盟工业排放指令》也称"2010/75/EU 指令"(Richtlinie 2010/75/EU des Europäischen Parlaments und des Rates vom 24. 11. 2010 über Industrieemissionen (integrierte Vermeidung und Verminderung der Umweltverschmutzung, Neufassung)),见欧盟文件 ABl. L 334 vom 17. 12. 2010, S. 17。

⑤ 《欧盟公众参与指令》也称"2003/35/EG 指令"(Richtlinie 2003/35/EG des Europäischen Parlaments und des Rates vom 26. 05. 2003 über die Beteiligung der Öffentlichkeit bei der Ausarbeitung bestimmter umweltbezogener Pläne und Programme und zur Änderung der Richtlinien 85/3377 EWG und 96/61/EG des Rates in Bezug auf die Öffentlichkeitsbeteiligung und den Zugang zu Gerichten), 见欧盟文件 ABl. L 156 vom 25. 06. 2003, S. 17。

⑥ 《欧盟水框架指令》也称"2000/60/EG 指令"(Richtlinie 2000/60/EG des Europäischen Parlaments und des Rates vom 23. 10. 2000 zur Schaffung eines Ordnungsrahmens für Maβnahmen der Ge – meinschaft im Bereich der Wasserpolitik), 见欧盟文件 ABl. L 327 vom 22. 12. 2000, S. 1, 2009 年 4 月 23 日通过修订, 见欧盟文件 ABl. L 140 vom 05. 06. 2009, S. 114。

《欧盟环境噪声指令》[①]《欧盟采矿和工业废物管理指令》[②]。《欧盟洪水评估和管理指令》[③]只包含一般性参与条款,后文不展开论述。欧盟指令和欧盟规章都是欧盟重要的成文法,前者虽然不具有直接适用性,但对欧盟成员国都有强制约束力。[④] 根据欧盟法院的裁决,如果成员国不及时、充分地履行将欧盟指令转化为国内法的义务,指令可以直接适用于该成员国公民。[⑤] 研究欧盟法的另一个难点在于,针对欧盟公众参与环境公共决策的研究,不能仅限于欧盟法层面。欧盟指令要转化成欧盟成员国内适用,才有实践意义,也才能显示出制度的刚性,这就要求欧盟法的研究始终不能脱离开具体的成员国内部的立法和司法体系及社会实际情况。

一、区分公众与"所涉公众"

在公众和有关公众之间作出区分,这是欧盟环境法参与概念性的特征。早在 1985 年的《欧盟环境影响评价》指令中,这种区别已经

---

① 《欧盟环境噪声指令》也称"2003/35/EG 指令"(Richtlinie 2002/49/EG des europäischen Parlaments und des Rates vom 25. 06. 2001 über die Bewertung und Bekämpfung von Umgebungslärm),见欧盟文件 ABl. L 189 vom 18. 07. 2002, S. 12, 2008 年 10 月 22 日修订,见欧盟文件,ABl. L 311 vom 21. 11. 2008, S. 1。

② 《欧盟采矿和工业废物指令》也称"2006/21/EG 指令"(Richtlinie 2006/21/EG des Europäischen Parlaments und des Rates vom 15. 03. 2006 über die Bewirtschaftung von Abfällen aus der mineralgewinnen - den Industrie und zur Änderung der Richtlinie 2004/35/EG),见欧盟文件 ABl. L 102 vom 11. 4. 2006, S. 15, 2009 年 6 月 18 日修订, 见欧盟文件 ABl. L 188 vom 07. 08. 2009, S. 14, 32。

③ 《欧盟洪水评估和管理指令》也称"2007/60/EG 指令"(Richtlinie 2007/60/EG des Europäischen Parlaments und des Rates vom 23. Oktober 2007 über die Bewertung und das Management von Hochwasserrisiken),见欧盟文件 ABl. L 288 vom 06. 11. 2007, S. 27。

④ 欧盟指令,也称欧盟准则(EU - Richtlinie),一般通过成员国行政法转化后适用。欧盟成员国对欧盟指令的转化义务见《欧洲联盟运作方式条约》第 228 条 Konsolidierte Fassung des Vertrags über die Arbeitsweise der europäischen Union vom 09. 05. 2008 (ABl. Nr. C 115)。

⑤ 对此可以参考欧盟法院的几个相关案例的判决 EuGHE 1974, 1337 (1348 f.); EuGHE 1995, I/2189 (2222, 2224);EuGH, Rs. 152/84, Slg. 1986, 723, Rn. 48。德国法院也援引过欧盟法院的意见,参见 BVerfGE 75, 223 (235);BFHE 179, 563 (568)。

出现,但并未对概念进行界定。[①] 直到1998年欧盟及其成员国参加并签署的《奥胡斯公约》中,才对这二者的定义进行了较为精细的规范。[②] 从公约第2条第4项的定义可以明确看出,公众的概念包括一个或多个自然人或法人,以及根据国家法律或国内实践的协会、组织或团体。换句话说,对自然人和法人没有限制,但对协会、组织或自然人或法人团体而言,唯一的限制是符合缔约国国内法律或惯例。比如对德国而言自治型的公民动议,就因为不满足最低组织形式、不具有持续性而没有被公众的概念所涵盖。[③] 就概念本身而言其实是异常宽泛的,笼统地涵盖了包括组织在内的所有社会大众,即普遍性公众。公约定义的所涉公众的概念涵盖了受到或有可能受环境决策影响的公众或者有利益的公众,其中明确规定致力于环境保护和满足国家法律条件的非政府组织视为"有利益"的公众。[④] 也就是说,当自然人和法人受到环境决策的密切影响,或者对这个决策有利益时,他们就是所涉公众。然而仅仅口头或结论性的利益是不够的,必须是客观的、由具体情况派生出来的"利益"。否则与普遍性公众的界限就难以划分了。应当明确的是该利益只能是合法利益。这一要求在《奥胡斯公约》针对非政府组织的利益规定中表述得更为直接。作为所涉公众的组织,应当致力于环境保护,并满足国家法律要求的所有条件。

欧盟指令中吸纳了前述所涉公众和公众的定义,并适用于《欧盟环境影响评价指令》《欧盟工业排放指令》《欧盟采矿和工业废物管

① 《欧盟环境影响评价指令》1985年版第6条第2项,Richtlinie 85/337/EWG des Rates vom 27.06.1985 über die Umweltverträglichkeitsprüfung bei bestimmten öffentlichen und privaten Projekten 见欧盟文件 ABl. Nr. L 175, S. 40。该文件已失效。

② 有关《奥胡斯公约》的具体情况见本书第四章第三节的具体内容。

③ 德国公民自治型动议组织(Bürgerinitiativen)是公民为某种特定的领域仅限于某一个或一类问题而自治形成的利益团体。其不具有持续性,诉求利益较为单一,因此也称一点组织。

④ 参见《奥胡斯公约》第2条第5项。

理指令》和《欧盟公众参与指令》。[①] 与此不同的是,《欧盟环境噪声指令》和《欧盟战略环境评估指令》仅限定了公众的概念。[②] 前者是基于其对环境噪声有关事项中规定的普遍性的公众参与,并不区分对待普通公众和所涉公众。[③] 后者不做区分则是欧盟出于对成员国法律体系的尊重。《欧盟战略环境评估指令》分别规定了普遍公众和所涉公众的参与事项和程序,但将定义公众和所涉公众的权力留给了各成员国,欧盟各国可以参照《奥胡斯公约》第 2 条第 5 项进行规定。[④]《欧盟公众参与指令》中第 2 条第 1 款、第 2 条第 2 款和第 3 款的规定也是类似的情形。但事实上由于欧盟各国也都是《奥胡斯公约》参加国,因此在公约生效后,都要受公约第 2 条第 5 款总体要求的约束。《欧盟水框架指令》《欧盟环境噪声指令》一样,赋予普遍公众参与的机会,却没有做任何概念上的解释,受到《奥胡斯公约》对公约普遍公众定义条款的约束,欧盟已无须在其他指令中重复同样的定义。[⑤]

二、架构"公共参与"

欧盟环境法对公众参与规划决策和批准决策有截然不同的规定。批准决策涉及项目或方案许可,特别是建筑设施。"批准"一词涵盖了包括可撤回许可、不可撤回许可、规划确认决定等在内的所有类型的监管批准。[⑥] 可以说,欧盟环境法运用了极为丰富的语言和结

---

① 参见《欧盟环境影响评价指令》第 1 条第 2 款第 4 项和第 5 项;《欧盟工业排放指令》第 3 条第 16 项、第 17 项;《欧盟工业排放指令》第 3 条第 22 项和第 23 项;《欧盟公众参与指令》第 3 条第 1 项。

② 参见《欧盟环境噪声指令》第 3 条第 5 项;《欧盟战略环境评估指令》第 2 条第 4 项。

③ 参见《欧盟环境噪声指令》第 8 条第 7 款、第 9 条。

④ 参见《欧盟战略环境评估指令》第 6 条第 1 项、第 2 项、第 4 项.

⑤ See European Commission, Common Implementation Strategy (CIS) for the Water Framework Directive (2000/60/EC), Guidance Document No 8, Public Participation in Relation to the Water Framework Directive, Luxembourg, 2003, S. 15.

⑥ 本章讨论《环境噪声指令》《水框架指令》时重点将放在行动计划(《环境噪声指令》第 8 条、第 9 条)和管理计划(《水框架指令》第 14 条第 1 款)。

构对公共参与规划和项目决策进行规范。尽管如此,还是可以将其归纳为一个由六个结构和详细设计的总体要求组成的多阶段的基本架构。[①] 当然,并非所有的欧盟指令都包括完整的六个结构。

(一)公开待决策信息

按照欧盟环境法的要求,公众参与始于对即将作出的政府计划或方案决策信息的公开。无论决策情况如何,此时信息应面向普遍性公众公开。《欧盟环境影响评价指令》《欧盟工业排放指令》《欧盟采矿和工业废物管理指令》《欧盟公众参与指令》都对此进行了规定。[②] 限制性规定一般是在规划计划领域,如《欧盟战略环境评估指令》要求向普遍性公众公开的仅限于一些“特定文件”,其他与预决事项有关的详细信息则需要依申请而公开,[③]获取渠道和途径的信息属于应当公开的特定文件。[④] 《欧盟水框架指令》第 14 条也有类似规定,其中向公众提供的仅限于特定文件和信息。虽然这两者都有一定的限制,但文件公开还是实现了公共决策信息公开的基本功能。颇受质疑的是《欧盟环境噪声指令》,其中第 8 条第 7 项仅模糊地规定了听取公众意见和保证参与机会。当然,不公开足够的细节资料,以及听证会或参与的背景信息,这条要求根本无法实现。应当指出,欧盟环境法中有关对即将作出决策的规划或项目信息的公开规定,或明确或含蓄,明显超出了《奥胡斯公约》第 6 条第 2 款仅向所涉公众告知相关信息的要求。由于《奥胡斯公约》规定的是最低标准,欧

---

① 关于欧盟环境法公众参与之六结构的基本概念理论来自 Reinhard Hendler, Mei Wu, “Öffentlichkeitsbeteiligung im Umweltrecht der Europäischen Union”, *DVBl.* 2, 2014, S. 78 ff。

② 参见《欧盟环境影响评价指令》第 6 条第 2 款;《欧盟工业排放指令》第 24 条第 1 款结合附件五;《欧盟采矿和工业废物管理指令》第 8 条第 1 款和《欧盟公众参与指令》第 2 条。

③ 此类信息获取方式属于第二个结构的内容。

④ 参见《欧盟战略环境评估指令》第 6 条第 1 款。

盟的严格性规定并未违反公约。[①]

(二)决策初始阶段文件及信息的获取

欧盟环境法公众参与基本概念上的第二个结构元素是获取计划或方案的文件和信息。除《欧盟环境噪声指令》外,本书讨论的欧盟环境法的指令均对此有明确规定。[②] 但这不意味着《欧盟环境噪声指令》有特殊的法律立场。正如前文中分析的那样,该指令要求确保公众的听证与参与权,实际上必须为此向公众提供与听证和参与有关的信息获取机会。[③]

至于应向谁提供文件,哪些公众有权获取信息的问题,指令没有统一的规定,部分信息面向普遍性公众,部分信息仅面向所涉公众。基于对私主体利益的考虑,欧盟法将项目批准性决策中的相关信息获取权限定在所涉公众的范围内。[④] 此类决策中的项目及方案发起人很多情况下是私营单位,对项目方案相关文件提供限于所涉公众,有助于对私权利提供普遍性保护。这一限定也符合《奥胡斯公约》第6条第6款的规定。欧盟法反复强调的在决策程序中以利于普遍性公众获取的方式披露文件的要求,针对的是政府规划。[⑤] 其中的一般性假设是:政府规划性文件对信息保护的需求较低。

(三)允许提交意见声明

规范项目或方案等批准程序的欧盟指令,一直将保护所涉公众

---

① 参见《奥胡斯公约》第3条第5款。

② 参见《欧盟环境影响评价指令》第6条第3款;《欧盟工业排放指令》第24条第1款结合附件四;《欧盟采矿和工业废物管理指令》第8条第2款;《欧盟战略环境评估指令》第6条第1款;《欧盟水框架指令》第14条第1款;《欧盟公众参与指令》第2条第2款。

③ 参见本节第一点的内容。参见《欧盟环境噪声指令》第8条第7项。

④ 参见《欧盟环境影响评价指令》第6条第3款;《欧盟工业排放指令》第24条第1款结合附件四;《欧盟采矿和工业废物管理指令》第8条第2款。

⑤ 参见《欧盟战略环境评估指令》第6条第1款;《欧盟水框架指令》第14条第1款;《欧盟公众参与指令》第2条第2款;《欧盟环境噪声指令》第8条第7款。

的表达权列为规范性要求，即所涉公众有权向审批决策机关提交意见声明，以及发表评论或说明。但是，根据《奥胡斯公约》第6条第7项的规定，这项权利不应限于所涉公众，而应适用于普遍性公众。[①]欧盟法与《奥胡斯公约》在国际法层面的冲突有这样一个制度设计背景：欧盟法要求面向普遍性公众提供决策相关信息，而仅保障所涉公众通过向决策机关发表意见声明的方式积极参与批准程序。而《奥胡斯公约》则相反：虽然政府的信息公开义务仅面向所涉公众，但任何公众，包括普遍性公众和所涉公众，都有权发表评论意见。这意味着不属于政府信息公开范围的人也可以提交意见声明。不可否认，事实上基于准确而具体的有效信息提交的意见才更有价值，从这个层面上讲欧盟的程序更具优势。[②] 但这些欧盟指令显然是和国际法的规则相违背的。

在公众参与规划决策方面，《奥胡斯公约》第7条给予了缔约方比审批性决策更多的操作空间，允许决策机关根据公约的目标，确定可以参加的公众。如果《欧盟战略环境评估指令》《欧盟公众参与指令》据此赋予各成员国更大的立法空间，将向决策机关提交声明和意见的可能性限为所涉公众，在合法性上是无可厚非的。[③] 对照来看，

---

① 参见 Mei Wu, *Öffentlichkeitsbeteiligung an umweltrechtlichen Fachplanungen*, Baden - Baden, Nomos Verlag, 2013, S. 102；Bilun Müller, *Die Öffentlichkeitsbeteiligung im Recht der Europäischen Union und ihre Einwirkungen auf das deutsche Verwaltungsrecht am Beispiel des Immissionsschutzrechts*, Baden - Baden, Nomos Verlag, 2010, S. 21; Foroud Shirvani, “Öffentlichkeitsbeteiligung bei integrierten Vorhabengenehmigungen nach der IVU - RL”, *NuR* 2010, 383 (385)。不同观点见 Astrid Epiney, Martin Scheyli, *Die Aarhus - Konvention: rechtliche Tragweite und Implikatonen für das schweizerische Recht*, Fribourg, Universitätsverlag, 2000, S. 37 ff.。

② 对公约的批评意见参见 Reinhard Hendler, Mei Wu, “Öffentlichkeitsbeteiligung im Umweltrecht der Europäischen Union”, DVBl. 2, 2014, S. 81; Jens - Peter Schneider, Strukturen und Typen von Verwaltungsverfahren, in: Hoffmann - Riem, Schmidt - Aβmann, Voβkuhle (Hrsg.), *Grundlagen des Verwaltungsrechts*, Bd. II, München, Verlag C. H. Beck, 2008, § 28 Rdnr. 87。

③ 参见《欧盟战略环境评估指令》第6条第2款和第4款；《欧盟公众参与指令》第2条第2款和第3款。

《环境噪声指令》《水框架指令》向成员国提出了严格性义务,有责任向普遍性公众提供提交意见或声明的机会。①

(四)公共决策中对公众参与结果的考虑

根据欧盟环境法的规定,决策机关评估参与结果的义务也属于公众参与的一部分。这一要求也符合《奥胡斯公约》第6条第8款和第7条第2款的规定。这意味着决策机关必须考虑收到的各种意见声明,包括以意见、评论、说明、信息提供等形式提交的内容。② 一些指令中补充说明该考虑过程要"合理"或者"以合理的方式"进行。③但无论不同的指令中对考虑程序如何表述,可以明确的是,仅仅确认或公开参与结果,是远远不够的;决策机关有义务仔细地审查,并作出实质性的处理。唯一的例外是《欧盟水框架指令》,其中未明确规定决策机关的考虑义务。通过其第14条公众参与条款的意义和目的可以推断出,公众参与的结果不是形式上归档保存的史料,而是真正地放在正在进行的公共决策的考虑中,公众参与的投入才是有法律价值的。一般认为《欧盟水框架指令》中的水管理计划受《欧盟战略环境评估指令》第3条第2款的约束,并因此需要满足《欧盟战略环境评估指令》的考虑义务。④

---

① 参见《欧盟环境噪声指令》第8条第7款;《欧盟水框架指令》第14条第1款。

② 参见《欧盟环境影响评价指令》第8条;《欧盟工业排放指令》第24条第1款结合附件四;《欧盟采矿和工业废物管理指令》第8条;《欧盟战略环境评估指令》第8条;《欧盟环境噪声指令》第8条第7款;《欧盟公众参与指令》第2条第2款。

③ 如《欧盟采矿和工业废物管理指令》第8条第5款,以及《欧盟工业排放指令》第24条第1款结合附件四。

④ 参见 Christian Port, *Die Umweltziele der Wasserrahmenrichtlinie*, Berlin, Erich Schmidt Verlag, 2011, S. 218; Reinhard Hendler, "Das Gesetz zur Einführung einer strategischen Umweltprüfung", *NVwZ* 2005, 977 (980); Heinz – Joachim Peters, Ulf Surburg, "Die Strategische Umweltprüfung bei Plänen und Programmen", *VR* 2004, 9 (11)。不同的观点来自 Michael Reinhardt, "Die strategische Umweltprüfung im Wasserrecht", *NuR* 2005, 499 (502) 等。

(五)及时公开作出的公共决策

《欧盟环境影响评价指令》《欧盟采矿和工业废物管理指令》都明确规定了决策机关有义务向普遍性公众告知所作出的批准类决定。[①] 这个告知义务也同样适用于《欧盟环境噪声指令》《欧盟战略环境评估指令》。[②] 不同于前面这几个指令中对于决策公开的强制性要求,《公众参与指令》第2条第2款仅仅规定:主管机关必须“合理地”努力向公众通报所作的规划决定,告知该决定所依据的理由和考虑因素,以及公众参与过程。欧盟法中对公共决策的公开告知要求与国际法并不冲突,《奥胡斯公约》第7条并未提出有关规划、计划类决策的告知义务。站在国际法的立场上,《欧盟水框架指令》虽然对告知公众政府有关管理计划的决定没有任何具体的规定,但是仍然履行了公约义务。《工业排放指令》中也没有具体规定向公众通报决策机关作出的决定。但该指令不是关于计划,而是关于批准性决定。涉及批准性决定,《奥胡斯公约》第6条第8项规定,应立即通知公众所作出的批准决定,使公众了解决策机关职权范围以及作出决定的理由和考虑因素。也就是说,《工业排放指令》存在违背国际法的可能。应当注意到,根据指令第24条第2款和第3款,决策机关有义务向公众提供关于批准决定的广泛信息,并告知公众可以在何时何地查看哪些信息。在这个信息通知中,实际上已经表明了某项批准决定已经作出。由此可见,欧盟法也履行了公约义务。

(六)最后阶段文件和信息的公开

欧盟环境法的公众参与制度中,多次明确强调在批准或计划决定之后提供文件和信息的要求。要求公开的除了有关文件资料和决

① 参见《欧盟环境影响评价指令》第9条第1款;《欧盟采矿和工业废物管理指令》第8条第6款。

② 参见《欧盟战略环境评估指令》第9条第1款;《欧盟环境噪声指令》第8条第7款。

策本身的信息，还有各种说明和报告。[①] 最有特色的规定是《欧盟环境噪声指令》第9条第1款。根据这项规定，噪声行动计划不仅应向公众提供，还应分发给他们。例外的规则在《欧盟水框架指令》中，该指令没有对文件或信息的公开要求，只规定公布管理计划。[②] 但如前所述，[③]大部分法律意见认为，管理计划基于战略环评的要求，受到《欧盟战略环境评估指令》第3条第2款的约束，并对管理计划的相关内容按照决策的公开标准公开。同样没有明确规定相关信息公开义务的还有《欧盟公众参与指令》，由于其适用的决策领域恰好是《欧盟战略环境评估指令》不涵盖的部分，所以后者的条款也不能参照适用。从国际法的角度考察，《欧盟公众参与指令》并不违反《奥胡斯公约》的规定，因为后者没有提出在正式规划决定作出后的文件和信息公开要求。

三、公众参与决策过程的同步性

欧盟法有意无意忽视了一个在国际法中明确提到的要求，即早期的公众参与机会。《奥胡斯公约》第6条第5项指出，每个缔约方应当酌情鼓励潜在申请人在申请批准之前确定受影响或可能受影响的公众尽早开展对话，并告知其所申请项目的目的。这是条值得特别关注的规定，它专注于公众参与申请的准备工作阶段，因此可以尽早启动，由此指向了一个早期的、上游的参与。由于这条规定有惊人的“软法”结构，欧盟法并没有转化的义务。虽然在《欧盟环境影响评价指令》第5条第5款规定了在某些条件下，决策负责机关应当对项目建设单位或承办单位在申请许可之前提供的信息发表意见声明，并在发表声明的过程中听取其他环境领域的相关职责可能受到

① 参见《欧盟环境影响评价指令》第9条第1款；《欧盟采矿和工业废物管理指令》第8条第6款；《欧盟战略环境评估指令》第9条第1款；《欧盟环境噪声指令》第9条；《欧盟工业排放指令》第8条第6款。

② 参见《欧盟水框架指令》第13条第6款。

③ 参见本节第二点第四项。

影响的公共机构的意见。当然这并非《奥胡斯公约》意义上的公众参与。其他的欧盟指令,例如《欧盟采矿和工业废物管理指令》《欧盟工业排放指令》由于不涉及定域性规定,不需要确定相关决策的工作范围,相应的也就没有要求类似环评审批申请前的听取意见环节。

值得一提的是,欧盟法的忽视态度并没有阻碍欧盟成员国国内对本条规则的转化之路。例如,德国在 2013 年通过《德国改善规划审批标准化法》时修订了《德国行政程序法》第 25 条第 3 款,其中即载有关于所谓的早期公众参与的规定。[①] 根据这个补充条款,决策负责机关应当促进项目规划承办单位,将可能影响大量第三方利益的项目规划尽早且“尽量在提交申请之前”通知受影响的公众。通知的内容包括项目的目的、达成目标的方法、可能产生的影响。所涉公众此时不仅应该有机会参与听证会,也应该有机会参与讨论。在批准申请前已经进行了早期公众参与的,其结果应在不迟于提交申请之日通知所涉公众和决策机关。[②] 是否进行早期公众参与的决定性因素,根据《德国行政程序法》第 25 条第 3 款的规定,并非项目对环境可能产生的影响,而是对大量第三方利益可能产生影响。由于该修订条款新增在程序基本原则的大纲内,因此不是单纯的环境法规范。在行政程序法的实践中,一个有可能对大量第三方利益产生实质性影响的项目规划,也会对环境产生相应的影响。

四、公众参与程序系统化的反思

虽然可以将公众参与政府决策规划和项目审批的欧盟环境法架

---

① 《德国改善规划审批程序公众参与和标准化法》(Gesetz zur Verbesserung der Öffentlichkeitsbeteiligung und Vereinheitlichung von Planfeststellungsverfahren, PVereinhG),简称《德国改善规划审批标准化法》,于 2013 年 5 月 31 日通过并实施,文本见 BGBl. I S. 1388。

② Vgl. Jan Ziekow, “Frühe Öffentlichkeitsbeteiligung”, *NVwZ* 2013, S. 754 ff.; Heribert Schmitz, Lorenz Prell, “Planungsvereinheitlichungsgesetz”, *NVwZ* 2013, S. 745 ff.; Dirk Buchsteiner, “Das Planungsvereinheitlichungsgesetz”, *Zeitschrift für Immissionsschutzrecht und Emissionshandel* 3, 2013, S. 80 ff.

构成一个统一的基本概念,但这个概念的具体配置存在很大差异,有语言上的,也有内容上的。公众参与权在规划程序和批准程序两种决策类型之间的差异,大部分是客观原因导致的。这里要注意到的是,批准许可程序不能最后才吸纳私人意见,规划程序也不仅仅是涉及主权的规划。相对而言,公众参与权在规划或批准程序类型中的差异更应当被关注。例如《欧盟水框架指令》中的参与规则中没有涉及决策机关考虑公众意见的义务。[①] 令人费解的是,在《欧盟环境影响评价指令》《欧盟工业排放指令》的批准程序的最后阶段规定了向普遍性公众公开文件和信息,《欧盟采矿和工业废物管理指令》却仅限于对所涉公众。[②] 特别是《奥胡斯公约》第6条第9项对此专门提到了普遍性公众,可见欧盟法在公众参与的法律要求制度化过程中,并没有参照公约。缺乏真正的系统性,是导致欧盟立法中对于公众参与环境决策规则存在矛盾和冲突的重要原因。

第二节 德国环境法中"非组织公众"参与权的实现:以"斯图加特21"为例

"斯图加特21"称得上是德国近20年来最有影响力的环境保护公共参与事件。在公众参与权的保障方面,德国法既不激进——与美国在20世纪60年代末在"新公民参与运动"中催生出的各类与公众参与环境决策相关的法案相比,德国为公民参与权而提供程序性保障的立法进程确是相对保守的;也绝不顽固——纵观德国联邦和各州自20世纪70年代以来实施的一系列与环境及重大公共事务决策相关的程序性法律,其对公众参与的保障不断修正,日臻完善。但随着"斯图加特21"项目的喧嚣尘上,这个话题在德国引发了轰动效

① 参见《欧盟水框架指令》第14条。

② 参见《欧盟环境影响评价指令》第9条第1款;《欧盟工业排放指令》第24条第2款;《欧盟采矿和工业废物管理指令》第8条第6款。

应。“斯图加特 21”项目的公众参与程序正式启动距今已有 20 多年,[①]期间经历了德国环境立法发展的两个阶段,对德国环境事务决策中“非组织公众”参与权保障制度产生了深远的影响,至今余温未退。[②] 个人参与不仅成为重大项目规划程序中社会关注和专家讨论的焦点,也引发公法及环境法领域更多的理性思考。[③]

一、“斯图加特 21”的决策程序

“斯图加特 21”火车站项目[④]是一项在德国巴登—符腾堡州斯图加特市进行的铁路交通重组工程,其中最重要的部分是将斯图加特火车总站,由一个终点站改建为地下贯穿式车站,以连接欧洲高铁网络。新火车总站将会建在原有车站的北端,而新的车站轨道将会和旧站轨道呈 90 度直角。旧站的港湾式月台将会改建,而工程预计会保留大部分原有车站大楼。该工程被形容为欧洲高铁网络现代计划的一部分,以改善斯图加特连接巴黎、维也纳及最终到布达佩斯的铁路网。[⑤] 主要工程是在斯图加特的中央峡谷建造新的地面和地下铁路线,连接现有的铁路线,令区域列车可以中途停靠斯图加特火车总

---

① 1996 年项目规划方案的相关文件依法向可能受影响的相关地区提交解释说明,并由地区市政机构向公众公开。

② 2018 年 11 月 20 日巴登—符腾堡州行政法院还通过判决支持了两个环保组织针对“斯图加特 21”将火车站、铁路线两个子项目统一提交审批,进行环境影响评价,违反《德国行政程序法》第 78 条的主张。参见 VGH Baden – Württemberg, *VBlBW* 2019, S. 303 – 304。

③ Vgl. Reinhard Hendler, Mei Wu, “Öffentlichkeitsbeteiligung im Umweltrecht der Europäischen Union”, *DVBl.* 2, 2014, S. 78 – 84; Klaus – Peter Dolde, “Neue Formen der Bürgerbeteiligung?”, NVwZ 2013, 769 ff.; Annette Guckelberger, “Formen von Öffentlichkeit und Öffentlichkeitsbeteiligung im Umweltverwaltungsrecht”, *VerwArch.* 103, 2012, 31 ff.; Ekkehard Hofmann, “Die Modernisierung des Planungsrechts: das Energierecht als neues Paradigma der Öffentlichkeitsbeteiligung in einer Planungskaskade?”, JZ 2012, 701 ff.; Wilfried Erbguth, “Infrastrukturgroβprojekte: Akzeptanz durch Verfahren und Raumordnung”, DÖV 2012, 821 ff.。

④ 斯图加特 21 火车站项目(Bahnprojekt Stuttgart 21,德语简称 Stuttgart 21,或 S21)。

⑤ 该项目总体规划和建设受到欧盟的部分补贴,参见欧盟委员会文件 Trans – European Transport Network Executive Agency (Hrsg.): *Upgrade and construction of the section Stuttgart – Wendlingen including Stuttgart 21 – Part of Priority Project* 17, 2007 – DE – 17200 – P。

站。工程计划还包括兴建隧道连接火车总站和服务斯图加特机场和斯特加特展览中心的费德车站。

从20世纪80年代有人提议改建斯图加特火车站为贯通式车站开始,针对斯图加特火车站的修建计划就被政府和德国铁路公司提到日程上,但期间的几个项目方案都没有通过。项目建设的重大环境影响和计划的高成本一直是其遭到反对的主要原因。基于1988年格哈德·海墨尔的建议和参与各方的要求,新的火车站重建方案即"斯图加特21"于1994年面世。[①]

二、"斯图加特21"项目决策中的公众参与

(一)规划审批阶段的公众参与

1996年12月6日,"斯图加特21"项目启动空间规划公众参与程序。包括环境影响评价报告在内的申请文件自1997年1月7日至1997年2月6日向受项目影响的相关地区市政机构提交解释说明。其时《德国空间规划法》[②]尚未实施,与空间有关的规划中公众参与程序适用的是1990年的《德国环境影响评价法》。[③] 根据该法第15条第2款,有关交通线路确定的许可应当进行公众参与,环境影响评价相关的文件应在项目可能影响的市政当局提交解释说明,期间为1个月;市政当局必须在事前以当地常见的形式公布解释说明。每个

① 格哈德·海墨尔(Gerhard Heimerl)的建议方案参见 DB Projekt GmbH, Stuttgart 21, Hrsg.: *Planfeststellungsunterlagen*: *Umgestaltung des Bahnknotens Stuttgart. Ausbau – und Neubaustrecke Stuttgart – Augsburg*, *Bereich Stuttgart – Wendlingen mit Flughafenanbindung*, Planfestgestelltes Dokument vom 28. Januar 2005, S. 59 – 67。

② 1997年《德国空间规划》是指1997年8月18日通过,1998年1月1日起实施的法律文本,见(BGBl. I S. 2081)。该法新文本于2008年12月22日颁布,最新修订于2017年6月20日,法律文本见 BGBl. I S. 2986,BGBl. I S. 2808。

③ 1990年《德国环境影响评价法》是指1990年2月12日通过,同年8月1日起实施,1997年最后一次修订的法律文本,见 BGBl. I 1990 S. 205; 1997 S. 2081。该法新文本于2010年2月24日颁布,最新修订于2019年5月13日。法律文本见 BGBl. I S. 94,BGBl. I S. 706。

人都可以在解释说明期满后两周发表评论。公众将通过当地常见的公告形式获知该项目相关决定。除了替代线路和运营概念之外，交通影响和噪声污染是斯图加特地区委员会收到的13,700项反对意见和关注的主要议题。① 意见收集反馈期间，欧洲举行了一场重新设计斯图加特火车站的建筑竞赛，在126份提交作品中，克里斯多夫·英根霍芬的设计获得了一致认可。② 区域规划审批程序于1997年9月结束，政府宣布该项目与空间兼容，提出经评估和讨论后规划作出了适当调整，计划在斯图加特机场设置一个中转站。虽然机场站向南迁移以及连接隧道这两点仍待进行环境影响评价，但是主管机关主要强调的是这个贯通型车站的额外容量和该地区与机场的连接以及城市发展机会。规划批准程序通过后，界定了环境影响研究的范围。③ 整个斯图加特21工程分别由德国铁路和斯图加特市区重建部门负责。但很快项目就因资金问题被迫中止。④ 包括德国铁路、德联邦政府、巴登—符腾堡州政府和斯图加特市政府在内的项目投资建设和承建各方在此期间断断续续的成本分摊谈判都产生突破性进展。⑤ 该工程的财务协议，最终于2009年由德国巴登—符腾堡州州

---

① 规划情况见 DB Projekt GmbH, Stuttgart 21, Hrsg.,“Planfeststellungsunterlagen: Umgestaltung des Bahnknotens Stuttgart. Ausbau – und Neubaustrecke Stuttgart – Augsburg, Bereich Stuttgart – Wendlingen mit Flughafenanbindung”, *Planfestgestelltes Dokument*, 28. 01. 2005, S. 59 ff。

② 1997年2月28日赢得此次竞赛的是克里斯多夫·英根霍芬(Christoph Ingenhoven),此项设计的介绍参见 Christoph Ingenhoven,“Eine aus dem Ort heraus entwickelte Antwort: Realisierungswettbewerb zur Neugestaltung des Stuttgarter Hauptbahnhofs”, in Turm Forum Stuttgart 21 e. V. (Hrsg.): *Das Projekt Stuttgart* 21. *Begleitbuch zur Ausstellung im Turm Forum Stuttgart* 21, Stuttgart, Turm Forum Stuttgart 21 e. V., 1997, S. 56 ff。

③ Vgl. DB Projekt GmbH, Stuttgart 21, Hrsg.: *Planfeststellungsunterlagen: Umgestaltung des Bahnknotens Stuttgart. Ausbau – und Neubaustrecke Stuttgart – Augsburg, Bereich Stuttgart – Wendlingen mit Flughafenanbindung*, Planfestgestelltes Dokument vom 28. Januar 2005, S. 3.

④ 阻力主要来自承建施工单位德国铁路部门，参见 Konstantin Schwarz, Michael Gerster,“Stuttgart – 21 – Gegner wittern ihre Chance”, *in Stuttgarter Zeitung*, 31. 03. 2009, S. 5。

⑤ Vgl.“Bahnhof Stuttgart 21 verspätet sich weiter”, in *Süddeutsche Zeitung* 246, 2006, S. 5.

政府、斯图加特机场有限公司和德国铁路公司共同签署,欧盟、德国联邦、斯图加特市也成为该项目的投资方。① 协议规定各方在现有30多亿欧元的预算外,必要时需追加出资,其中巴登—符腾堡州政府可能需出资超过8亿欧元,不计高铁的建设耗资,项目总投资额攀升为40.8亿欧元,超过了斯图加特市政府最初的承诺。

(二)决策执行阶段的公众参与及司法救济

财务协议的签署成为一个导火索,市民反对项目动工意见集中爆发。最典型的三个异议是关于混合融资是否违宪、规划审批决定是否可以申请撤销,以及根据政府承诺动议市民投票表决工程应否动工的可能性。

第一种意见直指财务协议无效。1969年《德国基本法》专门修改了第104条第1款,禁止联邦政府为州政府或市政当局职责投资,也禁止州政府或市政当局为联邦政府义务投资,以避免财务混乱。② 尽管德国联邦铁路组织私有化,但包括车站在内的联邦铁路长途铁路的建设仍是一项联邦政府职责。它受联邦法律的管制,根据《德国基本法》,联邦政府必须确保“考虑到公众的福祉,特别是运输需求”。③ 这个意见后来未获法院支持。根据德国联邦行政法院2016年6月14日的判决,德国铁路公司作为私营化公司,其修建铁路项目不是履行联邦政府职责,本案巴登—符腾堡州政府和市政府可以参与共同出资。④

第二种意见认为交通流量未见明确增长可视为计划审批所涉项

① 协议原文见德国巴登—符腾堡州政府文件, Landtag von Baden – Württemberg (Hrsg.), *Finanzierungsvereinbarung zum Bahnprojekt Stuttgart – Ulm*, Drucksache 14/4382 vom 22.04.2009。

② 《德国基本法》(Grundgesetz für die Bundesrepublik Deutschland, GG),1949年5月23日通过,2019年3月28日最新一次修订,原文本见BGBl. I S. 404。

③ 相关条款见《德国基本法》Art. 87e Abs. 3 u. 4 GG。

④ 德国联邦行政法院对本案的判决见BVerwG 10 C 7.15。

目的重大改变,应当因此撤回当初的审批决定。对是否可以实现火车流量增长的质疑,从项目申请时已经有人提出,这也是当地居民在巴登—符腾堡州行政法院提起相关诉讼的主要争议焦点。原告一般以被征用土地的共有权人身份,提出因火车流量未见明确增长,造成共同财产利益的损害,主张撤销政府作出的“斯图加特 21”火车站的计划审批决定。[①] 这类主张始终未获法院支持。法院认为由于最终的计划批准决定而导致的所有权的贬值,即便有几位业主受到影响,也并不构成《德国行政程序法》第 49 条第 2 款意义上的“有损共同利益”。[②] 居民无权依此主张对合法有效的计划审批决定提出撤销请求。[③]

第三种意见则引起了更大范围的反对和抗议。期待投票表决的反对意见包括:项目决策缺乏民主合法性和公民参与,项目设计安全漏洞和旅客难以进入,项目实施成本高,缺乏成本效益,项目建设给引用水源带来风险,新火车站的效率较低,缺乏针对拥有文化保育价值的旧火车总站和自然保育价值的宫廷花园的保护等规划缺陷。尽管 2007 年 11 月斯图加特市政厅就得到了 6 万多名选民的签名支持,但投票目的遇到法律层面的困难。2007 年 12 月 20 日,斯图加特市议会以 45 票对 15 票否决了相关的公民决定,理由是该投票决定不受法律支持。[④] 议会认为此项针对市政府 1995 年框架协议和 2001 年补充协议的两项决定的表决申请,根据巴登—符腾堡州的市政法规第 21 条[⑤]的规定超过了 6 个星期的申请期限,而且该项目并非市

---

① 相关案例判决书如 VGH Baden – Württemberg 5. Sena, 06. 04. 2006, Az. 5 S 848/05; VGH Baden – Württemberg Beschluβ, 13. 08. 2012, Az. 5 S 1200/12。

② 《德国行政程序法》(Verwaltungsverfahrensgesetz, VwVfG)1976 年 5 月 25 日通过,2019 年 6 月 21 日最新一次修订,原文本见 BGBl. I S. 846。

③ 参见判决书 VGH Baden – Württemberg 5. Sena, 03. 07. 2014, Az. 5 S 2429/12。

④ 2007 年 12 月 20 日,斯图加特市议会以 45 票对 15 票否决了相关的公民决定,理由是该决定不受法律支持,而且该项目并非市政府独资,因此市政府并没有最终决定权。

⑤ 针对期限的规定已于 2015 年被修订后的市政法规延长修改,德国《巴登—符腾堡州市政法规》(Gemeindeordnung für Baden – Württemberg – GemO)2000 年 6 月 24 日通过实施,2019 年 5 月 21 日最后一次修订, 文本见 GBl. S. 161, 186。

政府独资，市政府并没有最终决定权。[①]

事实上，针对“斯图加特21”的民意调查显示，居民支持或反对的意见都很难形成大多数，而且此消彼长，跌宕起伏。自2009年11月，反对工程的市民每星期一定期在火车总站北方的广场集会，发展至2010年8月，反对工程集会的人数达到3万人。[②] 自2010年9月，支持“斯图加特21”的市民也开始组织活动，如一个名为“为斯图加特向前走”的活动，参与的市民逢星期四在火车站后的宫廷花园内跑步、骑自行车和滑轮滑来表示支持当局的工程。[③]

三、德国“非组织公众”参与环境公共决策的经验

虽然“斯图加特21”也产生了一定的政治影响，但这并非公众参与环境决策的研究重点。从比较法的角度去审视德国非组织公众参与“斯图加特21”火车站项目的路径与得失，可以更理性地思考和判断制度的不足之处，将经验与教训作为制度构建与理论研究的资源与财富。早在“斯图加特21”火车站项目之前，德国公法及环境法领域就已经对大型项目决策中的公众参与程序开始了丰富的讨论。[④] 虽然德国从20世纪70年代就开始建立并实施公众参与环境事项的

---

① 参见州首府斯图加特文件 Stuttgart 21, Bürgerbegehren, Beschlussvorlage（GRDrs 1359/2007）。

② 这个活动后来被称为“星期一例行示威”（Montagsdemonstrationen），参见 Annette Ohme – Reinicke, *Das große Unbehagen*, Stuttgart, Schmetterling Verlag, 2012, S. 96 ff。

③ 关于“为斯图加特向前走”（Laufen für Stuttgart）的相关报道，可以参见“Demo und Gegendemo：Stuttgart – 21 – Fans mobilisieren Tausende”, in *Spiegel Online*, 23. 10. 2010, https://www.spiegel.de/politik/deutschland/demo-und-gegendemo-stuttgart-21-fans-mobilisieren-tausende-a-724961.html，2019年7月21日最后访问。

④ Vgl. Andreas Fisahn, *Demokratie und Öffentlichkeitsbeteiligung*, Tübingen, Mohr Siebeck 2002, S. 175.

相关制度，如1972年《德国固体废弃物管理法》①《德国环境信息法》②《德国环境影响评价法》等。但通过对具体案例的考察，显示出早期制度在规则设计和实际适用中存在一系列的问题。

（一）公众参与时机问题

最显著的问题是公众参与的时机较晚。在信息公开阶段和项目决策提交解释说明的程序中，公众获取信息的形式受到了市政当局公布手段和渠道的限制，利害关系公众并不能尽早获取相关环境信息，从而难以在规定时间内提出意见和建议。③ 这在“斯图加特21”中也有所体现。其结果直接导致居民发现有反对意见的时候，规划方案及相关决策已经合法作出，错过了最佳的意见和建议反馈时机，而个体公众寻求司法救济的时候，又很难基于并不明确的财产权层面的损害而要求撤销一个程序合法的行政决策。④

（二）公众参与期限问题

公众参与的期限较短，似乎是和公众参与时机关联的一个问题。但这也是个独立的问题。即便及时或尽早获悉的公众，也很难在十几天内理解一个复杂工程对其产生的影响，并有效参与。在“斯图加特21”火车站项目中更是如此。面对一个酝酿了十几年，众多建筑设计、预算分析、交通、地理、安全、消防和自然保护领域的专家们不

---

① 《德国固体废弃物处理法》(Gesetz über die Beseitigung von Abfällen - AbfG) v. 07. 06. 1972, BGBl. I S. 873，现已废止。其中第21~29条规定了公众参与规划审批的相关程序。

② 《德国环境信息法》(Umweltinformationsgesetz – UIG)，Bundesgesetzblatt Teil I1994Nr. 42 vom 15. 07. 1994Gesetz zur Umsetzung der Richtlinie 90/313/EWG des Rates vom 7. Juni 1990 über den freien Zugang zu。

③ 如1990年《德国环境影响评价法》第15条第2款关于信息发布的地点、形式和期限的规定。

④ 如巴登—符腾堡州政府法院的案例：“Beeinträchtigung des Eigentums infolge eines bestandskräftigen Planfeststellungsbeschlusses als Nachteil für das Gemeinwohl”, VGH Baden – Württemberg 5. Sena, 03. 07. 2014, Az. 5 S 2429/12。

断推翻又更新的规划方案，公众在法律规定的两个星期内所提出的意见，或者是激烈的反对或者是迷茫的接纳，都很难算得上是理性的表达，这对于决策质量和决策接受度的提高都不会产生积极的作用。①

（三）公众参与形式问题

“斯图加特21”火车站项目开始启动公众参与程序的时候，德国有关参与形式的法律规则事实上限制了有效的公众参与。环境影响评价期间参与形式上的限制，抑制了公众参与程序的效果，公众表达的意见没能在规划审批等决策初级阶段通过信息公开和听证等程序真正产生影响。规划推进阶段，公众选择更为深入的参与形式的意愿，也受到法律文本适用的阻碍。最终导致在项目规划全面实施阶段，引发了大规模抗议，社会上的反对意见选择了更为激烈的表达方式。这一阶段当地政府和公众一起践行了一些不容忽视的公众参与形式。

2010年10月开启的“调解”对话就是这样的一个典型代表。②持续了一个多月的调解谈判共召开了9天会议，近70位发言者发表了超过9900次演讲，会议全程通过电视及网络直播。支持和反对火车站项目实施的双方特聘顾问专家参与论辩，支持专家观点的相关资料都在会议前公开，让对方有时间分析并收集可能用于反驳的资料，保证了充分的信息公开，州市两级政府也有相关部门负责人参加。调解对话结束后，调解主持人海茵・纳盖斯勒提交了一份《斯图

---

① 如1990年《德国环境影响评价法》第15条第2款所限定的公众在两个星期内提出意见的规定。

② 这个斡旋程序被调解主持人海茵・纳盖斯勒（Heiner Geiβler）称为“Schlichtungsg - espräche”（调解会谈或和解会谈）。会谈相关内容参考2010年11月30日发布的调解成果，即名为“*Schlichtung Stuttgart 21 PLUS*”的新方案。

加特 21 +》[①]的折中议案，涵盖了正反方激烈对抗的几个重要方面：计划仍可以进行，但是鉴于辩论过程所披露的诸多问题，应该先做方案调整；德国铁路应确保运输能力比现在提高 30%；消防安全和残障人士的便利性需要提升；不能再砍任何一棵树，只能移植，且要保证存活率；德国铁路调整计划之后，还须再次接受公众参与的审查；地下空间的利用须设立基金会来管理；新建筑应实现低碳环保。此基金会并且负有提升司图加特河谷的空气质量之任务。

调解程序承载着事实调查，使得项目规划的内容进一步透明化，各方观点得以更理性而充分地交流，同时也释放了大量协商的诚意，调解人所提出的折中方案无疑是谈判双方最基本共识的一个体现。然而正如调解主持人海茵·纳盖斯勒所指出的那样，这是个没有法律约束力的方案，其作用更多的是心理和社会层面的。在随后的火车站宫廷花园树木砍伐案例中，斯图加特法院也明确了法院的立场：原告不能依据此调解方案向行政法院申请砍伐宫廷花园树木的紧急禁令，因为这个调解决定不具有法律约束力。[②]

受到公法学界普遍质疑的是另一个广泛的公众参与的形式。[③]依据联盟协议，州政府决定 2011 年 11 月 27 日针对"斯图加特 21"项目进行公民投票。[④] 具体投票表决一个名为《斯图加特 21 终止法》的法律草案，以明确是否支持政府在"斯图加特 21"项目合同协议中

---

① 《斯图加特 21 +》（Schlichtung Stuttgart 21 PLUS）参见 Heiner Geiβler, *Schlichtung Stuttgart* 21 *PLUS*, http://www. schlichtung - s21. de/fileadmin/schlichtungs21/Redaktion/pdf/101130/2010 - 11 - 30_Schlichterspruch_Stuttgart_21_PLUS. pdf，2019 年 7 月 22 日最后访问。

② Vgl. VGH Baden - Württemberg Beschluss v. 13. 02. 2012, 5 K 405/12.

③ 有关"斯图加特 21"公民投票合宪性问题的讨论参见 Paul Kirchhof, "Zur Verfassungsmäβigkeit einer Volksabstimmung über 'Stuttgart 21'", *Zeitschrift für Staats – und Europawissenschaften* (*ZSE*) 8, 2010, pp. 412 – 448。

④ Vgl. Malanie Liebnitzky, *Stuttgart* 21 *Pro und Contra*: *Fakten zu einem besonders umstrittenen Bauprojekt*, Norderstedt, Books on Demand 2010. S. 86 f.

行使终止权。[①] 其中一个质疑是公民投票违反了州宪法第60条第6款的内容,根据宪法的规定,包括所有强制重组总预算的法律在内的国家预算法没有公民投票程序。[②] 德国联邦宪法法院对此做出的决议,并没有支持这个观点,其明确表示联邦宪法法院不具备解释州宪法的权利,待决法案尚未宣告也不构成侵犯《德国基本法》所保护的"基本权利"。[③] 另一种法律程序性质疑,认为政府不可能终止已经签署并生效的"斯图加特21"的财务协议,因为它不包含终止条款,即使考虑《德国行政程序法》允许其在条件发生重大变化的情形下终止公共合同,但积极实现这种情况变化违反了诚信原则。法学界的各种质疑并未打消公民投票的积极性,巴登—符腾堡州辖区44个市县360余万人参与了投票,最终结果显示:58.9%的多数投票人反对通过《斯图加特21终止法》。[④] 这个令舆论哗然的表决,使得命运多舛的"斯图加特21"火车站项目规划得以继续执行。[⑤] 投票结果也从侧面反映出为公众意见提供多元表达平台的重要性,对"斯图加特21"大规模抗议表达的是对其没有充分参与公共事务决定的不满。2010年德国媒体创造的"愤怒的公民"被评为德语协会年度最佳词汇。[⑥] 一方面反映出事件的影响力,另一方面也体现了社会对非理性抗议者的批评,毕竟在项目决策中表达意见的程序和形式已经在法

---

① 《斯图加特21终止法》(Gesetz über die Ausübung von Kündigungsrechten bei den vertraglichen Vereinbarungen für das Bahnprojekt Stuttgart 21, S 21 – Kündigungsgesetz)草案参见https://stm. baden – wuerttemberg. de/fileadmin/redaktion/dateien/Altdaten/202/110725_S21_Kuendigungsgesetz_Anhoerungsentwurf. pdf,2019年7月22日最后访问。

② 《巴登—符腾堡州宪法》(Verfassung des Landes Baden – Württemberg)见GBl. v. 11. 11. 1953, S. 173。

③ 德国联邦宪法法院对该案的判决参见BVerfG, 2 BvR 2333/11 vom 21. 11. 2011。

④ 投票数据统计参见https://www. statistik – bw. de/Wahlen/Volksabstimmung_2011/Land. asp,2019年7月23日最后访问。

⑤ 投票结果见州政府文件"Statistische Berichte Baden – Württemberg – Volksabstimmungen", 09. 12. 2011, Artikel – Nr. 427111001。

⑥ "Wutbürger"(愤怒的公民)参见die Pressemitteilung der Gesellschaft für deutsche Sprache v. 17. 12. 2010, http://www. gfds. de/presse/pressemitteilungen/171210 – wort – des – jahres – 2010/,2019年7月22日最后访问。

治国家的法律框架下合法化了。[①]

四、公众参与制度与德国环境法的变迁

始于20世纪90年代的公众参与“斯图加特21”案例,跨越了德国环境法律改革的重要阶段。这期间在国际法层面,《奥胡斯公约》正式生效,为履行缔约国义务,德国出台了《德国关于奥胡斯协定法》[②]等公众参与框架性法律,以实现满足公约要求和适应德国法律体系的平衡。在欧盟法层面,欧盟为落实《奥胡斯公约》颁布了一系列环境法及公众参与的相关指令,作为欧盟成员国德国对此有法律转化要求,相关国内法律也依据欧盟标准而随之修订,如2004年版《德国环境信息法》出台全面取代了1994年的法律文本。[③] 在国家联邦法层面,受2009年《德国环境法典》[④]立法失败的影响,近十年构建环境法典所推进的环境立法研究成果,在法典计划终止后集中展现出来[⑤]。2009年至2012年联邦及各州的环境立法,如雨后春笋一般,

---

① Vgl. Dirk Kurbjuweit, Der Wutbürger - Stuttgart 21 und Sarrazin - Debatte: Warum die Deutschen so viel Protestieren, *Der Spiegel* 41, 2010, S. 26 f.

② 《德国关于在环境事项中信息获取、公众参与和诉诸法律的协定法》(Gesetz zu dem Übereinkommen v. 25. 06. 1998 über den Zugang zu Informationen, die Öffentlichkeitsbeteiligung an Entscheidungsverfahren und den Zugang zu Gerichten in Umweltangelegenheiten, Aarhus - Übereinkommen),简称《德国奥胡斯公约协定法》于2006年12月9日通过实施,法律原文本见 BGBl. II S. 1251。

③ 《德国环境信息法》(Umweltinformationsgesetz)最早与1994年通过,2004年12月22日通过了随欧盟相关指令而修订的版本。现行有效的《德国环境信息法》是2014年10月27日的全新版本,最后一次修订于2017年6月20日。

④ 有关《德国环境法典》立法草案,参考 Bundesministerium für Umwelt, Naturschutz und Reaktorsicherheit (Hrsg.), *Umweltgesetzbuch (UGB - KomE) - Entwurf der Unabhängigen Sachverständigenkommission zum Umweltgesetzbuch beim Bundesministerium für Umwelt*, Berlin, Naturschutz und Reaktorsicherheit, 1998。

⑤ 关于《德国环境法典》进程推进的环境立法研究参考 Uwe Müller, Benjamin Klein, "The New Legislative Competence of 'Divergent State Legislation' and the Enactment of a Federal Environmental Code in Germany", *Journal for European Environmental and Planning Law (JEEPL)* 3, 2007, S. 181 ff.。

仅在环境规划领域就通过或修订了40余部法律。[①] 如《德国自然保护法》等都规定了专门法中的公众参与程序。[②] 法律保障的公众参与形式逐渐多样化,不仅体现在行政决策程序中,不断丰富参与类型,也体现在司法实践中,不断拓宽公众参与决策的途径。立法、执法、司法和社会各领域合力,力求实现更广泛、更有效的公众参与。“斯图加特21”后的德国,至少在环境法领域形成了这样的共识:公众参与虽不是自动使决策变好的灵丹妙药,也很难形成令各方都满意的决策,但在环境公共事务决策科学性、可行性、可执行性,甚至降低邻避效应方面都有改善决策的功能。[③] 只有尽早开展公众参与,使公众明确可能产生的影响力,理解参与的限度,才能保证充分有效地参与,从而更好地发挥公众参与的作用。[④]

① Vgl. Mei Wu, *Öffentlichkeitsbeteiligung an umweltrechtlichen Fachplanungen*, Baden - Baden, Nomos Verlag, 2013, S. 19 ff.

② 《德国自然保护法》(Bundesnaturschutzgesetz, BNatSchG)于2009年7月29日通过,法律文本见BGBl. I S. 2542。

③ 有关德国环境法中公众参与对决策的功能参考Klaus Ferdinand Gärditz, “Angemessene Öffentlichkeitsbeteiligung bei Infrastrukturplanungen als Herausforderung an das Verwaltungsrecht im demokratischen Rechtsstaat“, *GewArch* 2011, S. 275f.; Peter Durinke, in de Witt, Scheuten, et al., *NABEG Kommentar*, München, Verlag C. H. Beck, 2013, § 9 Rn. 3; Anne - Sophie Reinhardt, Tina Mutert, “Flugrouten: Mehr Öffentlichkeitsbeteiligung - bessere Entscheidungen“, *ZUR* 2, 2016, S. 84 ff.。

④ Vgl. Ivo Appel, “Staat und Bürger in Umweltverwaltungsverfahren“, *NVwZ* 2012, 1361 - 1369(1362f.).

第六章　保障“非组织公众”参与环境公共决策的制度构想

环境公共决策过程涉及复杂的多元价值和环境利益平衡，高质量的决策行为不仅要维护环境公共利益，而且要保障公众个体环境权益。我国《宪法》第2条规定：“人民依照法律规定，通过各种途径和形式，管理国家事务，管理经济和文化事业，管理社会事务。”社会公众有权参与环境政策定、决策和管理过程并获得有关生态环境信息、表达环境诉求、监督法律实施是构建生态文明建设法律保障体系的重要原则。[①] 国内外实践证明，环境保护和环境可持续发展的根本动力在于环境保护的全民参与。[②] 有效的“非组织公众”参与不但能赋予环境公共决策的合法性，而且能促使政府在制定环境相关决策过程中通过多元渠道获取充分环境信息，提高决策质量，赋予公众表达关切的机会，向其展示决策结果对各种相关利益的平衡考量，提高决策执

---

① “生态文明构建之‘生态民主原则’”，参见王灿发：《论生态文明建设法律保障体系的构建》，载《中国法学》2014年第3期。

② 参见崔树义：《公众环境意识：现状、问题与对策》，载《理论学刊》2002年第4期。

行效率。[①] 在环境法框架下扩大参与的广度与深度,以及在行政程序法框架下明确参与形式和救济渠道,是保障"非组织公众"参与权实现的两个维度。

第一节　环境法框架下的公众参与制度

环境法是由国家制定或认可,并由国家强制保证执行的关于保护环境和自然资源、防治污染和其他公害的法律规范的总称。[②] 其目的是实现环境与经济和社会的可持续发展。[③] 广义的环境法既包括环境法典或基本法、环境保护单项法律,也包括环境保护的行政法规、规章、环境标准或其他法律法规中的环境保护规范。[④] 在"环境公共财产论"和"环境公共委托论"兴起的过程中,为适应国家对环境干预的需要,环境行政法的调整范围不断扩大到对环境污染和生态破坏的控制、对环境标准的设定、对环境保护的奖励、对环境违法行为的处罚以及对环境纠纷的处理等范畴,以规范政府对环境委托权的行使。[⑤] 当代环境立法和实践,面对市场和政策干预失灵的环境问题成因,[⑥]对"人类中心主义"进行了深刻反省和批判,强调以维护环境和自然固有价值及权利的"生态中心主义"伦理观为基础,实现环境可持续发展。[⑦] 无论从环境伦理价值观还是立法目的出发,环境公共决策中的公众参与首先是环境法的重要责任。

---

① 参见刘超:《"二元协商"模型对我国环境公众参与制度的启示与借鉴》,载《政法论丛》2013 年第 2 期。

② 参见金瑞林主编:《环境法学》,法律出版社 1999 年版,第 28 页。

③ 参见周珂等主编:《环境法》,中国人民大学出版社 2016 年版,第 17 页。

④ 参见汪劲:《环境法学》,北京大学出版社 2018 年版,第 10 页。

⑤ 参见陈泉生等:《环境法哲学》,中国法制出版社 2012 年版,第 400 页。

⑥ 参见"政府决策失误对环境的影响",参见蔡守秋《论政府环境责任的缺陷与健全》,载《河北法学》2008 年第 3 期。

⑦ 参见汪劲:《伦理观念的嬗变对现代法律及其实践的影响——以从人类中心到生态中心的环境法律观为中心》,载《现代法学》2002 年第 2 版。

一、“非组织公众”参与环境决策范围的确定

公众参与作为环境法的一个重要原则，2014年起在中国环境基本法中得以正名。[①]《环境保护法》第五章明确了公众参与的权利和政府信息公开义务，规定了政府环境信息公开、企业环境信息公开、环境影响评价公众参与、公众检举控告、环境公益诉讼等制度。但这几个条款都仅原则性地规定了公众参与环境保护的几个领域，对公众个人如何参与环境事务决策并没有具体规定。环境信息知情权、环境公共事务的参与权、监督权的实现和救济都依赖与其他相关制度的衔接。[②]

《环境影响评价法》规定了公众可以参与的环境公共决策的两种类型：一类是对可能造成不良环境影响并直接涉及公众环境权益的规划；另一类是对环境可能造成重大影响、应当编制环境影响报告书的建设项目。[③] 从法律规定的范围上看，规划环境影响评价中只有可能造成不良环境影响，同时直接涉及公众环境权益的规划才属于公众参与的范围，而建设项目环境影响评价中未被列入《建设项目环境影响评价分类管理名录》中制作报告书的项目则不要求公众参与。[④]即便在《环境影响评价法》要求应当进行公众参与的规划和建设项目环境影响评价活动中，公众参与的决策活动也被进一步限定在了环境影响评价报告书的制作过程中。[⑤] 规划环境影响评价的审批阶段没有公众参与程序，审查小组对“未附具对公众意见采纳与不采纳情况及其理由的说明，或者不采纳公众意见的理由明显不合理”的规划环境影响评价报告会提出进行修改并重新审查的意见。[⑥]《环境保护

---

① 2009年起公众参与原则就逐渐被强调在各环境专门法中，如2008年通过的《循环经济促进法》第3条。

② 参见吕忠梅：《〈环境保护法〉的前世今生》，载《政法论丛》2014年第5期。

③ 参见《环境影响评价法》第11条。

④ 参见《环境影响评价法》第21条。

⑤ 参见《规划环境影响评价条例》第13条；《环境影响评价法》第21条。

⑥ 根据《规划环境影响评价条例》第19条第6项。

法》中虽然规定了建设项目环境影响评价报告书形成后的公众参与，但也仅限于信息公开层面的公众参与，审批决策机关有责任全文公开报告书，如果“发现建设项目未充分征求公众意见的”，应当责成建设单位征求公众意见。① 这种程序上的前置，实际上缩小了公众参与环境公共决策的范围，降低了公众参与的影响。②《环境影响评价公众参与办法》的实施修正了这一程序上的错位。③ 受理建设项目环境影响报告书后，生态环境主管部门应当向社会公开：环境影响报告书全文、公众参与说明和公众提出意见的方式与途径，期限不得少于10个工作日。④ 在其作出审批决定前，还要公开有关建设项目基本情况、主要环境影响和环境保护对策与措施、建设单位开展的公众参与情况，以及在此过程中公众提出意见的方式和途径；同时要求告知的还有利害关系公众要求听证的权利。⑤ 新办法对环境影响评价审批决策中的信息公开、解释说明，听取意见和建议，接受举报，以及考虑公众参与情况作出决策的公众参与程序逐一进行了明确的规定。⑥ 但并没有解决公众参与范围在环境影响评价审批决策阶段受限的两个实质性问题：一是规划环境影响评价审批决策阶段的公众参与问题；二是在建设项目分类管理的模式下公众对环境影响评价分类标准决策的参与问题。⑦

现行决策体制下，环境公共决策部门并不统一，除环境影响评价审批以外，许多对环境有重大影响的决策并非由环境保护主管部门负责。而对环境有重大影响的政策或计划出台后，其所带来的潜在

① 参见《环境保护法》第56条。

② 建设项目环评公众参与程序设计错位，导致公众仅参与了行政决策之前的资料准备环节。参见吴宇：《建设项目环境影响评价公众参与有效性的法律保障》，载《法商研究》，2018年第2期。

③ 《环境影响评价公众参与办法》于2018年7月16日通过，2019年1月1日起实施。

④ 参见《环境影响评价公众参与办法》第22条。

⑤ 参见《环境影响评价公众参与办法》第23条。

⑥ 参见《环境影响评价公众参与办法》第24条、第25条、第26条

⑦ 参见《环境影响评价公众参与办法》第26条。

的或长远的环境影响将难以追溯和扭转。[①] 充分保障“非组织公众”参与权,需要在现行法的基础上进一步扩大可参与的决策活动范围。首先,要将公众参与程序规定在真正有影响力的公共决策阶段内,而不是仅在公共决策作出前的民意调查、资料准备、信息公开等阶段中。其次,要跨越“应当制作建设项目环境影响评价报告书”的限制,将公众参与的决策范围扩展到对环境有重大影响的决策事项,例如在规划环境影响评价程序中进一步明确公众参与范围,以及发展其他类型的战略环境影响评价。这一方面是由于建设项目环境影响评价自身的局限性,比如孤立时不会对环境产生明显影响的某些小型项目,有时合在一起却会产生显著的影响,再如某些主项目审批难以控制其环境影响的非工程性项目;另一方面也是环境可持续发展的要求,在政策、规划、计划和项目的各个决策层次都要充分考虑环境问题。[②] 国务院2019年颁布的《重大行政决策程序暂行条例》[③]从决策机关的角度进一步扩大了环境影响评价之外的公众参与环境公共决策范围,一些由县级以上地方人民政府制定的重大行政决策应当“遵循民主决策原则,充分听取各方面意见,保障人民群众通过多种途径和形式参与决策。”[④]根据该暂行条例第3条的规定,制定有关环境保护等方面的重大公共政策和措施,制定经济和社会发展等方面的重要规划,制定开发利用、保护重要自然资源和文化资源的重大公共政策和措施,决定在本行政区域实施的重大公共建设项目,或是决定对经济社会发展有重大影响,涉及重大公共利益或者社会公众切身利益的其他重大事项时,决策机关都有义务遵循这一原则。这里需要澄清的是,公众参与环境相关的公共决策绝不等同于“环境保

---

① 参见王曦、秦天宝:《中国环境法的实效分析:从决策机制的角度考察》,载《环境保护》2000年第8期。

② “可持续发展对战略环评的要求”,参见潘岳:《战略环境影响评价与可持续发展》,载《环境保护》2005年第9期。

③ 《重大行政决策程序暂行条例》于2019年4月20日通过,2019年9月1日起实施。

④ 《重大行政决策程序暂行条例》第6条。

护"公共决策。例如,一些项目建设或规划开发建立自然资源保护区,其目的是环境保护,相关批改建决策当然是对环境有重大影响的公共决策。更要注意到,许多以经济或社会的其他目的而进行的公共决策,例如区域性规划、建设及其修改,也会对环境产生重大影响,甚至比起环境保护项目,其对环境施加的影响更多的可能是负面的,因而也是应当保证公众参与的环境公共决策事项。受立法目的的限制,暂行规定对公众参与环境公共决策的有关环境及环境影响类信息的公开和参与结果的利益平衡层面上的考虑仍是不充分的。无论如何,以创新、协调、绿色、开放、共享的发展为宗旨的政府决策法的实施是值得期待的,这也将成为今后研究环境公共决策公众参与的另一项重要立法实证。①

二、"非组织公众"参与主体范围再确认

(一)"非组织公众"参与的主体限制

有效的公众参与,需要明确参与主体范围,以赋予其明确的权利。根据《环境保护法》第 53 条规定,公民、法人和其他组织依法享有获取环境信息、参与和监督环境保护的权利。在公众参与环境公共决策的信息公开及环境信息的获取阶段,环境法对"非组织公众"规定了相同形式和类型的环境知情权。向普遍公众公开的信息包括:由国务院环境保护主管部门统一发布的国家环境质量、重点污染源监测信息及其他重大环境信息,由省级以上人民政府环境保护主管部门发布的环境状况公报;由县级以上人民政府环境保护主管部门等依法公开的环境质量、环境监测、突发环境事件以及环境行政许可、行政处罚、排污费的征收和使用情况等信息,以及企业事业单位和其他生产经营者中的环境违法者名单。② 包括重点排污单位有关

① 此为本书出版前的实证研究结论,新条例实施的情况仍有待进一步观察。

② 参见《环境保护法》第 54 条。

主要污染物的名称、排放方式、排放浓度和总量、超标排放情况，以及防治污染设施的建设和运行情况的信息公开，也要针对全体社会公众。[①]

"非组织公众"主动申请政府环境信息公开中的限制自2019年5月起基于《政府信息公开条例》的修订和实施被取消。[②] 本书调研的司法实证案例中很大比例的环境信息公开诉讼，都是由于接到信息申请的政府机构以公众并非"根据自身生产、生活、科研等特殊需要"基于2007年版《政府信息公开条例》第13条的规定驳回信息公开申请而引起的，这在很大程度上造成了对环境信息获取的限制，并将公众获取信息阶段的参与主体限定在了利害关系公众的范围内。[③] 新的《政府信息公开条例》明确取消了这一限制，并规定除国家秘密、商业秘密、个人隐私和行政机关内部事务信息，以及公开后可能危及国家安全、公共安全、经济安全、社会稳定的政府信息外，政府信息公开是常态，不公开是例外。[④] 经此修订中国向透明政府又迈进了一大步，也放开了获取政府环境信息申请时"非组织公众"范围的限定。

同样适用于普遍"非组织公众"的参与形式是举报。任何公众都有权在环境公共决策中发现的污染环境和破坏生态行为时，向环境保护主管部门或者其他负有环境保护监督管理职责的部门举报；针对环境主管和监督部门的不依法履职情况，有权向其上级机关或者监察机关举报。[⑤]

进入实质性环境公共事务决策阶段，法律对公众参与主体范围的规定逐渐有所限定。获取环境影响评价信息公开的范围，虽然没有直接限定为受影响公众，但现行法对建设单位公开环境影响评价

---

① 参见《环境保护法》第55条。

② 《政府信息公开条例》于2007年4月5日通过，2019年4月3日修订，修订条例于2019年5月15日起实施。

③ 参见本书第三章第一节的案例分析。

④ 参见2019年《政府信息公开条例》第5条、第13条、第14～16条。

⑤ 参见《环境保护法》第57条。

报告书的平台上有所限定,如建设项目所在地公共媒体网站或者建设项目所在地相关政府网站。[①] 而进一步对环境影响评价信息的解读则明确针对利害相关公众。根据《环境保护法》第56条,建设项目单位在编制环境影响报告书时向"可能受影响的公众"说明情况,充分征求意见。据此"非组织公众"有权获得对环境有重大影响的决策相关信息,以及被征求意见都要附有在环境方面可能受到影响的前提条件。例如在对环境影响方面公众质疑性意见多的建设项目中,如果质疑性意见集中于环境影响预测结论、环境保护措施或者环境风险防范措施等范畴,建设单位有义务组织召开公众座谈会或者听证会,并邀请在环境方面可能受到影响的公众代表参加;如果质疑性意见集中于环境影响评价相关专业技术方法、导则、理论等领域,建设单位有义务组织召开专家论证会,并邀请在可能受影响的公众代表列席。[②] 而参与公众除了受到"可能受到环境方面影响"的条件制约,实际代表根据现行法的要求是建设单位选择的。从实证研究的结果看,如此选择的公众代表所反映的意见,往往是不具代表性的。[③] 建设单位既可以通过调查对象总体数量减弱受影响较大的公众的意见,或是选择并不具有代表性的调查对象,而剥夺真正受影响公众的参与资格和意见表达的权利。[④]

《重大行政决策程序暂行条例》中关于决策承办单位听取意见的范围规定了更为广泛的原则。但实际上,以便于社会公众参与的方式充分听取意见,并不意味着在决策公开及征集意见阶段,普遍的"非组织公众"都可以参与其中。[⑤] 因为公众参与的形式可以由决策承办单位自行选择,从民意调查到座谈会的各种参与形式中,真正普

---

① 参见《环境影响评价公众参与办法》第9条。

② 参见《环境影响评价公众参与办法》第14条。

③ 参见本书第三章第二节的案例分析。

④ 参见田飞龙:《网络时代的治理现代化:技术、管制与民主》,载《苏州大学学报》(哲学社科版)2015年第1期。

⑤ 参见《重大行政决策程序暂行条例》第14条。

遍性“非组织公众”参与的形式是并不一定进行的“向社会公开征求意见”。这使得以公开征求意见为基础进行信息公开、解释说明、意见收集反馈等公众参与程序，在公众参与权的保障层面打了折扣。[①]可见新条例也没有突破“有序参与”对“有限参与”的束缚。[②]

（二）“非组织公众”参与的主体扩展

国内外的立法例和司法实证都有将个体参与公众分为普遍性公众和相关公众的传统。比如《埃斯波公约》《奥胡斯公约》中的“公众”和“所涉公众”，比如《环境影响评价公众参与办法》中的“公众”和“受环境方面影响的公众”，比如《德国行政程序法》中的“任何人”和“其需求受到影响的人”。相关规则也无一例外地将有权更深度参与环境公共决策的公众进行了限制。其内在逻辑应当是：不同的人可能在具体事件的参与中有不同的地位，受到决策制定的结果影响最大的人应该对于结果有更大的影响。鉴于环保组织在环境相关事务决策中参与的主动性和内因关联性，国际法和域外的一些立法，逐渐倾向于将依法登记的环境保护组织归入参与公众中的“所涉公众”或“可能受到影响的公众”的范畴，从而赋予环保组织更深入的环境参与权。“非组织公众”在环境法中的参与地位有几个内在的制约因素：首先是参与积极性的限制。环境公共决策涉及公共利益，并不一定直接触及个体公众利益。认为所决策事项对自身影响不大的公众，缺乏类似于环保组织的公共激励因素，参与的内在动因不足，影响参与程度与深度。其次是内部利益冲突。个体公众内部往往存在多种利益竞争。一方面较难提出集中或概括性的利益诉求，另一方面基于不同利益诉求所提供的信息和知识也会发生准确性的偏差，影响参与效率。再次是参与能力的限制。由于专业性、表达能力的

---

① 参见《重大行政决策程序暂行条例》第15条。

② 对“有序参与”影响下的“有限参与”制度定位的反思，参见王万华：《重大行政决策中的公众参与制度构建》，载《中共浙江省委党校学报》2014年第5期。

问题,公众个体的参与能力差异较大,反馈和提交给决策机关或规划项目申请人的意见,通常不能真正体现其追求的根本利益。最后是极端情况下的不理性。“非组织公众”个体更容易情绪化,容易受到偶然、极端甚至错误信息的影响,采取非理性的行动。①

专家座谈可以基于专业知识提供客观中立的理性判断;②社会组织可以基于公益宗旨表达价值判断;“非组织公众”既是环境公共决策所需信息的最大数据库,也是决策将带来的环境影响的最终承担者。无论是基于理论研究对于“非组织公众”参与环境公共决策的功能和价值的解释,还是基于实证研究中所体现出的缺少普遍性公众参与对决策带来的负面影响,“非组织公众”参与环境公共决策都是必选项。应当认识到,政府、专家和社会组织都不能垄断对公共决策环境风险的判断和解释。

三、尽早地参与及搭建非正式沟通机制

有效的公众参与是提高环境公共决策接受度和执行效率的前提。研究显示,公众对决策所依赖基础性资料的全面性、准确性、完整性产生质疑,是无效公众参与的最主要表现形式。③ 中国现行的公众参与决策程序中的一个普遍存在的问题,就是公众参与启动时间较晚,很多替代方案已经无法真正备选。在决策接受采纳公众意见可能性较大的计划或规划初期,尽早开展公众参与,是保证有效性的重要途径。域外的研究提供了一个新型的解决思路,即非正式的早

---

① 如PX事件过程,参见陈海嵩:《绿色发展中的环境法实施问题:基于PX事件的微观分析》,载《中国法学》2016年第1期。

② 参见江国华、梅扬:《论重大行政决策专家论证制度》,载《当代法学》2017年第5期。

③ 结论来自一个关于北京西二旗餐厨垃圾处理站环境影响评价的调查研究,参见何羿、赵智杰:《环境影响评价在规避邻避效应中的作用与问题》,载《北京大学学报》(自然科学版)2013年第6期。

期沟通机制。① 非正式沟通机制由项目发起人、决策机构和公众三方共同参与,其时间要早于目前对建设项目在环境影响评价报告书编制阶段的公众参与,具有很大的灵活性和操作空间,有利于提高项目或规划质量。“更早”参与意味着规划或方案的调整空间更大,公众参与中所提供的意见、信息和观点都更有可能对决策产生实质影响。基于这种开放性和可能的影响力,“非组织公众”的参与积极性会更高,解决其在环境公共决策参与中动力不足的问题。沟通是公众参与的关键,非正式的沟通中,意见表达或谈判方式常常比在正式的听取意见程序中或听证会上更温和,实现真正有效的沟通和讨论,促进“非组织公众”深入参与,可以解决正式听证会时间短,各方观点难以充分展现,缺乏互动,公众参与深度不足的问题。②

需要强调的是,非正式早期沟通机制也是程序性的、具有约束力的公众参与。为保证其有效运行,政府应当承担起搭建沟通平台的责任,基于环境公共决策的特性,环境保护主管机关可以是这个平台的直接管理者。项目发起人和决策机构应当共同促进非正式早期沟通中的公众参与,实现信息和意见的交互,从而完善和优化方案,以提高公共决策的接受度和实施效果。更重要的是要保证“非组织公众”和利益相关公众有平等的参与权,参与结果应区分直接受影响公众和广泛公众参与的不同意见,为决策综合考量相关事实与价值判断,基于利益平衡给出最优方案提供依据。

第二节　行政程序法框架下的公众参与制度

环境法对“非组织公众”参与的宽度与广度的要求,最终要依靠

---

① Vgl. Stephanie Bock u. a., *Das 3 × 3 einer guten Öffentlichkeitsbeteiligung bei Groβprojekten*, Dessau – Roβlau, Umweltbundesamt, 2017. 有关德国法的例子参见本书第五章第二节的具体内容。

② 公众在听证会中参与深入的问题,参见王万华:《重大行政决策中的公众参与制度构建》,载《中共浙江省委党校学报》2014 年第 5 期。

程序性制度来实现。公众参与程序不能走捷径，公众真实而积极地参与可以为决策揭示隐藏因素，提高决策质量。即使最终参与结果并没有实质性地改变决策，公众参与程序仍然能够促进决策实施。行政程序法对环境公共决策中“非组织公众”参与权的保障，可以从多元化的参与决策类型、完整的公众参与程序，以及多渠道的参与救济途径三个角度展开。

一、规范多元化的参与类型

在理论研究阶段，本书讨论了三个有代表性的“非组织公众”参与模型：公民参与的阶梯模型、公民参与有效决策模型和公众参与度模型。[①] 基于不同的时代背景、文化内涵和专业领域而建构的公众参与模型，用来评价公众参与类型的有效性，各有其优势和局限性。“阶梯模型”批判间接的公众参与，追求理想化的共同决策；“有效参与模型”关注决策者和公众间的博弈，以决策效果为出发点的公众参与，需要一个强大的公民社会作依托；“公众参与度模型”虽然对接了环境公共决策中的公众参与，但其制度语境是德国法，因此仅能作为讨论中国公众参与类型的参考，并不能作为真正的评价模型。一个建立在中国决策制度基础上的公众参与评估模型将是未来研究的一个重点。

基于现有公众参与模型的研究，特别是“公众参与度模型”，至少可以得出这样的结论：任何一种公众参与类型，都不能孤立存在，在环境公事务决策的过程中信息公开、信息获取、决策评估文件的公告、解释说明、征求意见、听证、意见讨论与考虑、决策的公布和公告……在公众参与中信息的及时全面获取，是充分参与提出有效意见的前提。[②]《重大行政决策程序暂行条例》进一步丰富了公共决策

① 模型的概念和功能见本书第一章第二节。

② Vgl. Mei Wu, *Öffentlichkeitsbeteiligung an umweltrechtlichen Fachplanungen*, Baden – Baden, Nomos Verlag, 2013, S. 85 ff.

中的公众参与类型:决策机关可以采用座谈会、听证会、实地走访、书面征求意见、向社会公开征求意见、问卷调查、民意调查等多种方式听取意见。[①] 多元化的参与类型为“非组织公众”参与权的实现提供了更多可能,而参与类型的真正参与度和有效性,则要考察制度的内涵以及决策实践中的适用效果。在实证研究部分,本书展示了公众参与环境决策中的几个主要类型的效果,包括:环境信息公开、申请获取信息、举报、环境影响评价报告书的公开、听取公众意见和环境公益诉讼。其中“非组织公众”参与效果较好的是环境信息公开和举报,其他类型的公众参与则因现行法中对主体资格的限制和不够具体明确的程序标准等问题,受到更多挑战。[②] 实证研究中反映的另一个问题是,专家座谈会、论证会,以及其他社会组织(如环境保护组织)等特殊公众的参与类型的规定,事实上剥夺了“非组织公众”参与环境决策的机会。例如,《环境影响评价法》第21条要求项目建设单位在报批环境影响报告书前,公开征求有关单位、专家和公众对环境影响报告书的意见,并列明可以采取调查问卷、座谈会、论证会、听证会等形式,但在意见采纳的要求中未做区分,只是笼统地规定了在报送审批的报告书要附具对公众意见采纳和不予采纳情况及理由。该条款在适用中,有关单位和专家的参与类型会被放大为主要的,甚至仅有的公众参与类型,这是不符合立法本意的。保障“非组织公众”参与权,首先要区别其与专家、利益相关公众、受影响公众和其他组织公众主体的不同参与类型。为了平等对待各方的不同意见,在决策中综合平衡考虑,充分发挥公众参与公共决策的功能,在法律规定中作更明确的区分和界定是很有必要的。

二、构建完整的公众参与程序

环境公共决策以高度的科学技术分析为基础,涉及广泛而复杂

---

① 参见《重大行政决策程序暂行条例》第14条。

② 参见本书第三章第一节至第三节的内容。

的利益平衡，周期一般较长。[①] 公众参与从基础资料及评估报告的信息公开阶段到环境公共决策正式作出的公示阶段，在任何一个参与阶段都有不可替代的作用。对“非组织公众”来说，不同阶段的参与深度可能会有所差异，但其目标应该是一致的，即以最便于公众获取信息的途径公开信息，实现有效参与，充分保障每个公众“个体”的意见、信息和观点都被纳入决策考虑范围，并在公布决策时公布公众参与意见的采纳情况。

在信息公开层面上，需要强调的是公共决策中的信息获取并不能被环境信息公开或政府信息公开所涵盖。例如，建设项目单位所掌握的除环境影响评价报告外的其他信息也有可能成为决策时的资料或依据，这些资料也应当尽早公开，公众和决策机关信息对等，有利于公众在参与程序中有效表达意见。此外，由于与环境公共决策有关的资料包括评估报告会涉及科技术语及专业性较强的内容，在评估报告等资料向“非组织公众”公开时，进行解释说明是很有必要的，这也是公众有效获取信息的保证。对此，在环境影响评价制度中并未进行要求。《重大行政决策程序暂行条例》尝试提出了对社会公众普遍关心或者专业性、技术性较强的问题进行解释说明的规定，但由决策承办单位确定是否以及如何开展。[②] 现行法中对公众在环境公共决策中有效获取信息的规定是不完整的。

充分保障公众的意见和反馈的信息都被纳入决策考虑范围，可以从形式上和内容上进行规范。形式上的保障，以及时有效获取信息为前提，以充足的意见表达期限和相对灵活的意见表达方式为核心。现有的环境影响评价制度中设定的是10个工作日，结合信息公开的起算时报告书意见已经形成的情况，这10个工作日并不符合对一个复杂环境公共决策事项展开讨论的标准。[③]《重大行政决策程序

① 参见叶俊荣：《环境政策与法律》，中国政法大学出版社2003年版，第23～24页。

② 参见《重大行政决策程序暂行条例》第15条第2款。

③ 参见《环境影响评价公众参与办法》第10条。

暂行条例》中对需要进行公开征求意见的项目中,规定了30日的一般期限。[①] 其他类型的公众参与不受这一限制。在现有的行政程序法律框架下对于环境公共决策公众参与期限的制度,仍有待进一步呼应,特别是针对获取信息渠道和利益诉求并不集中的“非组织公众”参与,30日的期限比10个工作日的期限更具可操作性。决策机关或决策承办单位在选取参与类型,确定意见表达方式时也要考虑实际情况,应当允许部分公众口头表达意见。

公众参与意见内容被考虑,是公众参与对环境公共决策最重要的影响,但并不意味着公众的意见要被全部采纳。参与的目的是影响最终决策,因此如何保证在决策的过程中考虑公众参与的情况和结果,回应公众意见,也是彰显决策合法性的重要课题。在环境影响评价制度中,对有重大不良环境影响并且直接涉及公众环境权益的规划和需要制作环境影响报告书的项目,要求充分征求意见,在报送审查的环境影响报告书中附具对意见采纳或者不采纳的说明,审批机关发现建设项目未充分征求公众意见的,应当责成建设单位征求公众意见。[②] 建设项目单位应当采纳合理意见,并组织编制报告书的单位据此修改完善环境影响报告书。未采纳的意见由提供有效联系方式的公众提出的,建设单位应当通过该联系方式,向其说明未采纳的理由。[③] 在环境影响评价决策程序中,公众参与的意见的听取与采纳程序被提前到环境影响评价报告编制阶段,因此在意见听取阶段的责任主体是项目建设单位。在环境影响评价审批阶段,即生态环境主管部门受理环境影响报告书后和作出审批决定前,“非组织公众”参与仍有机会依照规定的方式、途径和期限,提出对建设项目环境影响报告书审批的意见和建议;这次的期限是5个工作日,反馈意见采纳情况并非必须,但审批建设项目环境影响报告书时要求参考

① 《重大行政决策程序暂行条例》第15条中规定了紧急情况下可以缩短期限,但要予以说明。

② 参见《环境影响评价法》第11条、第21条;《环境保护法》第56条。

③ 参见《环境影响评价公众参与办法》第18条。

收到的公众意见。[①] 决策公布的同时说明对意见的采纳情况，是完善回应机制的一个重要程序标准。说明理由的程序可以增加决策的可靠性，为未来其他决策提供基础，也能显示决策机关为其决定和行为负责的决心，增强公众对决策者的信任。

“非组织公众”参与中最严格的有效形式是听证会，参与公众可以对决策施加更为直接的影响。但环境公共决策中的听证会至今仍不是强制性程序。环境影响评价程序中由规划编制机关或建设项目单位决定是否举行听证会。[②] 这类深度公众参与可以在公众质疑性意见主要集中在环境影响预测结论、环境保护措施或者环境风险防范措施等方面的情况下启动，建设单位可以选择组织召开公众座谈会或者听证会，并邀请可能受影响的公众参加。[③] 建设单位组织召开听证会的，参照《环境影响评价公众参与办法》的规定。[④] 环境主管部门也可以依职权在建设项目或规划环境影响评价报告审批或其他实施涉及公共利益的重大环境保护行政许可时，依法召开听证会。[⑤] 环境保护听证的另一个启动程序是项目建设单位、利害关系人依法要求听证。涉及环境影响评价或环境主管机关其他依职权或依申请决定召开的听证会，程序要求都依据《环境保护行政许可听证暂行办法》进行。[⑥] 比如应在听证举行的 10 日前，通过报纸、网络或者布告等适当方式，向社会公告；听证主持人适用听证回避制度；可以根据场地等条件，确定参加听证会的人数；公众可以推举代表人参加听证；听证过程中要求制作笔录，其中除基本信息外也要记录听证参加人的主要观点、理由和依据；环境主管部门将根据笔录作出决策，并

---

① 参见《环境影响评价公众参与办法》第 23 条、第 26 条。

② 参见《环境影响评价法》第 11 条、第 21 条。

③ 参见《重大行政决策程序暂行条例》第 14 条。

④ 参见《环境影响评价法》第 17 条。

⑤ 参见《环境保护行政许可听证暂行办法》第 5 ~ 7 条。

⑥ 现行有效的《环境保护行政许可听证暂行办法》于 2004 年 6 月 23 日由原国家环境保护总局颁布，2004 年 7 月 1 日起实施。

在许可决定中附具对听证会反映的主要观点采纳或者不采纳的说明。在重大行政决策中,直接涉及公民、法人、其他组织切身利益或者存在较大分歧的,可以由决策承办单位决定召开听证会。[①]《重大行政决策程序暂行条例》第16条中没有明确听证会前决策草案及其说明等材料提前公布的具体时间要求,召开听证会7日前送达听证参加人的规定与《行政许可法》第48条的要求是一致的;听证会结果要充分采纳合理意见,完善决策草案。[②] 但由于决策承办单位仍是主导者,意见采纳程序并不具体,对不听取意见的情况也没有规定相应的责任。目前的听证程序既不是环境公共决策的必经程序,也不是意见被决策者采纳的保证,听证程序的强势作用并没有在公众参与中显露出来。

环境公共决策中的另一个公众参与形式是座谈会,其并没有行政程序法意义上的地位,约束力更为有限。根据《环境影响评价公众参与办法》,建设项目单位也可以选择采用座谈会的形式开展公众参与,应当邀请可能受建设项目影响的公众代表,并在10个工作日前公告会议基本信息及公众范围和报名办法等信息。座谈会要有现场记录,并在会后5个工作日内向社会公开会议纪要。[③] 座谈会的意见采纳情况,没有特别性规定,应参照其他类型的公众参与意见的采纳形式。

公众参与环境公共决策各个阶段的具体程序性规范目前主要依据《行政许可法》《政府信息公开条例》《重大行政决策程序暂行条例》《环境影响评价公众参与办法》《环境保护公众参与办法》《环境保护环境保护行政许可听证暂行办法》。修订后的《行政许可法》[④]仍滞后于公众参与的要求,国务院条例和国家环境主管部门的规章

① 参见《重大行政决策程序暂行条例》第16条。

② 参见《重大行政决策程序暂行条例》第16条、第18条。

③ 参见《环境影响评价公众参与办法》第14~15条。

④ 《中华人民共和国行政许可法》于2019年4月23日修订,2019年4月23日起实施。

虽然具体但约束力有限。在行政程序法的框架内建立一个统一且约束力强，可以整合听取意见、听证会、座谈会等多种形式的公众参与制度更符合目前的立法要求，对保障公众参与决策程序有直接作用和现实意义。[①]

三、保障多渠道的参与救济途径

承认公民对良好环境的权利是一项可强制执行的合法权利。[②]无论在行政法程序法意义上的公众参与程序，还是环境法框架下的公众参与权，最终保障都要依赖其诉诸法律的制度。公众参与权的救济制度，可以为公众行使权利营造一个公平的环境。其重点是提供多渠道的救济途径，为公众的参与权提供周延的保障。

实证研究显示出“非组织公众”参与权的司法救济仍面临一些制度上的阻碍：除环境信息公开外，公众参与权普遍不具有可诉性或可救济性。首要原因是环境法意义上的公众参与权并没有落实在行政程序法中。《环境保护法》第53条宣示了公民参与环境保护的权利。包括环境影响评价在内的环境公共决策制度中公众参与的模糊性规定赋予了建设项目单位和决策机关很大的自由裁量权，给基于公众参与权的司法救济制造了阻碍。决策机关实际上主导了应否以及采用何种形式进行公众参与的话语权。很多公众参与形式被司法实践界定为行政机关作出决策前的过程性行为，被排除在行政司法审查的范围之外。[③] 实践中，部分利害关系公众选择了以决策违法的理由提起针对审批等行政决策行为的诉讼，但因其主体范围和公众参与

---

① 参见崔浩：《行政立法公众参与制度研究》，光明日报出版社2015年版，第191页。针对立法中的公众参与问题也提出了类似的观点，更提出了构建我国《行政程序法》的建议。

② Vgl. Eva H. Hanks, A. Dan Tarlock, John L. Hanks, *Environmental Law and Policy Cases and Materials*, Minnesota, West Publishing Co., 1975, p. 860. 转引自蔡守秋：《从环境权到国家环境保护义务和环境公益诉讼》，载《现代法学》2013年第6期。

③ 参见《行政诉讼法》第1条第6项。

不同,并不能保证"非组织公众"的资格。[①] 根据《行政诉讼法》第2条的规定,公民认为行政机关工作人员的具体行政行为侵犯其合法权益,可以向人民法院提起行政诉讼,对其权利义务不产生实际影响的行为,不属于法院的行政诉讼范围。而且公众参与形式上受限与决策违法并无直接关联。例如,环境影响评价中发现建设项目未充分征求公众意见的,根据《环境保护法》第56条的规定,环境主管机关应当责成建设单位征求公众意见,而非不通过环评审批。更多因公众参与内容层面未被听取意见的,则更无从核验。

另一种学理上的讨论是寻求通过行政公益诉讼的救济途径保障公众参与权。《行政诉讼法》将环境行政公益诉讼的原告资格,赋予了检察机关。[②] 人民检察院在履行职责中发现生态环境和资源保护等领域负有监督管理职责的行政机关违法行使职权或者不作为时,可以在履行诉前程序后对相关机关提起行政诉讼。实践中检察公益诉讼也彰显出其巨大的优势。[③] "非组织公众"因环境公共决策所可能产生的环境及生态影响通过检举或控告等途径,可以反馈给检察机关作为线索,也可以申请其提起行政公益诉讼。有研究建议在这种情形下突破诉讼法中对原告资格的限制,赋予公众选择权,既可以选择检察机关为代表提起诉讼,也可以以自己的名义直接起诉。[④] 但无论通过检察机关,还是以自己名气提起行政公益诉讼,都并非对公众参与权的保障,而是直指环境决策本身,其目的应当也必须限于维护环境公共利益。[⑤] 公益诉讼的本质是为了维护国家利益、社会公共

① 参见本书第三章第二节的案例分析。

② 参见《行政诉讼法》第25条第3款。

③ 仅2018年一年,人民法院共受理检察机关提起的环境公益诉讼案件1737件,审结1252件,其中,受理检察行政公益诉讼案件376件,审结231件。资料来源:最高人民法院2019年3月2日发布的《中国环境资源审判2017－2018》(白皮书)。

④ 参见史玉成:《论环境保护公众参与的价值目标与制度构建》,载《法学家》2005年第1期。

⑤ 环境公益诉讼以保护环境公共利益为目的,参见吕忠梅:《环境公益诉讼辨析》,载《法商研究》2008年第6期。

利益或者他人的利益而提起的诉讼,只能针对并未直接侵害起诉人合法权益或者不具有侵害可能性的行为。[①] 公众追求个人参与权实现而选择提起环境行政公益诉讼的法理依据是不存在的。

公众参与权诉诸法律的另一个途径是申请行政复议审查决策机关的决定或不作为。在救济价值上,行政复议与行政诉讼作为公众参与权的两种主要权利救济手段并无实质性差异,前者为自律、后者为他律,但二者都以救济公众受行政侵害,以求恢复原状为目的。[②] 较之行政诉讼,行政复议在专业技术上更具优势,而且程序简便,节省时间和经济成本,可以更高效实现对环境公共决策相关的公众参与权的救济。遗憾的是,行政复议的救济形式并未解决“非组织公众”在诉诸司法中遇到的困境。特别是有关受案范围的限制,未能充分彰显行政复议制度的监督行政。根据《行政复议法》第 9 条的规定,公民认为具体行政行为侵犯其合法权益的,可以提出行政复议申请。行政复议的受案范围应当远比行政诉讼宽泛,涵盖行政机关影响公民权利的各种行为。[③] 更为迫切的是在环境法及行政程序法的框架下改进公众参与权制度,以保障任何公众都可以平等地依法寻求救济。

---

① 参见杨建顺:《〈行政诉讼法〉的修改与行政公益诉讼,载《法律适用》2012 年第 11 期。

② 参见蔡志方:《论诉愿与行政诉讼之关系——翁岳生教授祝寿论文集编辑委员会》,月旦出版社股份有限公司 1993 年版,第 738 页。转引自章志远:《我国行政复议与行政诉讼程序衔接之再思考》,载《现代法学》2005 年第 4 期。

③ 参见应松年:《把行政复议制度建设成为我国解决行政争议的主渠道》,载《法学论坛》2011 年第 5 期。

参考文献

一、中文专著

1. 联合国开发计划署(UNDP):《人类发展指数与指标2018年统计更新》,联合国开发计划署2018年版。
2. 李汉林主编:《中国社会发展年度报告》,中国社会科学出版社2012年版。
3. 周训芳:《环境权论》,法律出版社2003年版。
4. 吴卫星:《环境权研究——公法学的视角》,法律出版社2007年版。
5. 崔浩等:《环境保护公众参与研究》,光明出版社2014年版。
6. 吴宇:《中国固体废物的资源化:政策与法律》,中国社会科学出版社2018年版。
7. 王建军、王建荣、唐娟:《中国公共政策制定中的公民参与研究》,中国社会科学出版社2018年版。
8. 王锡锌:《公众参与与行政过程——一个理念和制度分析的框架》,中国民主法制出版社2007年版。
9. 俞可平:《治理与善治》,社会科学文献出版社2000年版。

10. 王绍光:《民主四讲》,生活·读书·新知三联书店出版社 2008 年版。
11. 吴锦良:《政府改革与第三部门发展》,中国社会科学出版社 2001 年版。
12. 汪劲主编:《环保法治三十年:我们成功了吗》,北京大学出版社 2011 年版。
13. 郑易生、王世汶:《中国环境与发展评论》(第 1 卷),社会科学文献出版社 2001 年版。
14. 王新程等:《环保公众参与的实践与探索》,中国环境出版社 2015 年版。
15. 蔡守秋:《环境资源法学教程》,武汉大学出版社 2000 年版。
16. 最高人民法院环境资源审判庭:《〈中华人民共和国环境保护法〉条文理解与适用》,人民法院出版社 2014 年版。
17. 王灿发:《新〈环境保护法〉实施情况评估报告》,中国政法大学出版社 2016 年版。
18. 最高人民法院环境资源审判庭:《最高人民法院关于环境民事公益诉司法解释理解与适用》,人民法院出版社 2015 年版。
19. 信春鹰:《中华人民共和国环境保护法释义》,法律出版社 2014 年版。
20. 汪劲:《环境法学》(第 4 版),北京大学出版社 2018 年版。
21. 丁慕英:《中国民事诉讼法教程》,中国检察出版社 1993 年版。
22. 王曦:《国际环境法》,法律出版社 2005 年版。
23. 林灿铃:《国际环境法》,人民出版社 2011 年版。
24. 中国环境报社:《迈向 21 世纪——联合国环境与发展大会文献汇编》,中国环境科学出版社 1992 年版。
25. 韩德培主编:《环境保护法教程》,法律出版社 2018 年版。
26. 吴卫星:《环境权理论的新展开》,北京大学出版社 2018 年版。
27. 杨朝飞:《环境保护与环境文化》,中国政法大学出版社 1994 年版。

28. 佘正荣:《生态智慧论》,中国科学出版社 1996 年版。
29. 陈泉生等:《环境法哲学》,中国法制出版社 2012 年版。
30. 金瑞林主编:《环境法学》,法律出版社 1999 年版。
31. 周珂等主编:《环境法》,中国人民大学出版社 2016 年版。
32. 叶俊荣:《环境政策与法律》,中国政法大学出版社 2003 年版。
33. 崔浩:《行政立法公众参与制度研究》,光明日报出版社 2015 年版。
34. 蔡志方:《论诉愿与行政诉讼之关系——翁岳生教授祝寿论文集编辑委员会》,月旦出版社股份有限公司 1993 年版。

二、中文译著

1. [美]蕾切尔·卡森:《寂静的春天》,张白桦译,北京大学出版社 2015 年版。
2. [英]帕特莎·波尼、埃伦·波义尔:《国际法与环境》,那力等译,高等教育出版社 2007 年版。
3. [美]罗伊·莫里森:《生态民主》,刘仁胜等译,中国环境出版社 2016 年版。
4. [法]孟德斯鸠:《论法的精神》,严复译,上海三联书店 2009 年版。
5. [德]康德:《道德形而上学原理》,苗力田译,上海人民出版社 1982 年版。
6. [意]萨尔沃·马斯泰罗内:《欧洲民主史——从孟德斯鸠到凯尔森》,黄华光译,社会科学文献出版社 1998 年版。
7. [美]罗伯特·达尔:《论民主》,李柏光、林猛译,商务印书馆 1999 年版。
8. [美]科恩:《论民主》,聂崇信、朱秀贤译,商务印书馆 1998 年版。
9. [法]卢梭:《社会契约论》,李平沤译,商务印书馆 2011 年版。
10. [美]约翰·克莱顿·托马斯:《公共决策中的公民参与:公共管理者的新技能与新策略》,孙柏瑛等译,中国人民大学出版社 2005 年版。

11. [美]戴斯·贾丁斯:《环境伦理学——环境哲学导论》,林官明、杨爱民译,北京大学出版社2002年版。
12. [英]蒂姆·海沃德:《宪法环境权》,周尚君、杨天江译,法律出版社2014年版。
13. [法]亚历山大·基斯:《国际环境法》,张若思编译,法律出版社2000年版。

三、中文期刊及论文

1.《坚定不移沿着中国特色社会主义道路前进为全面建成小康社会而奋斗》,载《人民日报》2012年11月18日,第8版。
2.《全国生态文明意识调查研究报告》,载《中国环境报》2014年3月24日,第2版。
3. 姜明安:《公众参与与行政法治》,载《中国法学》2004年第2期。
4. 蔡守秋:《环境权初探》,载《中国社会科学》1982年第3期。
5. 蔡守秋:《从环境权到国家环境保护义务和环境公益诉讼》,载《现代法学》2013年(第35卷)第6期。
6. 陈泉生:《环境权之辨析》,载《中国法学》1997年第2期。
7. 吕忠梅:《再论公民环境权》,载《法学研究》2000年第6期。
8. 吕忠梅、张忠民:《环境公众参与制度完善的路径思考》,载《环境保护》2013年(第41卷)第23期。
9. 彭峰:《中国环境法公众参与机制研究》,载《政治与法律》2009年第7期。
10. 史玉成、杨红:《论环境保护与公众参与》,载《南京财经大学学报》2003年第5期。
11. 郝瑞彬、郑祥民:《试论公众参与环境决策》,载《重庆环境科学》2002年第4期。
12. 黄桂琴:《论环境保护的公众参与》,载《河北法学》2004年第1期。
13. 王明远:《论环境权诉讼——通过私人诉讼维护环境公益》,载《比较法研究》2008 年第 3 期。
14. 陈润羊、花明：《我国环境保护中的公众参与问题研究》，载《广州环境科学》2006 年第 3 期。
15. 朱谦：《环境权问题：一种新的探讨路径》，载《法律科学》2004 年第 5 期。
16. 徐祥民：《对“公民环境权论”的几点疑问》，载《中国法学》2004 年第 2 期。
17. 徐祥民：《环境权论——人权发展历史分期的视角》，载《中国社会科学》2004 年第 4 期。
18. 吴卫星：《环境权内容之辨析》，载《法学评论》2005 年第 2 期。
19. 那力：《论环境事务中的公众权利》，载《法制与社会发展》2002 年第 2 期。
20. 史玉成：《论环境保护公众参与的价值目标与制度构建》，载《法学家》2005 年第 1 期。
21. 张文显：《构建社会主义和谐社会的法律机制》，载《中国法学》2006 年第 1 期。
22. 邓江凌：《环境保护公众参与问题研究》，载《重庆文理学院学报》（社会科学版）2018 年（第 37 卷）第 6 期。
23. 崔令之：《环保法基本原则之公众参与原则》，载《湖南科技大学学报》（社会科学版）2004 年第 4 期。
24. 卓光俊、杨天红：《环境公众参与制度的正当性及制度价值分析》，载《吉林大学社会科学学报》2011 年（第 51 卷）第 4 期。
25. 陈海嵩：《论程序性环境权》，载《华东政法大学学报》2015 年（第 18 卷）第 1 期。
26. 蔡守秋：《环境权实践与理论的新发展》，载《学术月刊》2018 年（第 50 卷）第 11 期。
27. 王灿发：《跨行政区水环境管理立法研究》，载《现代法学》2005 年第 5 期。
28. 秦天宝：《程序正义：公众环境权益保障新理念——〈环境保护公

众参与办法〉解读》,载《环境保护》2015 年第 20 期。
29. 吕忠梅:《论生态文明建设的综合决策法律机制》,载《中国法学》2014 年第 3 期。
30. 秦天宝:《风险社会背景下环境风险项目决策机制研究》,载《中国高校社会科学》2015 年第 5 期。
31. 肖强、王海龙:《环境影响评价公众参与的现行法制度设计评析》,载《法学杂志》2015 年(第 36 卷)第 12 期。
32. 刘萍:《论环境行政决策的正当程序控制》,载《理论导刊》2013 年第 8 期。
33. 王预震、周义程:《公共决策中的公众参与》,载《广西社会科学》2002 年第 5 期。
34. 周珂、史一舒:《环境行政决策程序建构中的公众参与》,载《上海大学学报》(社会科学版)2016 年(第 33 卷)第 2 期。
35. 李艳芳:《论公众参与环境影响评价中的信息公开制度》,载《江海学刊》2004 年第 1 期。
36. 张建伟:《论环境信息公开》,载《河南社会科学》2005 年第 2 期。
37. 朱谦:《企业环境信息强制公开的法律问题》,载《法治论丛》(上海政法学院学报)2007 年第 4 期。
38. 朱谦:《我国环境影响评价公众参与制度完善的思考与建议》,载《环境保护》2015 年(第 43 卷)第 10 期。
39. 朱谦、楚尘:《环境影响评价过程中应突出公众对环境公益之维护》,载《江淮论坛》2019 年第 2 期。
40. 罗文燕:《论公众参与建设项目环境影响评价的有效性及其考量》,载《法治研究》2019 年第 2 期。
41. 吴宇:《建设项目环境影响评价公众参与有效性的法律保障》,载《法商研究》2018 年(第 35 卷)第 2 期。
42. 刘素芳:《公众作为环境公益诉讼原告资格的审视与思考》,载《人民论坛》2016 年第 11 期。
43. 王家庭、曹清峰:《京津冀区域生态协同治理:由政府行为与市场机制引申》,载《改革》2014 年第 5 期。
44. 张锋:《我国公民个人提起环境公益诉讼的法律制度构建》,载《法学论坛》2015 年(第 30 卷)第 6 期。
45. 巩固:《环境民事公益诉讼性质定位省思》,载《法学研究》2019 年(第 41 卷)第 3 期。
46. 王彬辉:《新〈环境保护法〉“公众参与”条款有效实施的路径选择——以加拿大经验为借鉴》,载《法商研究》2014 年(第 31 卷)第 4 期。
47. 陈海嵩:《绿色发展中的环境法实施问题:基于 PX 事件的微观分析》,载《中国法学》2016 年第 1 期。
48. 金自宁:《跨越专业门槛的风险交流与公众参与透视深圳西部通道环评事件》,载《中外法学》2014 年(第 26 卷)第 1 期。
49. 郑卫:《我国邻避设施规划公众参与困境研究——以北京六里屯垃圾焚烧发电厂规划为例》,载《城市规划》2013 年(第 37 卷)第 8 期。
50. 朱谦:《环境公共决策中个体参与之缺陷及其克服——以近年来环境影响评价公众参与个案为参照》,载《法学》2009 年第 2 期。
51. 董石桃:《当代西方参与式民主理论的研究视域》,载《湖北社会科学》2010 年第 5 期。
52. [加]杰弗里·希尔墨、毛兴贵:《参与式民主理论的现状(上)》,载《国外理论动态》2011 年第 3 期。
53. 陈家刚:《协商民主:民主范式的复兴与超越》,载陈家刚主编:《协商民主》,上海三联书店 2004 年版,第 8 ~ 10 页。
54. 王锡锌:《公众参与:参与式民主的理论想象及制度实践》,载《政治与法律》2008 年第 6 期。
55. 王锡锌、章永乐:《我国行政决策模式之转型——从管理主义模式到参与式治理模式》,载《法商研究》2010 年第 5 期。
56. 蔡定剑:《中国公众参与的问题与前景》,载《民主与科学》2010 年第 5 期。

57. 方世荣:《论行政立法参与权的权能》,载《中国法学》2014 年第 3 期。
58. 黄凤兰:《公众行政参与的法律应对及完善》,载《行政法学研究》2009 年第 2 期。
59. 葛俊杰、毕军:《利益均衡视角下的环境保护模式创新——社区环境圆桌会议的理论与实践》,载《江海学刊》2009 年第 3 期。
60. 李艳芳:《公众参与环境保护的法律制度建设——以非政府组织(NGO)为中心》,载《浙江社会科学》2004 年第 2 期。
61. 朱芒:《公众参与的法律定位——以城市环境制度事例为考察的对象》,载《行政法学研究》2019 年第 1 期。
62. 李丽红:《政府主导型公众参与生态城市规划的难点及法律解决途径》,载《现代财经》(天津财经大学学报)2009 年第 8 期。
63. 王秀哲:《我国环境保护公众参与立法保护研究》,载《北方法学》2018 年第 2 期。
64. 蒙发俊、徐璐:《新时代背景下提高生态环境公众参与度的思考》,载《环境保护》2019 年(第 47 卷)第 5 期。
65. 马幼松:《河北省环境保护中公众参与制度研究》,载《化工管理》2017 年第 16 期。
66. 晏林:《环境保护公众参与的困境及突破》,载《江西理工大学学报》2017 年(第 38 卷)第 4 期。
67. 邓佑文:《公众参与与行政决策:必然、实然与应然》,载《理论探讨》2011 年第 2 期。
68. 罗俊杰、陈凤明:《论我国环境保护公众参与法律机制的完善》,载《湘潭大学学报》(哲学社会科学版)2015 年(第 39 卷)第 5 期。
69. 黄泽萱:《现代风险治理框架下的民意困局及其出路探讨——兼评张小燕等人诉江苏省环保厅环评行政许可案》,载《清华法学》2018 年(第 12 卷)第 5 期。
70. 别涛:《中国的环境公益诉讼及其立法设想》,载别涛主编:《环境公益诉讼》,法律出版社 2007 年版,第 1 ~ 19 页。

71. 汤维建：《论检察机关提起民事公益诉讼》，载《中国司法》2010 年第 1 期。
72. 杨朝霞：《论环保部门在环境民事公益诉讼中的作用——起诉主体的正当性、可行性和合理性分析》，载《太平洋学报》2011 年第 4 期。
73. 李媛辉、刘芳琳：《环境行政公益诉讼案件多发原因及对策探析》，载《环境保护》2018 年(第 46 卷)第 20 期。
74. 罗吉、李广兵：《与时俱进，探索环境资源法律实施机制——2002 年环境资源法学高级研讨会综述》，载《法学评论》2003 年第 2 期。
75. 孙洪坤：《检察机关提起环境行政公益诉讼的破局及启示》，载《环境保护》2016 年第 44 卷(Z1)。
76. 姜明安：《软法的兴起与软法之治》，载《中国法学》2006 年第 2 期。
77. 罗豪才、毕洪海：《通过软法的治理》，载《法学家》2006 年第 1 期。
78. 万霞：《国际法中的"软法"现象探析》，载《外交学院学报》2005 年第 1 期。
79. 那力：《从国际环境法看国际法及国际法学的新发展》，载《法学评论》2009 年第 6 期。
80. 郭冬梅：《〈气候变化框架公约〉履行的环境法解释与方案选择》，载《现代法学》2012 年第 34 期。
81. 何志鹏、孙璐：《国际软法何以可能：一个以环境为视角的展开》，载《当代法学》2012 年第 1 期。
82. 邓楠：《〈中国 21 世纪议程〉：中国可持续发展战略》，载《中国人口·资源与环境》1995 年第 9 期。
83. 吕忠梅：《论环境法的本质》，载《法商研究》1997 年第 6 期。
84. 史玉成：《环境利益、环境权利与环境权力的分层建构——基于法益分析方法的思考》，载《法商研究》2013 年第 5 期。
85. 王灿发：《论生态文明建设法律保障体系的构建》，载《中国法学》

2014 年第 3 期。
86. 崔树义:《公众环境意识:现状、问题与对策》,载《理论学刊》2002 年第 4 期。
87. 刘超:《“二元协商”模型对我国环境公众参与制度的启示与借鉴》,载《政法论丛》2013 年第 2 期。
88. 蔡守秋:《论政府环境责任的缺陷与健全》,载《河北法学》2008 年第 3 期。
89. 汪劲:《伦理观念的嬗变对现代法律及其实践的影响——以从人类中心到生态中心的环境法律观为中心》,载《现代法学》2002 年第 2 期。
90. 吕忠梅:《〈环境保护法〉的前世今生》,载《政法论丛》2014 年第 5 期。
91. 王曦、秦天宝:《中国环境法的实效分析:从决策机制的角度考察》,载《环境保护》2000 年第 8 期。
92. 潘岳:《战略环境影响评价与可持续发展》,载《环境保护》2005 年第 9 期。
93. 田飞龙:《网络时代的治理现代化:技术、管制与民主》,载《苏州大学学报》(哲学社科版)2015 年第 1 期。
94. 王万华:《重大行政决策中的公众参与制度构建》,载《中共浙江省委党校学报》2014 年第 5 期。
95. 何羿、赵智杰:《环境影响评价在规避邻避效应中的作用与问题》,载《北京大学学报》(自然科学版)2013 年第 6 期。
96. 吕忠梅:《环境公益诉讼辨析》,载《法商研究》2008 年第 6 期。
97. 杨建顺:《〈行政诉讼法〉的修改与行政公益诉讼》,载《法律适用》2012 年第 11 期。
98. 章志远:《我国行政复议与行政诉讼程序衔接之再思考》,载《现代法学》2005 年第 4 期。
99. 应松年:《把行政复议制度建设成为我国解决行政争议的主渠道》,载《法学论坛》2011 年第 5 期。

100. 江国华、梅扬:《论重大行政决策专家论证制度》,载《当代法学》2017 年第 5 期。

101. 潘申明:《比较法视野下的民事公益诉讼——兼论我国民事公益诉讼制度的建构》,华东政法大学 2009 年博士学位论文。

102. 王兆平:《环境公众参与权的法律保障机制研究》,武汉大学 2011 年博士学位论文。

四、外文专著

1. Jürgen Habermas, *Strukturwandel der Öffentlichkeit. Untersuchungen zu einer Kategorie der bürgerlichen Gesellschaft*, Frankfurt am Main, Suhrkamp, 1991.

2. Andreas Fisahn, *Demokratie und Öffentlichkeitsbeteiligung*, Tübingen, Mohr Siebeck, 2002.

3. Stefanie Almeling, *Die Aarhus - Onvention - Auswirkungen auf das deutsche Recht*, Berlin, Köster, 2008.

4. Hands - Joachim Koch, Reinhard Hendler, Baurecht, *Raumordnungs - und Landesplanungsrecht*, Stuttgart, Boorberg, 2009.

5. Ferdinand O. Kopp, Ulrich Ramsauer, *Verwaltungsverfahrensgesetz: VwVfG Kommentar*, Müchen, C. H. Beck Verlag, 2011.

6. Malanie Liebnitzky, *Stuttgart* 21 *Pro und Contra: Fakten zu einem besonders umstrittenen Bauprojekt*, *Norderstedt*, Books on Demand 2010.

7. Carole Pateman, *Participation and Democratic Theory*, *Cambridge*, Cambridge University Press, 1970.

8. John Clayton Thomas, *Public Participation in Public Decisions: New Skills and Strategies for Public Managers*, John Wiley & Sons, 1995.

9. Mei Wu, *Öffentlichkeitsbeteiligung an umweltrechtlichen Fachplanungen*, Baden - Baden, Nomos Verlag, 2013.

10. Susan Wickrath, *Bürgerbeteiligung im Recht der Raumordnung und Landesplanung*, Münster, Inst. für Siedlungs – und Wohnungswesen, 1992.

11. Linda Senden, *Soft Law in European Community Law*, Portland Oregon, Hart Publishing, 2004.

12. Alexandre Charles Kiss, Dinah Shelton, *A Guide to International Environmental Law*, Leiden/Boston, Martinus Nijhoff Publishers, 2007.

13. Philippe Sands, *Principles of International Environmental Law I: Frameworks, Standards and Implementation*, Manchester and New York, Manchester University Press, 1995.

14. Habermas, Jürgen, *Faktizität und Geltung: Beiträge zur Diskurstheorie des Rechts und des demokratischen Rechtsstaats*, Frankfurt am Main, Suhrkamp, 1994.

15. W. M. Lafferty and K. Eckerberg eds., *From the Earth Summit to Local Agenda* 21: *Working towards Sustainable Development*, London, Earthsan, 1998.

16. Ebbesson Jonas et al., *The Aarhus Convention: An Implementation Guide*, New York and Geneva, United Nations 2014.

17. D. Galligan and D. Smilov, *Administrative Law in Central and Eastern Europe*, 1996 – 1998, Budapest, Central European University Press, 1999.

18. Jane Holder and Maria LEE, *Environmental Protechtion, Law and Policy: Text and Materials*, Cambridge University Press, 2007.

19. Bilun Müller, *Die Öffentlichkeitsbeteiligung im Recht der Europäischen Union und ihre Einwirkungen auf das deutsche Verwaltungsrecht am Beispiel des Immissionsschutzrechts*, Baden – Baden, Nomos Verlag, 2010.

20. Martin Scheyli, *Die Aarhus – Konvention: rechtliche Tragweite und*

Implikatonen für das schweizerische Recht, Fribourg, Universitätsverlag, 2000.

21. Christian Port, *Die Umweltziele der Wasserrahmenrichtlinie*, Berlin, Erich Schmidt Verlag, 2011.
22. Annette Ohme – Reinicke, *Das groβe Unbehagen*, Stuttgart, Schmetterling Verlag, 2012.
23. Andreas Fisahn, *Demokratie und Öffentlichkeitsbeteiligung*, Tübingen, Mohr Siebeck 2002.
24. Malanie Liebnitzky, *Stuttgart* 21 *Pro und Contra*: *Fakten zu einem besonders umstrittenen Bauprojekt*, Norderstedt, Books on Demand 2010.
25. Bundesministerium für Umwelt, Naturschutz und Reaktorsicherheit (Hrsg.), *Umweltgesetzbuch (UGB-KomE)-Entwurf der Unabhängigen Sachverständigenkommission zum Umweltgesetzbuch beim Bundesministerium für Umwelt*, Berlin, Naturschutz und Reaktorsicherheit, 1998.
26. Stephanie Bock u. a., *Das* 3 × 3 *einer guten Öffentlichkeitsbeteiligung bei Groβprojekten*, Dessau – Roβlau, Umweltbundesamt, 2017.
27. Eva H. Hanks, A. Dan Tarlock, John L. Hanks, *Environmental Law and Policy Cases and Materials*, Minnesota, West Publishing Co., 1975.
28. Reinhard Hendler, *Die bürgerschaftliche Mittwirkung an der städtebaulichen Planung*, Göttingen, Schwartz, 1977.
29. Andreas Fisahn, *Demokratie und Öffentlichkeitsbeteiligung*, Tübingen, Mohr Siebeck, 2002.
30. Ulrich Hellmann, *Die Öffentlichkeitsbeteiligung in vertikal gestuften Zulassungsverfahren für umweltrelevante Groβvorhaben nach deutschem und europäischem Recht*, Frankfurt am Main u. a., Peter Lang, 1992.

31. Sabine Schlacke u. a., *Informationsrechte*, *Öffentlichkeitsbeteiligung und Rechtsschutz im Umweltrecht* (*Aarhus - Handbuch*), Berlin, Erich Schmidt Verlag, 2010.

32. Ralph Hallo, eds., *Access to Environmental Information in Europe*: *The Implementation and Implications of Directive* 90/313/*EEC*, London, Kluwer Law International, 1996.

33. Cupei, Jürgen, *Umweltverträglichkeitsprüfung*(*UVP*): *Ein Beitrag zur Strukturierung der Diskussion - zugleich eine Erläuterung der EG - Richtlinie*, Köln, Heymann, 1986.

34. Peter Durinke, in de Witt, Scheuten, et al., *NABEG Kommentar*, München, Verlag C. H. Beck, 2013.

35. Stephen Stec, et al., *The Aarhus Convention*: *An Implementation Guide*, New York and Geneva, United Nations 2000.

五、外文期刊及论文

1. Sherry R. Arnstein, "A Ladder of Citizen Participation", *Journal of the American Planning Association* 35, 1969, pp. 216 - 224.

2. Sarah Langberg, "A 'Full and Fair' Discussion of Environmental Impacts in NEPA EISs", *The Yale Law Journal* 124, 2014, pp. 718 - 756.

3. Alexander Schink, "Verstärkung der Öffentlichkeitsbeteiligung und neue UVP - Anforderungen für Unternehmen", *DVBl* 2013, S. 1347 - 1355.

4. Luca Del Furia and Jane Wallace - Jones, "The Effectiveness of Provisions and Quality of Practices Concerning Public Participation in EIA in Italy", *Environmental Impact Assessment Review* 20, 2000, pp. 457 - 479.

5. Gregory C. Shaffer and Mark A. Pollack, "Hard vs. Soft Law: Alternatives, Complements, and Antagonists in International Govern-

ance",*Minnesota Law Review* 94, 2010, pp. 706 – 799.

6. Pierre – Marie Dupuy, "Soft Law and the International Law of the Environment", *Michigan Journal of International Law* 12, 1991, pp. 420 – 435.
7. Bryan H. Druzin, "Why does Soft Law Have any Power Anyway?", *Asian Journal of International Law* 8, 2016, p. 1.
8. Edith Brown Weiss, "Our rights and obligations to future generations for the environment", *American Journal of International law* 84, 1990, pp. 198 – 199.
9. Dinah Shelton, "Soft Law", in David Armstrong, eds., *Routledge Handbook of International Law*, New York, Routledge, 2009, pp. 68 – 72.
10. A. T. Cuzman and T. L. Meyer, "International Common Law: The Soft Law of International Tribunals", *Chicago Journal of International Law* 9, 2009, p. 515.
11. A. Fabra Aguilar and N. Popovic, "Lawmaking in the United Nations: the UN Study on Human Rights and the Environment", *Review of European Community & International Environmental Law* 3, 1994, pp. 197 – 199.
12. C. P. Stevenson, "A New Perspective on Envitonmental Rights after the Charter", *Osgoode Hall Law Journal* 21, 1983, pp. 390 – 421.
13. Barry E. Hill, Steve Wolfson & Nicholas Targ, "Human Rights and the Environment: A Synopsis and Some Predictions", *Georgetown International Environmental Law Review* 16, 2004, p. 378.
14. UNECE, "Review of transboundary EIA provisions and initiatives in selected regional and multilateral environmental agreements", *Information paper presented to the 9th meeting of the Espoo Convention's Working Group on Environmental Impact Assessment*, Geneva, 3 – 6 April 2006.

15. Jonas Ebbesson, "A Modest Promotion of Environmental Democracy and Justice in Transboundary Contexts: The Combined Impact of the Espoo Convention and Aarhus Convention", *Review of International and European Community Environmental Law* 20, 2011, pp. 248 – 257.

16. Sofia de Abreu, Ferreira, "The Fundamental Right of Access to Environmental Information in the EC: A Critical Analysis of WWF – EPO v. Council", *Journal of Environmental Law* 19, 2007, pp. 399 – 408.

17. Reinhard Hendler, Mei Wu, "Öffentlichkeitsbeteiligung im Umweltrecht der Europäischen Union", *DVBl.* 2, 2014, S. 78 f.

18. Foroud Shirvani, "Öffentlichkeitsbeteiligung bei integrierten Vorhabengenehmigungen nach der IVU – RL", *NuR*, 2010, S. 383 ff.

19. Reinhard Hendler, "Das Gesetz zur Einführung einer strategischen Umweltprüfung", *NVwZ* 2005, S. 977 ff.

20. Heinz – Joachim Peters, Ulf Surburg, "Die Strategische Umweltprüfung bei Plänen und Programmen", *VR* 2004, S. 9 ff.

21. Michael Reinhardt, "Die strategische Umweltprüfung im Wasserrecht", *NuR* 2005, S. 499 ff.

22. Jan Ziekow, "Frühe Öffentlichkeitsbeteiligung", *NVwZ* 2013, S. 754 ff.

23. Heribert Schmitz, Lorenz Prell, "Planungsvereinheitlichungsgesetz", *NVwZ* 2013, S. 745 ff.

24. Dirk Buchsteiner, "Das Planungsvereinheitlichungsgesetz", *Zeitschrift für Immissionsschutzrecht und Emissionshandel* 3, 2013, S. 80 ff.

25. Klaus – Peter Dolde, "Neue Formen der Bürgerbeteiligung?", *NVwZ* 2013, S. 769 ff.

26. Annette Guckelberger, "Formen von Öffentlichkeit und Öffentlich – keitsbeteiligung im Umweltverwaltungsrecht", *VerwArch.* 103,

2012, S. 31 ff.

27. Ekkehard Hofmann, “Die Modernisierung des Planungsrechts: das Energierecht als neues Paradigma der Öffentlichkeitsbeteiligung in einer Planungskaskade?”, *JZ* 2012, S. 701 ff.

28. Wilfried Erbguth, “Infrastrukturgroβprojekte: Akzeptanz durch Verfahren und Raumordnung”, DÖV 2012, S. 821 ff.

29. Konstantin Schwarz, Michael Gerster, “Stuttgart – 21 – Gegner wittern ihre Chance”, *in Stuttgarter Zeitung*, 31. 03. 2009, S. 5.

30. Paul Kirchhof, “Zur Verfassungsmäβigkeit einer Volksabstimmung über ‘Stuttgart 21’”, *Zeitschrift für Staats – und Europawissenschaften* (*ZSE*) 8, 2010, pp. 412 – 448.

31. Klaus Ferdinand Gärditz, “Angemessene Öffentlichkeitsbeteiligung bei Infrastrukturplanungen als Herausforderung an das Verwaltungsrecht im demokratischen Rechtsstaat”, *GewArch* 2011, S. 273 ff.

32. Ivo Appel, “Staat und Bürger in Umweltverwaltungsverfahren“, *NVwZ* 2012, S. 1361 ff.

33. Niklas Luhmann, “Komplexität und Demokratie”, *Politische Vierteljahresschrift* 10, 1969, S. 314 ff.

34. Michael Kloepfer, “Die europäische Herausforderung – Spannungslagen zwischen deutschem und europäischem Umweltrecht”, *NVwZ* 2002, S. 645 ff.

35. Dirk Kurbjuweit, “Der Wutbürger – Stuttgart 21 und Sarrazin – Debatte: Warum die Deutschen so viel Protestieren”, *Der Spiegel* 41, 2010, S. 26 f.

36. Anne-Sophie Reinhardt, Tina Mutert, “Flugrouten: Mehr Öffentlichkeitsbeteiligung – bessere Entscheidungen”, *ZUR* 2, 2016, S. 84 ff.

37. Uwe Müller, Benjamin Klein, “The New Legislative Competence of ‘Divergent State Legislation’ and the Enactment of a Federal

Environmental Code in Germany", *Journal for European Environmental and Planning Law* (*JEEPL*) 3, 2007, S. 181 ff.

38. Friedhelm Neidhardt, "Öffentlichkeit, öffentliche Meinung, soziale Bewegungen", in: Friedhelm Neidhardt (Hrsg.), *Öffentlichkeit, öffentliche Meinung, soziale Bewegungen*, Opladen, Westdeutscher Verlag, 1994, S. 7ff.

39. Kerstin Arbter, Rita Trattnigg, "Standards zur Öffentlichkeitsb – eteiligung – Auf dem Weg zu effizienter und effektiver Partizipation", in: Helfried Bauer u. a., *Public Governance – Öffentliche Aufgaben gemeinsam erfüllen und effektiv steuern*, Wien und Graz, Zentrum für Verwaltungsforschung, 2005, S. 295ff.

40. Francis Snyder, "Soft Law and Institutional Practice in the European Community", in Steve Martin, eds., *The Construction of Europe – Essays in Honour of Emile Noe*, Kluwer Academic Publishers, 1994, p. 198.

41. Peter H. Sand, "The Evolution of International Environmental Law", in Daniel Bodansky, Jutta Brunnée, and Ellen Hey, eds., *The Oxford Handbook of International Environmental Law*, Oxford, Oxford University Press, 2007, pp. 33 – 35.

42. Philip Alston, "Peoples' Rights: Their Rise and Fall", in Philip Alston eds., *Peoples' Rights*, Oxford, Oxford University Press, 2001, p. 282.

43. Wiecher Schrage, "The Convention on Envitonmental Impact Assessment in a Transboundary Context", in Kees Bastmeijer and Timo Koivurova eds., Theory and Practice of Transboundary Envitonmental Impact Assessment, Leiden * Boston, Martinus Nijhoff publicshers, 2008, pp. 29 – 52.

44. Sandor Fulop, "Chapter 7: Hungary", in REC eds., Doors to Democracy: Current Trends and Practices in Public Participation in

Environmental Decisionmaking in Central and Eastern Europe, Szentendre, The Regional Environmental Center in Central and Eastern Europe, 1998, p. 214.

45. Andrew Harding, "Practical Human Rights, NGOs and the Environment in Malaysia", in Alan Boyle & Michael Anderson eds., Human Rights Approaches to Environmental Protection, Wotton – under – Edge, Clarendon Press, 1996, p. 243.

46. Ban Ki – Moon, "Foreword", in Ebbesson Jonas ed al., The Aarhus Convention: An Implementation Guide, New York and Geneva, United Nations 2014, p. 3.

47. Hans – Dietrich Treviranus, "Preamble", in: Rudolf Bernhardt, Peter Macalister – Smith, eds., Encyclopedia of Public International Law Vol. Ⅲ., Amsterdam, North – Holland, 1997, p. 1097.

48. Jerzy Jendroska, "Public Participation in Environmental Decision – Making" in Marc Pallemaerts, ed. *The Aarhus Convention at Ten: Interactions and Tensions between Conventional International Law and EU Environmental Law*, Groningen, The Netherlands, Europa Law Publishing, 2011, pp. 91 – 148.

49. Jens – Peter Schneider, Strukturen und Typen von Verwaltungsverfahren, in: Hoffmann – Riem, Schmidt – Aβmann, Voβkuhle (Hrsg.), *Grundlagen des Verwaltungsrechts*, Bd. II, München, Verlag C. H. Beck, 2008, § 28 Rdnr. 87.

50. Christoph Ingenhoven, "Eine aus dem Ort heraus entwickelte Antwort: Realisierungswettbewerb zur Neugestaltung des Stuttgarter Hauptbahnhofs", in Turm Forum Stuttgart 21 e. V. (Hrsg.): *Das Projekt Stuttgart* 21. *Begleitbuch zur Ausstellung im Turm Forum Stuttgart* 21, Stuttgart, Turm Forum Stuttgart 21 e. V., 1997, S. 56 ff.

后　记

本书针对公众参与环境保护制度研究的大部分内容完成于2015年秋至2019年春。截稿日前《重大行政决策程序暂行条例》尚未实施,《环境信息公开办法(试行)》仍在适用。前者于2019年9月1日起施行,后者依据生态环境部《关于废止、修改部分规章的决定》于2019年8月22日被废止。相关法律法规的修订推进着公众参与制度的不断完善,立法与司法实践的动态发展是后续研究中值得长期观察的重点,而本书的阶段性贡献也将为确立和实施"非组织公众"参与环境公共决策程序相关规则提供承前启后的支持。

本书系教育部人文社会科学研究青年基金项目《环境公共决策中"非组织公众"参与权保障机制研究》(项目批准号:15YJC820062)的课题结项成果,同时获得了北京联合大学的出版资助(经费来源:应用文理学院基本科研业务费;项目号:12213991929010407６)。

研究成果得以凝结成册,离不开各位师长及同仁的鼓励与鞭策。感谢我的博士生导师德国特里尔大学的教授莱因哈德·亨德勒(Reinhard Hendler)博士对德国法和欧盟法部分提出的修改意见。感谢武汉大学的秦天宝教授和西安交通大学的聂卫锋副教授对本书主题和结构提出的宝贵建议。法律硕士研究生车若雯和李正涵参与了本书资料的整理和汇编工作,特别是李正涵同学对立法和司法案例的梳理为本书的实证研究打下了重要的基础。法律出版社程岳编辑的及时敦促和辛苦付出,使本书得以如期出版。还有一直支持我在研究道路上不断进取的北京联合大学的同事们,这里一并致以衷心的感谢。

吴　梅

附录1　公众参与环境公共事务决策主要法律规定概览

序号	法律名称	通过时间	实施时间	备　　注
1	海洋环境保护法	1982 年 8 月 23 日	1983 年 3 月 1 日	2017 年 11 月 4 日通过第四次修改,2017 年 11 月 5 日起施行
2	水污染防治法	1984 年 5 月 11 日	1984 年 11 月 1 日	2017 年 6 月 27 日通过第三次修改,2018 年 1 月 1 日起施行
3	大气污染防治法	1987 年 9 月 5 日	1988 年 6 月 1 日	2018 年 10 月 26 日通过第四次修改,2018 年 10 月 26 日起施行
4	野生动物保护法	1988 年 11 月 8 日	1989 年 3 月 1 日	2018 年 10 月 26 日通过第四次修改,2018 年 10 月 26 日起施行
5	标准化法	1988 年 12 月 29 日	1989 年 4 月 1 日	2017 年 11 月 4 日通过修改,2018 年 1 月 1 日起施行
6	行政诉讼法	1989 年 4 月 4 日	1990 年 10 月 1 日	2017 年 6 月 27 日通过第二次修改,2017 年 7 月 1 日起施行
7	环境保护法	1989 年 12 月 26 日	1989 年 12 月 26 日	2014 年 4 月 24 日通过修改,2015 年 1 月 1 日起施行

续表

序号	法律名称	通过时间	实施时间	备　注
8	民事诉讼法	1991 年 4 月 9 日	1991 年 4 月 9 日	2017 年 6 月 27 日通过第三次修改,2017 年 7 月 1 日起施行
9	水土保持法	1991 年 6 月 29 日	1991 年 6 月 29 日	2010 年 12 月 25 日通过第二次修改,2011 年 3 月 1 日起施行
10	固体废物污染环境防治法	1995 年 10 月 30 日	1996 年 4 月 1 日	2020 年 4 月 29 日通过第五次修改,2020 年 9 月 1 日起施行
11	环境噪声污染防治法	1996 年 10 月 29 日	1997 年 3 月 1 日	2018 年 12 月 29 日通过修改,2018 年 12 月 29 日起施行
12	节约能源法	1997 年 11 月 1 日	1998 年 1 月 1 日	2018 年 10 月 26 日通过第三次修改,2018 年 10 月 26 日起施行
13	行政复议法	1999 年 4 月 29 日	1999 年 10 月 1 日	2017 年 9 月 1 日通过第二次修改,2018 年 1 月 1 日起施行
14	立法法	2000 年 3 月 15 日	2000 年 7 月 1 日	2015 年 3 月 15 日通过修改,2015 年 3 月 15 日起施行
15	清洁生产促进法	2002 年 6 月 29 日	2003 年 1 月 1 日	2012 年 2 月 29 日通过修改,2012 年 7 月 1 日起施行

续表

序号	法律名称	通过时间	实施时间	备　　注
16	环境影响评价法	2002 年 10 月 28 日	2003 年 9 月 1 日	2018 年 12 月 29 日通过第二次修改,2018 年 12 月 29 日起施行
17	放射性污染防治法	2003 年 6 月 28 日	2003 年 10 月 1 日	
18	行政许可法	2003 年 8 月 27 日	2004 年 7 月 1 日	2019 年 4 月 23 日通过修改,2019 年 4 月 23 日起施行
19	城乡规划法	2007 年 10 月 28 日	2008 年 1 月 1 日	2019 年 4 月 23 日通过第二次修改,2019 年 4 月 23 日起施行
20	循环经济促进法	2008 年 8 月 29 日	2009 年 1 月 1 日	2018 年 10 月 26 日通过修改,2018 年 10 月 26 日起施行
21	石油天然气管道保护法	2010 年 6 月 25 日	2010 年 10 月 1 日	
22	深海海底区域资源勘探开发法	2016 年 2 月 26 日	2016 年 5 月 1 日	
23	核安全法	2017 年 9 月 1 日	2018 年 1 月 1 日	
24	土壤污染防治法	2018 年 8 月 31 日	2019 年 1 月 1 日	

附录2　公众参与环境公共事务决策主要行政法规概览

序号	法规名称	发布时间	实施时间	备　注
1	环境噪声污染防治条例	1989年9月26日	1989年12月1日	已失效
2	水土保持法实施条例	1993年8月1日	1993年8月1日	2011年1月8日通过修改,2011年1月8日起施行
3	水生野生动物保护实施条例	1993年10月5日	1993年10月5日	2013年12月7日通过第二次修改,2013年12月7日起施行
4	建设项目环境保护管理条例	1998年11月29日	1998年11月29日	2017年7月16日通过修改,2017年10月1日起施行
5	规章制定程序条例	2001年11月16日	2002年1月1日	2017年12月22日通过修改,2018年5月1日起施行
6	行政法规制定程序条例	2001年11月16日	2002年1月1日	2017年12月22日通过修改,2018年5月1日起施行
7	排污费征收使用管理条例	2003年1月2日	2003年7月1日	已失效

续表

序号	法规名称	发布时间	实施时间	备　注
8	危险废物经营许可证管理办法	2004 年 5 月 30 日	2004 年 7 月 1 日	2016 年 2 月 6 日通过第二次修改,2016 年 2 月 6 日起施行
9	放射性同位素与射线装置安全和防护条例	2005 年 9 月 14 日	2005 年 12 月 1 日	2019 年 3 月 2 日通过第二次修改,2019 年 3 月 2 日起施行
10	取水许可和水资源费征收管理条例	2006 年 2 月 21 日	2006 年 4 月 15 日	2017 年 3 月 1 日通过修改,2017 年 3 月 1 日起施行
11	防治海洋工程建设项目污染损害海洋环境管理条例	2006 年 9 月 19 日	2006 年 11 月 1 日	2018 年 3 月 19 日通过第二次修改,2018 年 3 月 19 日起施行
12	政府信息公开条例	2007 年 4 月 5 日	2008 年 5 月 1 日	2019 年 4 月 3 日通过修改,2019 年 5 月 15 日起施行
13	行政复议法实施条例	2007 年 5 月 29 日	2007 年 8 月 1 日	
14	全国污染源普查条例	2007 年 10 月 9 日	2007 年 10 月 9 日	2019 年 3 月 2 日通过修改,2019 年 3 月 2 日起施行
15	公共机构节能条例	2008 年 8 月 1 日	2008 年 10 月 1 日	2017 年 3 月 1 日通过修改,2017 年 3 月 1 日起施行

续表

序号	法规名称	发布时间	实施时间	备　　注
16	规划环境影响评价条例	2009年8月17日	2009年10月1日	
17	放射性物品运输安全管理条例	2009年9月14日	2010年1月1日	
18	消耗臭氧层物质管理条例	2010年4月8日	2010年6月1日	2018年3月19日通过修改,2018年3月19日起施行
19	放射性废物安全管理条例	2011年12月20日	2012年3月1日	
20	气象设施和气象探测环境保护条例	2012年8月29日	2012年12月1日	2016年2月6日通过修改,2016年2月6日起施行
21	城镇排水与污水处理条例	2013年10月2日	2014年1月1日	
22	畜禽规模养殖污染防治条例	2013年11月11日	2014年1月1日	
23	重大行政决策程序暂行条例	2019年4月20日	2019年9月1日	

附录3　公众参与环境公共事务决策主要部门规章概览

序号	规章名称	发布机关	发布时间	实施时间	备　　注
1	城市环境综合整治定量考核实施办法(暂行)	国务院环境保护委员会	1988年12月27日	1988年12月27日	
2	电磁辐射环境保护管理办法	原国家环境保护总局	1997年3月25日	1997年3月25日	已失效
3	环境保护产品认定管理暂行办法	原国家环境保护总局	1997年4月16日	1997年4月16日	已被修改，修订后的《环境保护产品认定管理办法》2001年12月23日发布，2002年1月1日起施行
4	铁路环境保护规定	原铁道部	1997年4月23日	1997年4月23日	
5	环境保护行政处罚办法	原国家环境保护总局	1999年8月6日	1999年8月6日	依据《环境行政处罚方法》(2010年修订)失效
6	城市绿线管理办法	原建设部	2002年9月13日	2002年11月1日	依据《住房和城乡建设部关于废止和修改部分规章的决定》部分修改

续表

序号	规章名称	发布机关	发布时间	实施时间	备　注
7	入河排污口监督管理办法	水利部	2004 年 11 月 30 日	2005 年 1 月 1 日	2015 年 12 月 16 日通过修改，2015 年 12 月 16 日起施行
8	环境保护行政许可听证暂行办法	原国家环境保护总局	2004 年 6 月 17 日	2004 年 7 月 1 日	
9	环境保护法规制定程序办法	原国家环境保护总局	2005 年 4 月 11 日	2005 年 6 月 1 日	
10	污染源自动监控管理办法	原国家环境保护总局	2005 年 9 月 19 日	2005 年 11 月 1 日	
11	引进陆生野生动物外来物种种类及数量审批管理办法	原国家林业局	2005 年 9 月 27 日	2005 年 11 月 1 日	2016 年 9 月 22 日通过第 2 次修改,2016 年 9 月 22 日起施行
12	建设项目环境影响评价行为准则与廉政规定	原国家环境保护总局	2005 年 11 月 23 日	2006 年 1 月 1 日	
13	环境保护总局建设项目环境影响评价文件审批程序规定	原国家环境保护总局	2005 年 11 月 23 日	2006 年 1 月 1 日	

续表

序号	规章名称	发布机关	发布时间	实施时间	备　注
14	环境影响评价公众参与暂行办法	原国家环境保护总局	2006年2月14日	2006年2月14日	已失效
15	环境信访办法	原国家环境保护总局	2006年6月24日	2006年7月1日	原国家环境保护局1997年4月29日发布的《环境信访办法》同时废止
16	环境信息公开办法（试行）	原国家环境保护总局	2007年4月11日	2008年5月1日	已失效
17	排污费征收工作稽查办法	原国家环境保护总局	2007年10月23日	2007年12月1日	已失效
18	限期治理管理办法（试行）	原环境保护部	2009年7月8日	2009年9月1日	已失效
19	环境行政处罚办法	原环境保护部	2000年12月30日	2010年3月1日	
20	环保举报热线工作管理办法	原环境保护部	2010年12月15日	2011年3月1日	
21	危险化学品环境管理登记办法（试行）	原环境保护部	2012年10月10日	2013年3月1日	已失效

续表

序号	规章名称	发布机关	发布时间	实施时间	备　注
22	建设项目环境影响评价政府信息公开指南（试行）	原环境保护部	2013 年 11 月 14 日	2014 年 1 月 1 日	
23	企业事业单位环境信息公开办法	原环境保护部	2014 年 12 月 9 日	2015 年 1 月 1 日	
24	建设项目环境影响后评价管理办法（试行）	原环境保护部	2015 年 12 月 10 日	2016 年 1 月 1 日	
25	突发环境事件应急管理办法	原环境保护部	2015 年 4 月 16 日	2015 年 6 月 5 日	
26	环境保护公众参与办法	原环境保护部	2015 年 7 月 13 日	2015 年 9 月 1 日	
27	节能低碳产品认证管理办法	原国家质量监督检验检疫总局、国家发展和改革委员会	2015 年 9 月 17 日	2015 年 11 月 1 日	
28	建设项目环境影响登记表备案管理办法	原环境保护部	2016 年 11 月 16 日	2017 年 1 月 1 日	

续表

序号	规章名称	发布机关	发布时间	实施时间	备　　注
29	污染地块土壤环境管理办法（试行）	原环境保护部	2016 年 12 月 31 日	2017 年 7 月 1 日	
30	排污许可管理办法（试行）	原环境保护部	2018 年 1 月 10 日	2018 年 1 月 10 日	
31	环境影响评价公众参与办法	生态环境部	2018 年 7 月 16 日	2019 年 1 月 1 日	
32	国家级文化生态保护区管理办法	国家文化和旅游部	2018 年 12 月 10 日	2019 年 3 月 1 日	

附录4　公众参与环境公共事务决策主要地方性规定概览

序号	名　　称	发布机关	发布时间	实施时间	备　　注
1	沈阳市公众参与环境保护办法	沈阳市人民政府	2005年11月16日	2006年1月1日	
2	山西省环境保护公众参与办法	山西省人民政府	2009年8月17日	2009年8月17日	
3	宜昌市环境影响评价公众参与暂行办法	原湖北省宜昌市环境保护局	2010年5月24日	2010年5月24日	
4	昆明市环境保护公众参与办法	云南省昆明市人民政府	2011年12月29日	2012年1月1日	
5	新疆维吾尔自治区建设项目环境影响评价公众参与管理规定(试行)	原新疆维吾尔自治区环境保护厅	2013年10月23日	2013年10月23日	
6	浙江省环境保护厅建设项目环境影响评价公众参与和政府信息公开工作的实施细则(试行)	原浙江省环境保护厅	2014年5月19日	2014年7月1日	

续表

序号	名　　称	发布机关	发布时间	实施时间	备　　注
7	苏州市公众举报环境违法行为奖励办法	原江苏省苏州市环保局、市财政局	2014 年 7 月 17 日	2014 年 7 月 17 日	
8	河北省环境保护公众参与条例	河北省人民代表大会常务委员会	2014 年 11 月 28 日	2015 年 1 月 1 日	
9	关于积极引导环保公益组织和社会公众参与环境保护工作的指导意见	原湖南省环境保护厅	2015 年 4 月 15 日	2015 年 4 月 15 日	
10	江苏省环境保护公众参与办法（试行）	原江苏省环境保护厅	2016 年 11 月 28 日	2017 年 1 月 1 日	
11	关于全面推行“区域环评 + 环境标准”改革的指导意见	浙江省人民政府办公厅	2017 年 6 月 23 日	2017 年 6 月 23 日	
12	海南省环境保护条例	海南省人民代表大会常务委员会	1990 年 3 月 5 日	1990 年 3 月 5 日	该条例于 2017 年 7 月 21 日第三次修正时，加入了公众参与的相关规定
13	重庆市环境保护条例	重庆市人民代表大会常务委员会	2007 年 5 月 18 日	2007 年 9 月 1 日	该条例于 2017 年 3 月 29 日第二次修订时，加入了公众参与的相关规定

续表

序号	名　　称	发布机关	发布时间	实施时间	备　　注
14	贵州省生态文明建设促进条例	贵州省人民代表大会常务委员会	2014 年 5 月 17 日	2014 年 7 月 1 日	2018 年 11 月 29 日通过修改,2018 年 12 月 18 日起施行
15	上海市环境保护条例	上海市人民代表大会常务委员会	1994 年 12 月 8 日	1995 年 5 月 1 日	该条例于 2016 年 7 月 29 日第二次修订时,加入了公众参与的相关规定
16	广东省环境保护条例	广东省人民代表大会常务委员会	2004 年 9 月 24 日	2005 年 1 月 1 日	该条例于 2015 年 1 月 13 日第一次修订时,加入了公众参与的相关规定
17	山东省环境保护条例	山东省人民代表大会常务委员会	1996 年 12 月 14 日	1996 年 12 月 14 日	该条例于 2001 年 12 月 7 日第一次修正时,加入了部分公众参与条款;2018 年 11 月 30 日第二次修订时,设专章规定了信息公开和公众参与
18	天津市生态环境保护条例	天津市人民代表大会	2019 年 1 月 18 日	2019 年 3 月 1 日	

图书在版编目(CIP)数据

全民环保之路：环境公共决策中“非组织公众”参与权保障机制研究／吴梅著. -- 北京：法律出版社，2019

ISBN 978-7-5197-4120-4

Ⅰ. ①全… Ⅱ. ①吴… Ⅲ. ①环境保护法－研究－中国 Ⅳ. ①D922.680.4

中国版本图书馆 CIP 数据核字(2019)第 267124 号

全民环保之路:环境公共决策中
“非组织公众”参与权保障机制研究
QUANMIN HUANBAO ZHILU: HUANJING GONGGONG
JUECE ZHONG “FEI ZUZHI GONGZHONG ”
CANYUQUAN BAOZHANG JIZHI YANJIU

吴 梅 著

策划编辑 程 岳
责任编辑 程 岳 朱轶佳
装帧设计 贾丹丹

出版 法律出版社
总发行 中国法律图书有限公司
经销 新华书店
印刷 北京虎彩文化传播有限公司
责任印制 胡晓雅

编辑统筹 司法实务出版分社
开本 A5
印张 9
字数 240 千
版本 2019 年 11 月第 1 版
印次 2019 年 11 月第 1 次印刷

法律出版社／北京市丰台区莲花池西里 7 号(100073)
网址／www.lawpress.com.cn
投稿邮箱／info@lawpress.com.cn
举报维权邮箱／jbwq@lawpress.com.cn
销售热线／400-660-8393
咨询电话／010-63939796

中国法律图书有限公司／北京市丰台区莲花池西里 7 号(100073)
全国各地中法图分、子公司销售电话：
统一销售客服／400-660-8393/6393
第一法律书店／010-83938432/8433 西安分公司／029-85330678 重庆分公司／023-67453036
上海分公司／021-62071639/1636 深圳分公司／0755-83072995

书号:ISBN 978-7-5197-4120-4 定价:38.00 元